MÜNCHNER KONTAKTSTUDIUM GESCHICHTE

Band 2

MÜNCHNER KONTAKTSTUDIUM GESCHICHTE

Herausgegeben von
Hans-Michael Körner

Band 2

MÜNCHENER UNIVERSITÄTSSCHRIFTEN
Philosophische Fakultät für Geschichts- und Kunstwissenschaften

Neue Ansätze zur Erforschung der neueren bayerischen Geschichte

Werkstattberichte

Herausgegeben von
Katharina Weigand
und Guido Treffler

ars una
Neuried 1999

Gedruckt mit Unterstützung
aus Mitteln der Münchener
Universitätsschriften.

Die Deutsche Bibliothek – CIP-Einheitsaufnahme

Neue Ansätze zur Erforschung der neueren bayerischen Geschichte : Werkstattberichte /
hrsg. von Katharina Weigand und Guido Treffler. –
Neuried : Ars Una, 1999
(Münchner Kontaktstudium Geschichte ; Bd. 2) (Münchener Universitätsschriften : Philosophische Fakultät für Geschichts- und Kunstwissenschaften)
ISBN 3-89391-516-8

Layout und Satz: Katharina Weigand / Guido Treffler, München

Druck: Prisma Druck, Frankfurt am Main

Gedruckt auf säurefreiem Papier

Inhalt

Vorwort

Als zweite Publikation des „Münchner Kontaktstudiums Geschichte“ – die erste mit dem Titel „Macht und Ordnungsvorstellungen im hohen Mittelalter. Werkstattberichte“ erschien im letzten Jahr – wird hier das Ergebnis der Fortbildungstagung vom Herbst 1998 vorgelegt. Vorbereitet und organisiert wurde auch diese Fortbildungstagung wieder vom Lehrstuhl für die Didaktik der Geschichte an der Universität München in Zusammenarbeit mit dem Bayerischen Staatsministerium für Unterricht, Kultus, Wissenschaft und Kunst, der Regionalen Lehrerfortbildung Oberbayern und dem Verband der Geschichtslehrer Deutschlands e.V., Landesverband Bayern.

Entsprechend dem Konzept des „Münchner Kontaktstudiums Geschichte“ präsentiert jeweils ein Fach seine aktuellen Forschungsperspektiven. Im Herbst 1998 war es das Institut für Bayerische Geschichte an der Universität München, das in dieser Weise die Lehrerfortbildungstagung gestaltete. Die Mitarbeiter des Instituts berichteten demgemäß über „Neue Ansätze zur Erforschung der neueren bayerischen Geschichte“; da war von Alltagsgeschichte, Frauengeschichte und Mentalitätsgeschichte die Rede, von Historiographiegeschichte, Umweltgeschichte usw. Die Referate der Veranstaltung werden in diesem Band, versehen mit wissenschaftlichen Nachweisen und zum Teil etwas erweitert, abgedruckt, desgleichen der Eröffnungsvortrag.

Das „Münchner Kontaktstudium Geschichte“ verfolgt zwei Ziele. Zum einen geht es darum, die im Beruf stehenden Lehrerinnen und Lehrer am Gymnasium, deren Geschichtsstudium an der Universität häufig schon geraume Zeit zurückliegt, darüber zu informieren, welche Themen – diesmal im Bereich der neueren bayerischen Geschichte – momentan diskutiert werden, wo die wissenschaftliche Arbeit besondere Schwerpunkte setzt. Dieses Ziel soll in einer Art Kompaktkurs erreicht werden, der das laufende Selbststudium, etwa durch die Lektüre wissenschaftlicher Zeitschriften, nicht ersetzen kann, sondern um die Konfrontation mit aktuellen Forschungsanliegen ergänzt. Ein zweites Ziel ist nicht weniger wichtig. Die an der Universität lehrenden Historiker, besonders auch die jüngeren, sollen auf Grund der Diskussionen bei solchen Fortbildungstagungen erfahren, welche Themen in Schule und Öffentlichkeit heute als besonders wichtig angesehen werden, welche Fragen sich dabei ergeben, wie also die Arbeit in der Schule sinnvoll mit der wissenschaftlichen Tätigkeit an der Universität in Verbindung gebracht werden kann. Dies ist kein Feld für Verordnungen, auch keines für Theorien oder Modelle, vielmehr ein Anruf, gleichsam Wissenschaft und Leben auch in der Praxis zusammenzuführen. Davon können beide Teile nur profitieren. Daß diese Idee zu verwirklichen ist, und, trotz immer vorhandener Schwierigkeiten, Gewinn bringt, haben die beiden bisherigen Tagungen gezeigt.

Die für die 1998er Tagung verantwortlichen Professoren des Instituts für Bayerische Geschichte danken zuerst den Teilnehmern, die mit ihrem Engagement zum Gelingen der Fortbildung beigetragen haben, dann den Referenten, die trotz erheblicher Belastungen sehr entgegenkommend auf die Bitte um einen Beitrag reagiert haben, besonders aber Frau Dr. Katharina Weigand und Herrn Guido Treffler M.A., die die Entscheidungen und Mühen für die Herausgabe des vorliegenden Bandes übernommen haben. Der Dank gilt aber auch den oben genannten Institutionen und ihren Vertretern, die die Tagung finanziert haben, und nicht zuletzt dem Internationalen Begegnungszentrum der Wissenschaften, das die Räume zur Verfügung gestellt hat.

Unser Wunsch ist es, daß die hier vorgelegten Arbeiten von den Kolleginnen und Kollegen in Schule und Universität intensiv rezipiert werden und ihre Anregungen für künftige Arbeiten Früchte tragen.

München, im April 1999

Prof. Dr. Hans-Michael Körner *Prof. Dr. Walter Ziegler*

Die bayerische Geschichte am Gymnasium. Zum Profil des Geschichtsunterrichts in Bayern im 19. und 20. Jahrhundert*

VON HANS-MICHAEL KÖRNER

Wenn man die aktuellen Diskussionen um das Schicksal des gymnasialen Geschichtsunterrichts, näherhin jenes der 11. Jahrgangsstufe, berücksichtigt, so könnte es scheinen, daß uns andere Sorgen zu bewegen haben als die Frage nach der bayerischen Geschichte am Gymnasium, in den gymnasialen Lehrplänen des 19. und 20. Jahrhunderts. Solcher Skepsis ist nicht mit patriotischen Appellen zu begegnen, der Blick auf die bayerische Geschichte und ihr – wenn man so will – curriculares Schicksal zielt nicht in erster Linie auf aktuelle schul- und lehrplanpolitische Auseinandersetzungen, sondern versteht sich selbst als eine landesgeschichtliche Fragestellung. Das ist mehr als historiographie- oder disziplingeschichtliche Nabelschau; es soll einerseits versucht werden, die Rahmenbedingungen für die thematische Schwerpunktbildung dieser Lehrerfortbildung zu skizzieren, und es geht zum anderen darum, verschiedene Bezugsgrößen, mit denen wir es zu tun haben, wenn wir von bayerischer Geschichte im Unterricht reden, miteinander in Beziehung zu setzen. Die Stichworte fliegen einem zu, ich lasse sie vorderhand unvermittelt nebeneinander stehen.

Der Freistaat Bayern ist das einzige Bundesland, das sich den Luxus landesgeschichtlicher Lehrstühle bzw. Professuren an allen Universitäten leistet; die bayerischen Landeshistoriker sehen sich mitunter den neidvollen Blicken ihrer Kollegen aus anderen Bundesländern ausgesetzt, wenn es um die Absicherung des Faches in den Prüfungsordnungen und um die materielle Ausstattung geht. Der Freistaat Bayern betreibt mit dem Haus der Bayerischen Geschichte eine eigene, beim Wissenschaftsministerium ressortierende, und ich darf das so respektlos sagen, PR-Agentur für die bayerische Geschichte; der Ministerpräsident ist der Schirmherr der Landesausstellungen dieses Hauses. Bayerische Landeshistoriker sind beliebte Festredner, wenn es darum geht, in Bayern etwas zu feiern; in der Politikerrede, und das quer durch die Parteien, gehört der Rekurs auf das vielzitierte historische Erbe des Freistaats zum Kanon rhetorischer Deklamation; die bayerische Tourismuswerbung siedelt die Attraktivität des Urlaubslandes Bayern irgendwo zwischen der Wieskirche, Neuschwanstein und Possenhofen an; die bayerische Erinnerung an den Verfassungskonvent auf Herrenchiemsee vereinnahmt die Grundgesetzberatungen gleichsam als Teil der bayerischen Geschichte. In historischen Festspielen und einem ungebrochenen Kult um Ludwig II., in einer SZ-Serie über Klenze und Ludwig I. à la Reiser, in einer Gründungswelle neuer historischer Vereine gerade in den letzten zwanzig Jahren, in Geschichtswerkstätten und regionalen Schülerwettbewerben, in der Neuauflage des Spindler-Handbuches der bayerischen Geschichte, in den renommierten Unternehmungen der Kommission für bayerische Landesgeschichte an der Akademie, in Dutzenden von Dissertationen über Themen aus der bayerischen Geschichte und jetzt auch noch in einer eigenen Lehrerfortbildung zur neueren bayerischen Geschichte – die bayerische Geschichte hat Konjunktur, hat unstrittig Konjunktur, auf den verschiedensten Ebenen, in den unterschiedlichsten Verwendungszusammenhängen.

So einsichtig dieser Befund sich auf den ersten Blick auch ausnimmt, so schwierig ist die Frage nach den Ursachen zu beantworten, so drängend gerät die Frage nach dem Stellenwert der bayerischen Geschichte in unseren Lehrplänen. Ich versuche es vorab mit zwei strukturierenden Bemerkungen, erstens zur Präsenz der bayerischen Geschichte in der Öffentlichkeit und zweitens zum Profil der Landesgeschichte als wissenschaftlicher Disziplin.

Die starke Stellung, die die bayerische Geschichte, präziser formuliert, die der Rekurs auf die bayerische Geschichte in der, wie man das heute nennt, politischen Kultur und im öffentlichen Bewußtsein einnimmt, wird, mitunter gebetsmühlenhaft, auf die Sonderstellung Bayerns im Kontext der übrigen deutschen Länder bezogen. Die vorgeblich tausendjährige Geschichte, die territoriale Kontinuität, die staatliche Konsistenz und gegebenenfalls noch die mentale Beharrungskraft der hier ansässigen Bevölkerung werden sehr schnell strapaziert, wenn man den als solchen bezeichneten Sonderfall eines bayerischen Geschichtsbewußtseins zu erklären versucht.

Ich mahne zur Vorsicht. Nicht nur in Bayern können wir den Artikulationen eines regionalen Geschichtsbewußtseins begegnen, nicht nur hier scheint sich dieses zu intensivieren. Kluge Diagnostiker sprechen seit Jahrzehnten von einer regionalen Wende, sehen Zusammenhänge mit der Krise des Nationalstaats und dem Prozeß der europäischen Integration, beobachten Orientierungsdefizite in einer unübersichtlicher werdenden Welt, denen die Aufwertung regionaler Bindungen entgegengesetzt wird. Man macht es sich zu leicht, wenn man hier das bayerische Beispiel isoliert betrachtet. Eine vergleichende Untersuchung dieses regionalen Selbstbewußtseins und gerade auch der historischen Dimensionen in diesem Selbstbewußtsein stellt, in deutscher wie in europäischer Perspektive, ein Desiderat dar. Und deswegen hat auch die Initiative von Herrn Kollegen Kramer aus Eichstätt, ein Handbuch der europäischen Regionen herauszugeben, unter den Landeshistorikern auf dem Frankfurter Historikertag 1998 so großen Anklang gefunden.

Meine Skepsis angesichts der schlichten und eingängigen Erklärungsversuche gegenüber dem, was ich als angeblichen Sonderweg des bayerischen Geschichtsbewußtseins bezeichnet habe, speist sich noch aus einem zweiten Grund. Ganz offensichtlich handelt es sich dabei um das Produkt eines Selektionsprozesses, der es dahin gebracht hat, daß bei weitem nicht die bayerische Geschichte als solche und als ganze ihren Rang im öffentlichen Raum behauptet, sondern daß es bestimmte Bereiche und Themen sind, die Faszination auf sich ziehen. Um auch hier gleich das Desiderat zu markieren: Zu einer systematischen Untersuchung dessen, was man mit Jörn Rüsen Geschichtskultur nennt und was zu den vorzüglichen Arbeitsgebieten einer sich als wissenschaftliche Disziplin verstehenden Didaktik der Geschichte zählt, gibt es für Bayern nur erste Ansätze. Gleichwohl zeichnet es sich, im Blick auf eine solche systematische Untersuchung, ab, daß alle Phänomene, die im Bereich der Kulturgeschichte anzusiedeln sind, bei weitem höhere Attraktivität besitzen als die Ereigniszusammenhänge der politischen Geschichte. In der Öffentlichkeit präsent sind vornehmlich jene Erinnerungsbestände, um eine scharfe These zu wagen, die der Folklorisierung und der Emotionalisierung zugänglich sind. Daß etwa bei der Erinnerung an König Ludwig II. Geschichtsbewußtsein und Folklore unentwirrbar miteinander vermengt sind, leuchtet unmittelbar ein, zu untersuchen wäre, ob man mit einer solchen Folklorisierungsthese den Vorrang der Kulturgeschichte vor der politischen Geschichte generell erklären kann. Im Blick auf das 19. Jahrhundert, um das Gebiet der Spekulation zu verlassen und auf den Boden aktengesicherter Erkenntnis zurückzukehren, läßt es sich sehr wohl bis in einzelne Lehrplanformulierungen hinein nachweisen, daß man aus integrations- und aus nationalpolitischen Rücksichten heraus die Erinnerung an die politische Geschichte absichtsvoll hinter die Stilisierung des reichen kulturellen Erbes zurücktreten ließ.

Ich bin noch immer bei meiner ersten Bemerkung, die ihren Ausgang nahm von dem nicht sehr ausführlich dargelegten, eher nur angedeuteten, aber doch wohl plausiblen Befund der in reichem Maße in unserer Öffentlichkeit präsenten bayerischen Geschichte. Wenn es um die Erklärung dieses Befundes geht, dann hat man, und darauf zielt diese Bemerkung, differenzierende Skepsis walten zu lassen. Das gilt auch für einen abschließenden Hinweis. Ohne trivialen Kompensationsmodellen anzuhängen, scheint es doch der Überlegung wert zu sein, ob es einen Zusammenhang gibt zwischen ökonomischer, technologischer und administrativer Modernisierung einerseits und dem verstärkten Bemühen um geschichtliche Erinnerung, vornehmlich in der Variante des reichen kulturellen Erbes, andererseits. Indizien für einen solchen Zusammenhang gibt es sicherlich, ich nenne ein vielleicht marginales Beispiel: Ich habe vor einigen Jahren in Unterfranken eine Erhebung über den Gesamtbestand der dortigen historischen Vereine durchgeführt; dabei konnte eindeutig festgestellt werden, daß die größte Welle der Neugründungen lokaler Geschichtsvereine genau in jenen Gebieten zu beobachten war, in denen die Gebietsreform der 1970er Jahre besonders gründlich, also die historischen Strukturen zerstörend, ausgefallen war. Ein Kompensationsverhältnis von Modernisierung und Historisierung anzunehmen und als Fragestellung an die bayerische Geschichtskultur heranzutragen, wäre sicherlich lohnend, wobei im Einzelfall jeweils nach bewußten Akten staatlicher Steuerungskompetenz und nach den Wirkungszusammenhängen in der Gesellschaft unterschieden werden müßte. Die Frage, ob ein solches Kompensationsverhältnis auch zwischen Historisierung einerseits und national- und souveränitätspolitischen Bedeutungsverlusten andererseits besteht, läßt sich für das 19. Jahrhundert unstrittig positiv beantworten, ob es zur Beschreibung auch der gegenwärtigen Verhältnisse taugt, sei dahingestellt.

Ich komme zur zweiten Bemerkung, die auf die Landesgeschichte als wissenschaftliche Disziplin zielt. Eine solche Bemerkung bedürfte der forschungs- und disziplingeschichtlichen Tiefenschärfe, d.h., man müßte, wenn schon nicht auf die bayerische Geschichtsschreibung vom 16. bis zum 18. Jahrhundert, zumindest auf die Verhältnisse des 19. Jahrhunderts näher eingehen. Auf den desolaten Zustand der universitären Geschichtswissenschaft in München müßte man zu sprechen kommen, sah es doch nach dem Urteil Boehmers „in historicis“ in Bayern ziemlich öde aus. Oder man müßte das Stichwort Goerres aufgreifen und das Problem erörtern, daß die Vernachlässigung der modernen Geschichtswissenschaft in Bayern in der ersten Hälfte des 19. Jahrhunderts merkwürdig kontrastiert mit der sonstigen Geschichtsbegeisterung König Ludwigs I. Man hätte zu diskutieren das vor allem bei seinem Nachfolger König Max II. scharf ausgeprägte Inferioritätsgefühl gegenüber den Verhältnissen an den Universitäten im deutschen Norden, an denen er als Kronprinz selbst Geschichte studiert hatte, man hätte einzugehen auf seine Bemühungen um Ranke, auf die Münchner Wirksamkeit von Sybel und Giesebrecht, deren kleindeutsch-nationalliberales Credo mit der politischen Orientierung der Landtags- und Bevölkerungsmehrheit in einen offenen Konflikt geriet, auf den konfessionellen Streit, der diesem Konflikt zusätzlich innewohnte: „Und erlöse uns von dem Sybel, Amen!“ Es müßte die Rede sein von der Gründung der Historischen Kommission bei der Bayerischen Akademie der Wissenschaften, die in erster Linie deutschen, nationalen Aufgaben verpflichtet war, in deren institutionellem Rahmen die bayerische Geschichte nur dort zum Tragen kam, wo ihr deutsche, nationale Relevanz zugeordnet, zugebilligt wurde. Man müßte sprechen vom Spannungsverhältnis, das gerade um die Jahrhundertwende virulent wurde, zwischen einer immer konsequenter vollzogenen Integration des Königreichs Bayern ins Kaiserreich einerseits und immer deutlicher vernehmbaren anti-wilhelministischen Artikulationen bayerischer Eigenstaatlichkeit andererseits, einem Spannungsverhältnis, ohne das die Errichtung eines Lehrstuhls für bayerische Landesgeschichte an der Universität München im Jahre 1898 nicht zu erklären ist. In ähnlicher Weise hätte man die Gründung der Kommission für bayerische Landesgeschichte bei der Bayerischen Akademie der Wissenschaften im Jahre 1927 zurückzubeziehen auf die bayerische Kritik am Berliner Zentralismus der Weimarer Republik, eine Kritik, die sich im übrigen in einer veritablen Bismarckverehrung auch in der bayerischen Landesgeschichtsschreibung niederschlug. Man müßte die spezifischen politischen und vor allem auch die personalpolitischen Konstellationen skizzieren, die 1947 zur Gründung des Instituts für Bayerische Geschichte an der Universität München führten. Erst auf solchem Hintergrund, der dann noch zu verlebendigen wäre durch den Blick auf Sigmund von Riezler, auf Michael Doeberl, auf Karl Alexander von Müller, auf Max Spindler und Karl Bosl, könnte man sich eigentlich daran machen, das heutige institutionelle Profil der Landesgeschichte in Bayern zu skizzieren.

Ich übergehe die Kommission für bayerische Landesgeschichte, die großen historischen Vereine, die landesgeschichtlichen Aktivitäten des Instituts für Zeitgeschichte, der Bayerischen Staatsbibliothek, des Bayerischen Hauptstaatsarchivs und beschränke mich knapp auf die Universitäten. Am Beginn des 20. Jahrhunderts gab es nur einen Lehrstuhl für bayerische Landesgeschichte an einer bayerischen Universität, nämlich in München. Das hat sich entscheidend verändert. Die heutige, viel stärkere Gewichtung und Differenzierung der bayerischen Geschichte an den Universitäten hängt nicht zuletzt mit den Prüfungsordnungen für die verschiedenen Lehramtsstudiengänge zusammen, in denen bei einem Studium der Geschichte das Examen in bayerischer Landesgeschichte in unterschiedlicher Intensität verpflichtend vorgeschrieben ist. Diese Intensivierung hat aber auch etwas zu tun mit der Welle von Universitäts-Neugründungen seit den 1960er Jahren, die alle mit Professuren für bayerische Geschichte ausgestattet wurden, wobei noch gesondert das Zentralinstitut für Fränkische Landeskunde (eingerichtet schon 1933, also geraume Zeit vor der Münchner Gründung) und Allgemeine Regionalforschung an der Universität Erlangen-Nürnberg zu erwähnen ist. Aber das ist nur die äußere Seite. Zur Beschreibung der heutigen universitären Situation gehört auch noch der Hinweis, daß die Beschäftigung mit landesgeschichtlichen Themen längst kein Privileg der institutionell als solche bezeichneten Landesgeschichte im engeren Wortsinn mehr ist. Die Lehrstühle für mittelalterliche, für neuere und neueste Geschichte vergeben ebenso viele, wenn nicht mehr Zulassungs-, Magister- und Doktorarbeiten zu Themen landesgeschichtlichen Zuschnitts wie die Professuren für bayerische Landesgeschichte; ganz abgesehen davon, daß die Vergabe bayerischer Themen überhaupt nicht auf bayerische Universitäten beschränkt ist, wie ein Blick auf laufende Dissertationsvorhaben in Bielefeld, Freiburg oder Mainz zeigt.

Die gestiegene Attraktivität orts-, regional- und auch landesgeschichtlicher Forschung läßt sich nicht auf eine einzige Ursache zurückführen. Im Gegenteil: Die Erweiterung der institutionellen Rahmenbedingungen stellt sich in gleicher Weise als die Konsequenz eines breiter gewordenen Spektrums relevanter Fragestellungen und Orientierungen dar, wie andererseits das Engagement universitärer, akademischer und öffentlicher Institutionen zu einer viel größeren Bandbreite dessen geführt hat, was wir mit Landesgeschichte bezeichnen.

Das führt dazu, daß wir, gerade angesichts der voll ausgebildeten Professionalität, von einem verbindlichen Kanon von Zielen der bayerischen Landesgeschichte heute weniger denn je ausgehen können, daß wir vielmehr von einer konkurrierenden Fülle solcher Ziele auszugehen haben. Indiz für diese konkurrierende Fülle ist ja nicht zuletzt die terminologische Schwierigkeit, die man bei der Benennung dieses Phänomens einer nichtnationalen Geschichte hat: Lokal- oder Regionalgeschichte, Landesgeschichte oder bayerische Geschichte, schwäbische Geschichte, fränkische Geschichte. Es mag sein, daß man angesichts dieser terminologischen Unsicherheiten mit einer idealtypischen Differenzierung nach Staatsgeschichte auf der einen und Sozial- und Strukturgeschichte auf der anderen Seite weiterkommt. Es gilt aber auch, daß die Alternative zwischen autochthonem Selbstverständnis und Fallstudie auf keinen Fall identisch ist mit den in Frage stehenden unterschiedlichen regionalen Größenordnungen. Es ist durchaus zu beobachten, daß einerseits Studien, die auf Gesamtbayern oder Franken oder Schwaben bezogen sind, sich selbst als Beiträge im Sinne von Fallstudien verstehen, und daß andererseits etwa die Schulgeschichte einer kleinen schwäbischen Reichsstadt ganz im Sinne eines in der vollen Bedeutung des Wortes selbstverständlichen, nicht weiter zu begründenden Legitimationszusammenhanges in Angriff genommen wird.

Eine Sektion der Tagung der deutschen Landeshistoriker in Greifswald im Jahre 1995 führte den Titel „Landesgeschichte in territorialer Einheit und staatlicher Autonomie“. Wenn man darin eine zutreffende Beschreibung des bayerischen Beispiels erblickt, dann spricht vieles dafür, es bei der Bezeichnung „Bayerische Geschichte“ oder allenfalls „Bayerische Landesgeschichte“ zu belassen. Und es erscheint angebracht, Formulierungen von der Art „Landesgeschichte mit besonderer Berücksichtigung Bayerns“ distanziert gegenüberzustehen, datiert doch die letzte derartige Benennung („Lehrstuhl für Mittlere und Neuere Geschichte mit Berücksichtigung der bayerischen Landesgeschichte“) an der Universität München aus dem Jahre 1934. Auch eine so verstandene „Bayerische Geschichte“ kann den Ansprüchen der verschiedenen bayerischen Gebietsteile, wie es das „Handbuch der bayerischen Geschichte“ exemplarisch vorführt, durchaus gerecht werden. Darüber hinaus steht sie dem einzelstaatlichen oder, wenn man so will, dem regionalen Vergleich überhaupt nicht hinderlich im Wege. In konventioneller Weise von bayerischer Geschichte zu reden, hat lediglich den Vorteil, daß man von Anfang an weiß, wovon man redet.

Und ein letzter Hinweis: Das Verständnis von Landesgeschichte darf nicht auf dasjenige eines methodischen Instrumentariums für die Zeit bis 1800 reduziert werden. Die Geschichte des bayerischen Staates auch noch im 19. und 20. Jahrhundert besitzt ein genuines Eigenrecht, das nicht der Bestätigung durch eine methodologische Grundsatzdiskussion bedarf, auch wenn dem landesgeschichtlichen Ansatz für das 19. und 20. Jahrhundert viel mehr Reserven und Widerstände entgegenwirken, als das für die Zeit des Mittelalters und für die Frühe Neuzeit zutrifft. Schärfer noch: Die deutsche Nationalgeschichte seit dem Umbruch vom 18. auf das 19. Jahrhundert ist weit mehr historiographisches Konstrukt denn tatsächliche Wirklichkeit. Es gibt keinen „deutschen Vormärz“, schon gar nicht einen „deutschen Kulturkampf“ und auch nicht die „deutsche Revolution von 1918“. Viele Beispiele aus der Geschichte des 19. und noch des 20. Jahrhunderts ließen sich in dieser Weise skizzieren; das Insistieren auf einer bayerischen Geschichte des 19. und 20. Jahrhunderts, die deren Konturen nicht im Bereich der Sozial- und Wirtschaftsgeschichte verschwimmen läßt, das Insistieren auf einer eigengewichtigen bayerischen Geschichte ist kein freistaatlicher Antimodernismus und schon gar keine patriotische Skurrilität, sondern eine Ableitung aus dem Gang der neuesten deutschen Geschichte.

*

Soviel zu den beiden Bemerkungen über das Panorama der öffentlichen Geschichtskultur in Bayern einerseits und zur bayerischen Landesgeschichte als wissenschaftlicher Disziplin andererseits. Sie sind deswegen etwas ausführlicher geraten, weil man über die bayerische Geschichte im gymnasialen Geschichtsunterricht ohne diese beiden Bezugsgrößen nicht reden kann. Ich versuche das mit drei Stichworten anzudeuten.

1. Es gibt im Geschichtsunterricht das landesgeschichtliche Beispiel, das lediglich mit einer exemplarischen Funktion ausgestattet ist, das Thema also, das man anhand des naheliegenden regionalen Exempels behandelt: die Klosterkultur des frühen Mittel-

alters, die Frömmigkeitsformen des späten Mittelalters, das merkantilistische Wirtschaftssystem des 18., die Industrielle Revolution des 19. Jahrhunderts. In solchen Fällen reduziert sich die Landesgeschichte, oder meinetwegen auch die Regionalgeschichte, auf eine Frage des methodischen Zugriffs auf die Vergangenheit und ihre unterrichtsgemäße Vermittlung.

Es gibt 2. den Fall der konstitutiven, der eigengewichtigen Bedeutung des einzelnen landesgeschichtlichen Phänomens. Auch wenn es in Lehrplänen und Schulbüchern immer wieder unternommen wird, der Versuch einer Behandlung der Bauernbefreiung am preußischen Beispiel kann nicht gelingen. Weil die Bauernbefreiung in Preußen und in Bayern nicht mehr als den Begriff gemeinsam haben, scheidet hier ein exemplarisches Vorgehen aus. D.h., wenn ein Lehrplan es sich zum Ziel setzt, den Prozeß der Bauernbefreiung in Deutschland am Beginn des 19. Jahrhunderts zum Gegenstand des Unterrichts zu machen, dann geht das nicht exemplarisch, sondern nur landesgeschichtlich-eigengewichtig, oder besser landesgeschichtlich-vergleichend.

3. Wir wissen alle längst, daß historische Erinnerungsbestände bzw. Formen des Geschichtsbewußtseins im Sinne von Jeismann nur zu einem geringeren Teil im schulischen Geschichtsunterricht aufgebaut werden. Gegenüber der geschichtskulturellen Konfrontation des Jugendlichen mit den in der Öffentlichkeit populären Versatzstücken bayerischer Geschichte hat der Geschichtsunterricht mehr denn je die Aufgabe, ich will nicht sagen, der Immunisierung, aber doch wohl der Sensibilisierung. Bei aller Wertschätzung der erlebnishaften Begegnung mit Geschichte vom Mittelaltermarkt bis zur Wanderroute „Auf Sissis Spuren“ obliegt dem Geschichtsunterricht die Vermittlung jener Einordnungskompetenz, die angesichts der populären Schwemme im Umgang mit der bayerischen Geschichte noch an Bedeutung gewinnt.

Solchen Stellenwert für die bayerische Geschichte einzufordern, ist das eine; die Stoffülle unserer Lehrpläne und die sich daraus ergebenden Zwänge sind das andere, wobei ich noch gar nicht von der Konkurrenzsituation des Faches Geschichte zu anderen Disziplinen rede. Der Geschichtsunterricht selbst ist konfrontiert mit den Ansprüchen und Forderungen der Weltgeschichte, der europäischen Geschichte, der Zeitgeschichte, der Mentalitätsgeschichte, der Frauengeschichte und welcher Modernismen auch immer.

Natürlich ist der Landeshistoriker irritiert, um das mindeste zu sagen, wenn im Lehrplan für die 7. Jahrgangsstufe von 1992 die Belehnung des Pfalzgrafen Otto mit dem Herzogtum Bayern nicht mehr vorkommt, wenn man beim Grundwissen derselben Jahrgangsstufe zwar auf 962 (Kaiserkrönung Ottos I.), 1077 (Canossa), 1099 (Ende des ersten Kreuzzugs und Einnahme Jerusalems) oder 1122 (Wormser Konkordat) stößt, aber 1180 nicht mehr findet. Über das Fehlen der Rolle des Herzogtums Bayern im konfessionellen Zeitalter und im Dreißigjährigen Krieg kann in der Lerninhaltsspalte der 8. Jahrgangsstufe der Abschnitt über die Reformen Montgelas' nur in Grenzen hinwegtrösten, und der völlige Verzicht auf die Thematisierung der Rolle Bayerns im Kontext der Reichsgründung von 1871 wird nicht wettgemacht durch das erste Thema im Grundkurs der 12. Jahrgangsstufe „Bayern auf dem Weg zum modernen Staat". Es wäre ein Leichtes, die Gravamina der Landesgeschichte detailliert zu benennen, die Liste solcher und anderer Defizite beliebig zu verlängern. Jenseits des Lamentos ob solcher Lücken und Defizite erscheinen, will man vom Profil des bayerischen Geschichtsunterrichts zumindest in den letzten drei Jahrzehnten reden, drei bilanzierende Bemerkungen angebracht.

1. Der bayerische Geschichtsunterricht konnte sich dem Druck der Zeitgeschichte nicht widersetzen. Der überproportionalen Gewichtung, ja Majorisierung des Lehrplans durch die Beschäftigung mit der Zeitgeschichte, die hier gar nicht zu diskutieren ist, fielen landesgeschichtliche Inhalte massiv zum Opfer.

2. Demgegenüber ist die bayerische Schulpolitik einer anderen, ebenso naheliegenden Versuchung nicht erlegen. In der weitgehend aufrechterhaltenen Bewahrung eines chronologisch-genetischen Prinzips hat man eine Grundsatzentscheidung zu erblicken, die im scharfen Gegensatz zur Beliebigkeit einer Parzellierung historischer Themen um der Vermittlung ominöser Schlüsselqualifikationen willen steht.

3. Gerade wenn der Lehrer die rechte der beiden Inhaltsspalten gebührend ernst nimmt und ihre Möglichkeiten aufgreift, läßt sich mehr an Landesgeschichte im Unterricht thematisieren, als das eine kurzatmige Exegese des Lehrplans vorzugeben scheint.

Blicken wir von diesen Feststellungen zurück ins 19. Jahrhundert, so eröffnen sich höchst instruktive Vergleichsperspektiven. Bei König Ludwig I., auf dessen politischer Prioritätenskala die Souveränität des Königreichs Bayern eine prominente Stellung einnahm, fällt auf, daß er nur in sehr reduzierter Weise an die Wirksamkeit des schulischen Geschichtsunterrichts glaubte, insoweit es um die Stabilisierung der bayerischen Eigenstaatlichkeit ging. Er setzte ein weit größeres Vertrauen genau in den Bereich, den wir heute als Geschichtskultur bezeichnen: Hierher gehören seine Denkmalstiftungen in der Residenzstadt und in den neu dazu gewonnenen Provinzen des Königreichs; hierher gehört sein Engagement für den sich entwickelnden Denkmalschutz und die Domfertigbauten von Köln und Speyer, und hierher gehört noch seine Gründungsinitiative bezüglich der historischen Vereine in den Kreisen des Königreichs.

Ganz anders sein Sohn und Nachfolger, König Max II.: In den fünfziger Jahren kommt es zu einer bis dahin ganz unbekannten Aufwertung der bayerischen Geschichte an den Gymnasien, die der König selbst anregt und begründet. In einer Ministerialentschließung vom 13. Januar 1851 heißt es: „Die Geschichte der neuesten Zeit hat wiederholt die providentielle Bestimmung Bayerns in Deutschland kundgethan, in dem es aufs Neue wie in der Vorzeit mehr als einmal der Revolution und den Gelüsten nach einer Zerreissung Deutschlands mit Entschiedenheit und Erfolg entgegengetreten ist." Auf diese Merkmale der bayerischen Geschichte könne sich der bayerische Stolz gründen, aus diesem Stolz könne ein kräftiges Nationalbewußtsein erwachsen, wenn es gelinge, das Bewußtsein von diesem spezifischen Charakter der bayerischen Geschichte in der Schule zu vermitteln. „In diesem Sinne soll die bayerische Geschichte gelehrt, und hiedurch bei der Jugend das bayerische Nationalgefühl zugleich mit dem deutschen geweckt, genährt und gefördert werden."

Ein zweiter Erlaß vom 24. März 1852 geht in eine ähnliche Richtung: „Wenn nun auch der Unterricht in der Geschichte des speziellen Vaterlandes zu allen Zeiten von großer Bedeutung für die Bildung der Jugend ist, so steigert sich dessen Wichtigkeit dennoch in einer Periode, wie die gegenwärtige, in welcher so viel darauf ankommt, daß das heranreifende Geschlecht von einem vagen, jedes loyale Gefühl im Keime erstickenden Kosmopolitismus bewahrt bleibe und zu aufrichtiger, festwurzelnder Treue gegen den angestammten Fürsten, sowie zu warmer, ausdauernder Vaterlandsliebe angeleitet und erzogen werde, und es ist der bestimmte Wille Seiner Majestät des Königs, daß in sämmtlichen Gymnasien und lateinischen Schulen die bayerische Geschichte mit allem Fleiße und in belebender, eindringlicher und veredelnder Weise gelehrt werde." Und noch deutlicher: „Insbesondere sind es jene Partien dieser Geschichte, durch welche die studirende Jugend zu frommer, gottesfürchtiger Gesinnung, zur Ehrfurcht und Anhänglichkeit gegen den Monarchen und sein erhabenes Haus, zum Gehorsame gegen Gesetz und Obrigkeit, und zu hingebender Vaterlandsliebe geweckt und belebt werden kann, welche von den betreffenden Lehrern auf eine nachdrucksame, eindringende Weise behandelt werden müssen."

Diesen grundsätzlichen Bekundungen entsprechen die Lehrplanbestimmungen in der revidierten Schulordnung von 1854. Zum ersten Mal wird jetzt auch in der Lateinschule in den beiden oberen Klassen ein selbständiger zweistündiger Geschichtsunterricht etabliert; im Gymnasium ist nunmehr in allen vier Jahrgangsstufen ein chronologisch aufgebauter Durchgang durch die Geschichte vorgeschrieben.

Wenn man die Bestimmungen der Schulordnung für das Fach Geschichte an Lateinschule und Gymnasium im allgemeinen und hinsichtlich der bayerischen Geschichte im besonderen miteinander vergleicht, so wird der Charakter des gymnasialen Geschichtsunterrichts deutlich. Während die bayerische Geschichte an den Lateinschulen weithin mit der Dynastiegeschichte identifiziert wird, erscheint der gymnasiale Anspruch umfassender, ist im methodischen Bereich darüber hinaus auch von Hauptquellen und von wichtiger historischer Literatur die Rede, wird im Sinne der Kenntnissicherung etwa verordnet, daß am Beginn einer jeden Jahrgangsstufe der geschichtliche Stoff des vorhergehenden Schuljahres zu wiederholen sei. Ferner ist es für die Lateinschule offensichtlich, daß die dort vorgeschriebene allgemeine Geschichte, wo immer möglich, als deutsche Geschichte verstanden wird; im gymnasialen Lehrplan macht der Zusatz „mit besonderer Hervorhebung der deutschen Geschichte“ deutlich, daß unter der allgemeinen Geschichte primär die Weltgeschichte begriffen wird. Weltgeschichte, deutsche Geschichte und bayerische Geschichte erscheinen im gymnasialen Bereich zwar nicht unbedingt als gleichwertige Bereiche, aber doch zumindest auf ein und derselben Ebene angesiedelt.

Verweist allein schon die Bestimmung von 1854, daß am Beginn der vierten Gymnasialklasse die gesamte bisherige bayerische Geschichte zu wiederholen sei, auf deren gestiegenes Gewicht, so stellt eine Ministerialentschließung von 1857 Höhepunkt und Abschluß dieses Bedeutungszuwachses für die bayerische Geschichte überhaupt dar. Nicht nur wird der Geschichtsunterricht in den beiden Oberklassen des Gymnasiums nun auf je drei Stunden aufgestockt, sondern es wird auch festgelegt, daß mit dem 1. Mai eines jeden Schuljahres der Unterricht in der allgemeinen Geschichte abzuschließen sei und die restliche Zeit des Schuljahres der bayerischen Geschichte zur Verfügung gestellt werden müsse. Präziser wurde der Umfang des Unterrichts in der bayerischen Geschichte im ganzen Königreich Bayern nicht formuliert, gleichzeitig bedeutet die Konzentration auf die letzten drei Klassen des Gymnasiums eine Entscheidung zugunsten eines auf vergleichsweise hohem Niveau betriebenen Unterrichts in der bayerischen Geschichte.

Überblickt man von da aus die zweite Jahrhunderthälfte, die Zeit schließlich bis zum Ende der Monarchie, so erkennt man diverse Schwankungen. Während in den sechziger Jahren der Rang der bayerischen Geschichte erkennbar zurückgeht, kann man in der Ära Lutz eine Neigung beobachten, durch deklamatorische Bekundungen des bayerischen Staatspatriotismus, auch und gerade in Lehrplanvorschriften für das Fach Geschichte, die dezidierte nationalliberale bayerische Reichstreue innenpolitisch, d.h. gegenüber der Mehrheitspartei der Patrioten, zu entschärfen.

Höhepunkt und Abschluß der Lehrplanentwicklung im Königreich Bayern ist dann die Schulordnung von 1914, auf die abschließend noch kurz einzugehen ist. Der darin enthaltene Lehrplan für das Fach Geschichte am Gymnasium setzt sich mit einer bewußten Akzentuierung der bayerischen Geschichte ab von allen Versuchen, eine preußisch-kleindeutsche Geschichtsauffassung zur Leitlinie für die Sicht der allgemeinen deutschen Geschichte zu machen. Demgemäß wird für die allgemeine Geschichte „eine übersichtliche Kenntnis“ und „eine eingehendere Kenntnis der deutschen und bayerischen Geschichte“ gefordert. Diese Polarität zwischen der deutschen und der bayerischen Geschichte durchzieht den gesamten Lehrplan. Im Blick auf die zeitgenössischen

Verfassungs- und Verwaltungszustände sollen das Reich und Bayern behandelt werden; zum Patriotismus ist in seiner doppelten Ausprägung „im Dienste des engeren und weiteren Vaterlandes" zu erziehen. Die Begründung, die der Lehrplan für dieses offensichtliche Bemühen um Ausgeglichenheit zwischen bayerischem und deutschem Anspruch formuliert, verweist auf politische und wissenschaftliche Zusammenhänge: „Da der moderne deutsche Staat nicht im Reiche, sondern in den Territorien entstanden ist, so fällt ganz besonders dem Unterricht in der bayerischen Geschichte die ebenso wichtige als anregende Aufgabe zu, die Schüler mit der Entstehung und Entwicklung des modernen Staates und damit mit den Grundlagen der Staatsbürgerkunde bekannt zu machen."

Die einzelstaatliche und territorialgeschichtliche Perspektive tritt hier dem wilhelminischen Reichspatriotismus selbstbewußt entgegen, die föderative Grundordnung des Reiches wird als konstitutiver Bestandteil der Verfassungsordnung von 1871 in den Rang eines geschichtlichen Lernziels erhoben. Den Versuchen einer preußisch orientierten Reichsidee, die deutschen bzw. einzelstaatlichen historischen Traditionen zu usurpieren, und den damit zusammenhängenden zentralistischen Tendenzen wird hier bewußt entgegengesteuert; die bayerische Geschichte soll an den Gymnasien und Oberrealschulen des Königreichs nicht verdeckt oder überlagert werden von den Ansprüchen einer national-deutschen Geschichtsauffassung. Nach mehr als vier Jahrzehnten im Kaiserreich scheint dieser Versuch einer Emanzipation der bayerischen Geschichte überaus bemerkenswert: Die bayerische Regierung nahm mit den zitierten Formulierungen den offenen Konflikt mit Berlin in Kauf; und sie geriet auch mit den Trägern einer betont national-deutschen Politik in Bayern selbst in ein Spannungsverhältnis.

Der Lehrplan von 1914 ist nicht denkbar und auch nicht interpretierbar ohne die innenpolitische Wende in Bayern, wie sie sich 1912 vollzogen hatte. Es fehlt hier die Zeit, um näher auf diese innenpolitische Wende einzugehen; zwei Stichworte müssen genügen. Mit Georg von Hertling wird zum ersten Mal ein führender Zentrumspolitiker Ministerpräsident in Bayern; mit Ludwig III. begegnet uns ein Monarch, bei dem unstreitige Reichstreue sich mit einem dezidiert ausgeprägten Bekenntnis zur bayerischen Eigenstaatlichkeit verbindet. In diesen Zusammenhang gehören die Bereitschaft Hertlings, in kulturpolitischen Fragen mit der konservativen Landtagsmehrheit zu kooperieren, aber auch die Politik Ludwigs III., die föderative Grundordnung des Kaiserreichs gegenüber allen preußisch-unitaristischen Ansprüchen demonstrativ zu betonen.

Lehrplanentscheidungen hängen immer mit solchen politischen Kursveränderungen zusammen; sie sind aber auch eine Folge von Entwicklungen im wissenschaftlichen, universitären Bereich. Und auch hier markiert das Jahr 1914 eine Wende. Seit 1898 gibt es den mit Sigmund von Riezler besetzten Lehrstuhl für bayerische Landesgeschichte an der Universität München; 1906 ist der erste Band von Michael Doeberls „Entwicklungsgeschichte Bayerns" erschienen, seit 1909 ist Doeberl Ministerialrat in der Schulabteilung des Innenministeriums. Der neu etablierte Anspruch der Landesgeschichte als akademischer Disziplin verbindet sich mit dem persönlichen Einfluß von Doeberl und der politischen Neuorientierung nach 1912. Nur in dieser Konstellation ist die oben zitierte Formulierung, die ja ohnehin eher wie ein historiographisches Credo denn als lehrplanbezogene Richtzielbeschreibung klingt, einzuordnen.

Diese landesgeschichtliche Akzentuierung erfährt im Lehrplan von 1914 eine Unterstützung durch vielfältig eingestreute pädagogisch-methodische Hinweise, die das regionale und lokale Motiv in den Vordergrund schieben. So ist etwa für die Unterstufe explizit vorgeschrieben und gesperrt gedruckt, daß der Überblick über die griechische, römische, deutsche und bayerische Geschichte „in steter Anknüpfung an historische Erinnerungen des

Studienortes und seiner Umgebung" zu geben ist. In der Oberstufe sollen „am besten Kunstwerke der engeren Heimat" den Anknüpfungspunkt bilden. Und schließlich noch allgemeiner: Die „großen Erscheinungen der Weltgeschichte sollen in ihrer Bedeutung und Wirkung den Schülern auf dem engeren Boden der Heimat nähergebracht werden."

Es ist nicht von Bedeutung, welchen der hier angesprochenen Lehrplankonzeptionen die Sympathie des Referenten gehört. Wichtiger ist der Befund, daß sich die Präsenz der bayerischen Geschichte im gymnasialen Lehrplan seit mehr als eineinhalb Jahrhunderten als vorzüglicher Indikator für die staats- und nationalpolitischen Vorstellungen der jeweiligen Regierungen eignet. Und wichtiger ist auch die Feststellung, daß die Lehrplanbestimmungen immer nur als im Schnittpunkt von Wissenschaft und Politik angesiedelt interpretierbar sind. Und weil das so ist, stellt sich die Beschäftigung mit dem Stellenwert der bayerischen Landesgeschichte am Gymnasium selbst als ein wichtiger Beitrag zu dieser bayerischen Landesgeschichte dar.

* Im folgenden handelt es sich um den unveränderten Abdruck des Eröffnungsvortrags am 20.9.1998 im Institut für Bayerische Geschichte an der Universität München. – Wichtigste Literatur: Zu den Kategorien „Geschichtsbewußtsein" und „Geschichtskultur" vgl. Karl-Ernst JEISMANN: „Geschichtsbewußtsein". Überlegungen zur zentralen Kategorie eines neuen Ansatzes der Geschichtsdidaktik, in: Hans SÜSSMUTH (Hg.): Geschichtsdidaktische Positionen. Bestandsaufnahme und Neuorientierung, Paderborn u.a. 1980, S. 179-222; Jörn RÜSEN: Historische Orientierung. Über die Arbeit des Geschichtsbewußtseins, sich in der Zeit zurechtzufinden, Köln u.a. 1994. – Zum derzeitigen Stand der deutschen Landesgeschichtsschreibung vgl. Werner BUCHHOLZ (Hg.): Landesgeschichte in Deutschland. Bestandsaufnahme, Analyse, Perspektiven, Paderborn u.a. 1998. – Zum spezifischen Profil der bayerischen Landesgeschichte vgl. Wilhelm VOLKERT/Walter ZIEGLER (Hgg.): Im Dienst der bayerischen Geschichte. 70 Jahre Kommission für bayerische Landesgeschichte. 50 Jahre Institut für Bayerische Geschichte, München 1998. – Zu den Beispielen aus der bayerischen Geschichte des 19. Jahrhunderts vgl. Hans-Michael KÖRNER: Staat und Geschichte im Königreich Bayern 1806-1918, München 1992.

Regionalgeschichte in der Frühen Neuzeit

Die Regierungen der bayerischen Rentämter als Mittler zwischen Fürst und Untertan

Von Guido Treffler

Am Abend des 2. Januar 1583 kam es in der Tafernwirtschaft der Klosterhofmark Niederaltaich zu fortgeschrittener Stunde zwischen dem Bildschnitzer Blasius Pfeiffer und dem Schmiedknecht Hans Allersbacher zu einer folgenschweren Auseinandersetzung. Ein Wort gab das andere, bis sich die Streitenden im Freien vor der Wirtschaft gegenüberstanden. Wohl im Affekt zückte Pfeiffer sein Messer und traf Allersbacher tödlich. Daraufhin griff der Bruder des Getöteten, Matthäus Allersbacher, Pfeiffer an und fügte ihm ebenfalls mit einem Messer schwere Verletzungen zu, die dieser nur knapp überlebte. Beide Delinquenten wurden zunächst vom Niederaltaicher Hofmarksrichter Markhamer gefangengenommen. Dieser meldete die Tat an den herzoglichen Landrichter von Hengersberg, Paul Reittorner[1], und überstellte Pfeiffer und Allersbacher in das landgerichtische Gefängnis nach Hengersberg. Reittorner informierte die Regierung in Straubing und bat um einen Befehl, wie er sich in dieser Sache weiter verhalten solle. Die Straubinger Räte faßten daraufhin den Beschluß, Pfeiffer nach seiner Genesung exekutieren und Allersbacher gegen Bürgschaft auf freien Fuß setzen zu lassen. Doch nachdem der Abt des Klosters Niederaltaich[2] und das Stiftskapitel von St. Jakob und Tiburtius in Straubing für den Künstler Fürbitte eingelegt hatten, übergab die Straubinger Regierung den Fall an den Hofrat in München, der das Todesurteil gegen Blasius Pfeiffer aufhob und anordnete, diesen bis auf weiteres in Straubing gefangenzuhalten.[3]

Uns interessiert an diesem Beispiel weniger der weitere Weg des Delinquenten, der ihn von Straubing nach München führte, wo er dann aufgrund seiner außerordentlichen Kunstfertigkeit für den herzoglichen Hof arbeitete.[4] Vielmehr läßt sich an diesem Fall exemplarisch nachvollziehen, welche gerichtlichen Instanzen im 16. Jahrhundert bei einem Malefizverbrechen tätig wurden. Der Vertreter des landständischen, also nicht-herzoglichen Gerichts, der Niederaltaicher Hofmarksrichter, nahm den Täter gefangen und übergab ihn dann an den herzoglichen Landrichter, in dessen Amtssprengel sich die Hofmark befand. Dieser durfte bei einer solchen, in den Bereich der Hochgerichtsbarkeit gehörigen Tat nicht aus eigener Initiative verhören und urteilen, sondern hatte der übergeordneten Behörde, der Rentamtsregierung, Bericht zu erstatten. Erst diese Instanz, die in einem Landesteil die fürstliche Herrschaft repräsentierte, durfte selbständig Weisungen über die weitere Verfahrensweise an den Landrichter erteilen. Aber auch sie war noch nicht die letzte Instanz. Von der Mittelbehörde konnte ein Fall an den Hofrat nach München überwiesen werden, der im 16. Jahrhundert als höchstes Gericht des Herzogtums Bayern fungierte.[5]

Der geschilderte Kriminalfall scheint zu bestätigen, daß die Rentämter tatsächlich Mittler zwischen Fürst und Untertanen waren. Doch war dem wirklich so? Können die Beamten der Mittelbehörden als Repräsentanten des fürstlichen Herrschaftsanspruchs gegenüber der Bevölkerung des Landes interpretiert werden oder kommt diese Bezeichnung nicht eher den Beamten der unteren Behördenebene in den Pfleg- und Landgerichten des Herzogtums Bayern zu? Um dies zu klären, sollen im folgenden die Mittelbehörden genauer ins Auge gefaßt werden. Als Quellengrundlage hierfür dient vor allem die bisher nur selten benutzte umfangreiche Überlieferung der bayerischen Mittelbehörden. Im Anschluß an die grundsätzliche Klärung von deren Organisation und Tätigkeit stehen zwei Leitfragen im Zentrum der Untersuchung: Erstens, welche Beamten traten den Untertanen gegenüber als herzogliche Repräsentanten auf? Zweitens, sind die Mittelbehörden nicht eher als Mittler zwischen Fürst und Zentralbehörden einerseits und Unterbehörden andererseits einzuschätzen?

Forschungsstand

Bevor wir uns diesen Fragen zuwenden, gilt es, den Rahmen der Fragestellung abzustecken. Ohne zu übertreiben wird man wohl feststellen dürfen, daß die Beschäftigung mit Behörden als ein klassisches Forschungsfeld der bayerischen Landesgeschichte bezeichnet werden kann. Die verwaltungsgeschichtliche Forschung konzentrierte sich bisher vor allem auf die verschiedenen Zentralbehörden des Herzogtums bzw. Kurfürstentums Bayern (Hofrat, Hofkammer, Geistlicher Rat, Kommerzienrat, Geheime Konferenz) und auf die Unterbehörden.[6] Diese Arbeiten untersuchen in erster Linie den institutionellen Aufbau der Behörden, gehen also von einem verfassungsgeschichtlichen Ansatz aus, und schaffen damit die Grundlage für jede weitere verwaltungsgeschichtliche Forschung. Daneben standen Vertreter der Beamtenelite wie Leonhard von Eck, der engste politische Vertraute von Herzog Wilhelm IV., Wolfgang Kolberger, Dietrich von Plieningen, Augustin Baumgartner, Pankraz von Freyberg, Caspar von Schmid, der einflußreiche Kanzler Kurfürst Ferdinand Marias, Korbinian von Prielmair oder Wiguläus von Kreittmayr im Blickfeld der Historiker.[7] Die Erforschung der regionalen Mittelbehörden wurde dagegen bis jetzt eher vernachlässigt. Ältere Untersuchungen registrierten zwar die Existenz von Mittelbehörden, beschränkten sich aber auf einen herausragenden Beamtentypus dieser Zeit, den

Rentmeister[8], oder handelten die Rentamtsregierungen in Zusammenhang mit dem Münchner Hofratskollegium ab[9]. Erst die jüngere Forschung widmete den Rentamtsregierungen wieder Einzeluntersuchungen zu verschiedenen Aspekten, wobei oftmals lokale Jubiläen oder regionale Geschichtsforschung den Anstoß gaben.[10] Aus volkskundlicher Sicht untersuchte Winfried Helm das Phänomen „Herrschaft", wobei er auch die Rolle der niederbayerischen Rentamtsregierungen mit einbezog.[11] Mit der Quellenüberlieferung der Mittelbehörden setzten sich die Archivare Gerhard Schwertl und Alfred Tausendpfund auseinander.[12] In der Untersuchung von Helmut Rankl steht wiederum der bayerische Rentmeister im Mittelpunkt, insbesondere die Frage nach seiner Bindegliedfunktion zwischen Herrscher und Untertan.[13] Carl A. Hoffmann schließlich fragt nach dem Verhältnis zwischen dem Rentmeister und den landesherrlichen Städten im Kurfürstentum Bayern.[14] Trotz all dieser Einzeluntersuchungen fehlt noch immer eine umfassende Analyse der Organisationsstruktur der Mittelbehörden, ihrer Aufgaben und ihrer Bedeutung für die Durchsetzung landesherrlicher Politik. Im folgenden soll daher zunächst der organisatorische Aufbau der Mittelbehörden im Mittelpunkt stehen, wie sie seit der Wiedervereinigung des Herzogtums Bayern zu Beginn des 16. Jahrhunderts bis zum Regierungsantritt Herzog Maximilians I. 1598 bestanden. Daran anschließend soll versucht werden, die konkrete Verwaltungstätigkeit im Verhältnis zwischen Obrigkeit und Untertanen am Beispiel der Mittelbehörden darzustellen.

Die Organisation der bayerischen Mittelbehörden im 16. Jahrhundert

Nach dem Tod Herzog Georgs des Reichen und dem darauf folgenden Landshuter Erbfolgekrieg vereinigte Herzog Albrecht IV.

von Bayern-München in den Jahren 1505/1506 die beiden Teilherzogtümer Bayern-Landshut und Bayern-München wieder.[15] Mit der Vergrößerung des Territoriums, zugleich aber auch mit dem Verlust einiger Gebiete an den südöstlichen und nordwestlichen Rändern Bayerns[16], ergab sich die Notwendigkeit, die regionale Verwaltung des relativ großen und geschlossenen bayerischen Territoriums neu zu organisieren. Albrecht IV. konnte dabei an spätmittelalterliche Vorläufer anknüpfen, denn auch in den verschiedenen Teilherzogtümern gab es bereits regionale Verwaltungseinheiten, die sog. Viztum- bzw. Rentmeisterämter.[17] In der zweiten Hälfte des 15. Jahrhunderts gliederte sich das Herzogtum Bayern-Landshut in die Rentmeisterämter Landshut, Burghausen, Ingolstadt, Wasserburg und Weiden, das Herzogtum Bayern-München in die von München, Straubing und Burglengenfeld. Die Behördenreform Albrechts IV. reduzierte die Zahl der Rentämter von acht auf vier und veränderte zugleich die Grenzen dieser Amtssprengel. Als namengebende Hauptorte der Rentämter und zugleich als Sitze der Rentamtsregierungen fungierten die Städte München, Burghausen, Landshut und Straubing. Ihnen unterstanden zahlreiche Land- und Pfleggerichte mit ihren Ämtern, die die unterste Ebene der herzoglichen Verwaltungsorganisation repräsentierten. Im gebietsmäßig größten Rentamt, München, gab es keine eigene Mittelbehörde, sondern hier übernahmen die Zentralbehörden, also der Hofrat, seit ihrer Gründung im Jahr 1550 auch die Hofkammer, diese Funktionen. Daneben existierte im Rentamt München als Überbleibsel aus der Zeit der spätmittelalterlichen Teilherzogtümer noch ein Ratskollegium in Ingolstadt, dessen Zusammensetzung und Aufgaben aber noch ungeklärt sind.[18] In den übrigen drei Rentämtern Landshut, Straubing und Burghausen fungierte dagegen jeweils ein Regierungskollegium als oberste Behörde. Der Aufbau dieser Kollegien und ihre verschiedenen Funktionen wird im folgenden zu erläutern sein.

Die Regierung eines Rentamtes, in den Quellen auch als „Regiment“ bezeichnet, setzte sich aus mehreren Räten zusammen, die unter der Leitung eines Viztums Jurisdiktions- und Verwaltungsaufgaben erfüllten. Eine Trennung von Verwaltung und Rechtsprechung, wie wir sie heute kennen, gab es damals noch nicht. Zentrales Organ der Regierung war der Rat, ein Kollegium von Ratsherren. Er war aufgeteilt in die sog. Gelehrtenbank, auf der die juristisch ausgebildeten Räte ihren Platz hatten, und in die sog. Ritterbank, die z.T. mit Räten aus dem Adel des Landes, z.T. mit Spezialbeamten wie dem Rentmeister oder dem Kastner besetzt war. Die Entscheidungen des Rates wurden in der Regierungskanzlei unter der Leitung eines Kanzlers bzw. eines Sekretärs ins reine geschrieben und an die betroffenen Parteien gegen Bezahlung ausgefertigt.

Die Ratsgremien der Regierungen in den Rentämtern waren wie der Hofrat in München kollegial organisiert[19], d.h. Entscheidungen wurden nach der Erläuterung des Einzelfalles durch einen Referenten gemeinsam gefällt. Dabei hatte ein jeder Ratsherr nach einer bestimmten Reihenfolge, die vom Amt, das er innerhalb der Organisation der Regierung bekleidete, und von der Dauer der Zugehörigkeit zum Regierungskollegium abhing, sein Votum abzugeben. Der Beschluß richtete sich nach der Mehrheit der Voten. Die Zahl der Regierungsräte bei den einzelnen Regierungen war unterschiedlich und schwankte im 16. Jahrhundert etwa zwischen 10 und 20 Räten.

Die Regierungen waren einerseits Verwaltungsbehörden, andererseits Justizstellen, die den Untergerichten übergeordnet waren. Als Justizorgan sprach die Regierung Recht bei Kompetenzstreitigkeiten zwischen landständischen und herzoglichen Gerichten. Darüber hinaus konnte die Bevölkerung in den landständischen Hofmarken wie auch in den herzoglichen Landgerichten bei der jeweils zuständigen Rentamtsregierung Beschwerde gegen ein Urteil eines Untergerichts einlegen. Zu Beginn des 16. Jahrhunderts wurden die sog. Viztumhändel, also die Vergehen, die von den Untergerichten nicht verhandelt werden durften, offenbar vom Rentmeister ohne Wissen des Viztums und der Räte selbständig abgeurteilt.[20] Zu den Viztumhändeln gehörten Verbrechen wie z.B. vorsätzlicher Mord, Totschlag, Hoch- und Landesverrat, schwerer Raub und Vergewaltigung. Sie wurden entweder mit dem Tod oder mit einem Bußgeld bestraft. Seit 1512 aber wurde die einflußreiche Stellung des Rentmeisters auf jurisdiktionellem Gebiet zunehmend zurückgedrängt; er durfte selbständig nur noch Vergehen bestrafen wie etwa Überackern und Übermähen von Privatbesitz, Raufhändel vorbestrafter Raufbolde, nächtlichen Hausfriedensbruch, kleinen Diebstahl, Empfang von Sakramenten in betrunkenem Zustand und Gotteslästerung. Ansonsten mußte er die Urteile der Rentamtsregierung vollstrecken, d.h. die festgesetzte Geldsumme einfordern.[21]

Als Organ der Landesverwaltung empfing die Mittelbehörde Weisungen verschiedenster Art von den Münchner Zentralbehörden und leitete sie an die Unterbehörden weiter.[22] Durch die Verteilung der landesherrlichen Befehle übernahmen die Rentamtsregierungen eine Mittlerfunktion zwischen den Münchner Zentralbehörden und den lokalen Verwaltungen im Land. Die Zentralbehörden wählten jedoch nicht immer den Weg über die Mittelbehörden, sondern kontaktierten die unteren Beamten sogar direkt.[23] Mit dieser Mittlerfunktion ging eine Kontrollfunktion einher, die nicht nur der Rentmeister während seiner Umritte ausübte, sondern auch andere Räte, die von der Regierung als Kommissare dafür abgeordnet wurden. Seit der zweiten Hälfte des 16. Jahrhunderts ist verstärkt die Tendenz festzustellen, daß die übergeordneten Stellen in München die Regierungen zur Wahrung der „guten Policey“, also zur Aufrechterhaltung der öffentlichen Ordnung, anhielten. Eine wichtige Rolle spielten in diesem Zusammenhang landesherrliche Gebote, die das Religionswesen betrafen. So kontrollierten Regierungsräte die Ratswahlen in Städten und Märkten und überprüften insbesondere die Zusammensetzung des Stadtrates auf katholische Rechtgläubigkeit hin. Besondere Aufmerksamkeit erfuhren Schulen und Buchläden, weil die Verbreitung protestantischer Bücher und Gedanken verhindert werden sollte.

Neben dem Gerichtswesen und der öffentlichen Ordnung war die dritte wichtige Aufgabe der Rentamtsregierungen das Finanzwesen. Dabei war der Rentmeister der oberste Fiskalbeamte. Im Mittelpunkt standen die „Causae Domini", d.h. alle Angelegenheiten, die herzogliche Hoheitsrechte berührten. Die Räte verhörten beispielsweise Unterbeamte, wenn deren Ämter auffällig wenig einnahmen. Sie hatten auch darauf zu achten, daß herzogliche Lehengüter und deren Erträge in Sal- und Lehenbücher eingetragen und dem herzoglichen Kammergut nicht entzogen wurden.

Auf Befehl des Herzogs oder der Zentralbehörden wurden die Ratskollegien auch auf gutachterlichem Gebiet tätig, so etwa bei der Überarbeitung der Landesordnung von 1553[24] oder auch des großen Gesetzeswerkes Herzog Maximilians I., des Codex Maximilianeus von 1616[25].

Folgt man den normativen Richtlinien, also den Ratsordnungen, Instruktionen und Bestallungsbriefen der Beamten, dann stellen sich Organisation und Aufgaben der Regierung in groben Zügen so dar, wie eben geschildert. Daß der Alltag in den Ratssitzungen aber entgegen der Norm oft ganz anders aussah, belegen Notizen über eine Visitation der Regierung Straubing aus dem Jahr 1574. Den Münchner Zentralbehörden waren Klagen über Korruption und Verschleppung von Prozessen zu Ohren gekommen. Und so mußten sich die Straubinger Räte z.B. wegen ihrer unregelmäßigen Teilnahme an Ratssitzungen sowie wegen mangelnder Geheimhaltung der Ratsverhandlungen verantworten. Besonders schlimm schien es offenbar der Regierungskanzler getrieben zu haben. Er nahm angeblich des öfteren Schenkungen von einzelnen Streitparteien an und hatte zudem die ihm unterstellten Kanzleischreiber nicht unter Kontrolle. Von den Zuständen in der Kanzlei heißt es u.a.: „1. Sie sein sehr unfleissig, saufen sich täglich voll. 2. Item sie raten den Parteien und fördern einen vor dem anderen um Schenkung willen. 3. Item es ist eine große Unordnung in der Kanzlei, es beklagen sich die Parteien, daß nichts expediert werde, die Rezeß verlegt, ja wohl gar verloren. Welcher nit wohl schmiert, der lauft etlich Jahr nach und werd nit abgefertigt."[26]

Die Mittlerfunktion der Regierungen

Der vorstehende kurze Quellenbeleg verdeutlicht, daß die Regierungen Anlaufstellen für Belange der Untertanen waren. Sie waren nicht nur erste Gerichtsinstanz bei Malefizverbrechen und zweite Instanz bei Berufungsfällen, sondern nahmen auch Bittgesuche, sog. Supplikationen, der Bevölkerung entgegen. Noch nicht ausreichend geklärt ist, ob die Suppliken zuerst an die Unterbehörde gerichtet, ob sie direkt an die Rentamtsregierungen geleitet oder ob sie in größerem Umfang auch direkt an den Herzog bzw. die Zentralbehörden gesendet wurden.[27] Dieses Problem leitet über zur ersten der beiden eingangs gestellten Fragen: Welche Beamten traten den Untertanen gegenüber als herzogliche Repräsentanten, somit als Vertreter der Obrigkeit auf? Waren es nur – wie es eigentlich zu erwarten wäre – die Beamten der Unterbehörden vor Ort, oder hatten auch die Regierungen in den Zentralorten der Rentämter unmittelbaren obrigkeitlichen Einfluß auf die Bevölkerung? Wer war der einfachen Bevölkerung als Obrigkeit gegenwärtig?

Ohne Zweifel wird man den Unterbehörden – den Pflegern, Landrichtern, Gerichtsschreibern, Kastnern, den Amtleuten und

Schergen – allein aufgrund der räumlichen Nähe und ihrer ständigen Präsenz die größere Wirkung zuschreiben dürfen. Im lokalen Raum vertraten sie im öffentlichen Leben die Obrigkeit. Bei niedergerichtlichen Fällen bildete das Landgericht die erste Instanz, bei hochgerichtlichen Fällen nahm es den Delinquenten fest und verfuhr mit ihm nach den Anweisungen der jeweiligen Rentamtsregierung. In beiden Fällen also bekam es der Untertan vor allem mit der Unterbehörde zu tun. Und schließlich hatten die unteren Beamten für die Einhaltung und Durchsetzung der landesherrlichen Gebote und Verbote Sorge zu tragen. Doch trotzdem repräsentierten nicht nur sie die fürstliche Obrigkeit auf dem flachen Land. Wie die überlieferten Akten von Verhandlungen bei den Regierungen zeigen, scheute der sog. „arme Mann" keine Mühen und Kosten, um sich sein Recht vor der Mittelbehörde zu erstreiten. So wandten sich beispielsweise 28 Untertanen des Aschauer Hofmarksherrn Hans Veit von Törring-Jettenbach im Sommer 1580 mit einer Supplikation an die Regierung in Landshut, da sie sich durch Fuhrleistungen für ihren Hofmarksherrn in der Erntezeit zu stark belastet fühlten.[28] Sie bestritten den Rechtsanspruch Törrings auf die ihrer Meinung nach zu umfangreichen Dienstleistungen und baten, daß die Frondienste beim alten Herkommen verbleiben sollten. Hans Veit von Törring dagegen bestritt das von den Bauern angegebene Ausmaß der Dienste und bat, daß die Regierung ihn bei seinen althergebrachten Rechten belasse. Die Landshuter Regierung entschied am 15. September 1580 im Sinne der Aschauer Bauern. In der dem Hofmarksherrn zugestellten Entscheidung hieß es: „[...] ir werdet mit geclagter scharwerch eurem selbst aignem gethanem vermelden nach ain guete bschaidenhait gebrauchen und angeregte vogtuntertanen damit wider die gebür und billichait nit beschweren"[29].

Explizit genannt wird die Stellvertreterfunktion der Regierungen für den Fürst bzw. die Zentralbehörden im folgenden zweiten Beispiel aus dem Jahr 1574, in dem es ebenfalls um einen

Streit wegen zu hoher Scharwerksleistungen geht. Sechs Bauern der Hofmark Steinach im Landgericht Straubing[30] beschwerten sich über die Forderungen ihres Hofmarksherrn Hans Wolf von der Warth.[31] Mit Hilfe eines Prokurators stellten sie eine Supplikation direkt an den Hofrat in München, der ihnen – nach Angaben des Prokurators – als Antwort den folgenden Bescheid erteilte: „[...] die Supplicanten mögen bey der Regierung zu Straubing, was sy sich in den beschwär Articuln halten sollen, Ansuechung thain, da werd ine beschaid volgen."[32] In beiden Beispielen wird deutlich, daß die Rentamtsregierungen als Vertreter der Obrigkeit nicht nur friedenswahrende Funktionen als Gerichtsstand übernahmen und somit das herzogliche Gewaltmonopol durchzusetzen suchten, sondern daß sie auch Schutzfunktionen zugunsten der Bevölkerung des Landes innehatten. Diesen Schutzauftrag besaß ein Beamter der Rentamtsregierung in besonderem Maße: der Rentmeister. Die Sorge für Schutz und Schirm der Untertanen gegen Übergriffe der unteren Beamten leitet über zur zweiten Frage: Sind die Mittelbehörden nicht eher als Mittler zwischen fürstlichem Herrschaftsanspruch einerseits und Unterbehörden andererseits einzuschätzen?

Dem Rentmeister kommt in diesem Zusammenhang eine besonders wichtige Rolle zu. Mit Recht hat bereits Sigmund von Riezler auf die Bedeutung dieses Beamtentyps hingewiesen, als er ausführte: „Man darf in ihm einen der wichtigsten Gründe suchen, denen Baiern die verhältnismäßig hohe Stellung seines Beamtentums verdankte"[33]. Auf jährlichen Visitationsreisen durch das Rentamt kontrollierte er die Unterbehörden. Die am 16. Februar 1512 von Herzog Wilhelm IV. erlassene Instruktion für die Rentmeister der Rentämter Landshut, Burghausen und Straubing weist die Rentmeister an, das Verhalten der Beamten in den Land- und Pfleggerichten genau zu observieren, weil „Uns täglich Geschrey und Klage von unsern Gerichtsleuten über unsre Pfleger, Richter und Schergen fürkommen, wie die mit unbilligen Wändeln [Geldstrafen] beschwert, und in den Tafernen, so man Thaiding [Gerichtsverhandlung] hält, vertrunken, und dazu über unsers Herrn und Vatters seeligen und unser Verbot wider ihre Pflicht mit den Forderkandeln Weines [Gerichtsabgabe, Akzidenz] und sonst in manche Wege übernommen werden, und in dem und andern Sachen ihren Eigennutz suchen und brauchen“[34]. Zudem belasteten Pfleger, Richter und andere Amtleute die „armen Leute“, also die Untertanen, angeblich mit zu hohen Siegelgeldern, die für die Ausfertigung von Gerichtsbriefen bezahlt werden mußten.[35]

Im Finanzwesen wirkte der Rentmeister als Aufsichtsinstanz gegenüber den landesherrlichen Unterbehörden. Die herzoglichen Pfleger, Kastner und Mautner mußten ihm und einigen weiteren dazu abgeordneten sog. „Rechenräten“, zu denen immer ein Hofkammerrat aus München gehörte, einmal im Jahr eine Abrechnung der Einnahmen und Ausgaben ihres Amtes vorlegen.[36] Ihr Amtsgebaren wurde dadurch transparent und nachvollziehbar, aber im Falle von Unregelmäßigkeiten eben auch sanktionierbar. Auf einem weiteren Gebiet entwickelte sich der Rentmeister zu einem wirkungsvollen Bindeglied zwischen fürstlichem Willen und Verordnungen und deren Umsetzung durch die Unterbehörden: auf dem Gebiet der Polizeigesetzgebung.[37] Während seines alljährlichen Umritts stellte der Rentmeister den Pflegern, Richtern, Kastnern und Amtleuten verschiedene Fragen bezüglich ihrer Arbeitsweise und ihres Lebenswandels. Er kontrollierte, ob sie auf die Einhaltung der landesherrlichen Vorschriften achtgaben und ob sie selbst den Untertanen mit gutem Beispiel vorangingen. So sollten die Pfleger, Richter und Gerichtsschreiber darauf sehen, „wie die Polizei [Polizeiordnung, Polizeimandate] in den Hofmarken als mit Haltung der Hochzeiten, Kindmahlen, verbotenen Spielen, Fürkauf und dergleichen gehalten werden. Ob die Hofmarksherrn unserm gnädigen Fürsten und Herrn etc. oder sonst dem Landgericht an dessen Hoheit und Obrigkeit nichts entziehen. Im Fall sich aber in jetzt vermelten Sachen was zuträgt, oder sie, die Pfleger und Richter, erführen, sollen sie dasselb den nächsten der Fürstlichen Regierung berichten."[38] Besonderen Wert legte der Mittelbehördenbeamte darauf, daß religiöse Vergehen wie Gotteslästerung, Fleischessen an verbotenen Tagen und Ehebruch weder bei den Beamten noch beim Volk geduldet wurden. So sollten „die Amtleut [...] in guter Furcht und Zucht, auch von dem Volltrinken abgehalten"[39] werden. Vor allem die Rentmeister fungierten also als Bindeglied zwischen Unterbehörden und Zentralbehörden. Mehr noch: In ihnen wird man das Instrument des Fürsten sehen dürfen, mit dessen Hilfe die territoriale Verwaltung und Rechtsprechung effizient kontrolliert und damit letztlich auch intensiviert werden konnte.

Resümee

Will man nach diesen knappen Ausführungen den Versuch eines Resümees wagen, so muß man die eingangs formulierte These von der Mittlerfunktion der Rentämter wohl erweitern. Die Rentamtsregierungen sind sicherlich als Scharnier zwischen Zentrale und Peripherie einzuschätzen, aber nicht nur zwischen Fürst und Untertan, sondern auch zwischen Fürst und fürstlichem Unterbeamten. Sie repräsentierten in bestimmten Fällen die Obrigkeit und artikulierten den fürstlichen Herrschaftsanspruch gegenüber den Untertanen. Doch eine größere Wirkung muß den vor Ort präsenten Beamten der Unterbehörden zugestanden werden. Ihre stete Gegenwart dürfte dem obrigkeitlichen Willen in viel stärkerem Ausmaß zur Wirkung verholfen haben, als die doch nur in besonderen Ausnahmefällen kontaktierte Ebene der Mittelbehörden. Die landgerichtischen Beamten lebten auf dem flachen Land oder in Landstädten und Märkten und waren – im positiven Sinne – der erste Ansprechpartner für Nöte der Untertanen und – im negativen Sinne – der starke obrigkeitliche Arm, den die Untertanen zuerst zu spüren bekamen. Alle zivilrechtlichen und niedergerichtlichen Fälle mußten zuerst in den Landgerichten verhört, verhandelt und abgeurteilt werden. Erst danach konnten die Untertanen eine Instanz weiter an die Rentamtsregierung appellieren, wenn sie sich durch das Urteil benachteiligt fühlten. Auch bei den hochgerichtlichen Fällen, den Viztumhändeln, repräsentierte zunächst das Landgericht die herzogliche Obrigkeit. Der Landrichter registrierte und verhörte diese Fälle und informierte dann die zuständige Rentamtsregierung, die den Fall weiterverfolgte, wenn sie sich als zuständig erkannte. Die landständischen Untertanen in den weltlichen und geistlichen Hofmarken sahen sich zuallererst mit dem Hofmarksherrn bzw. dessen Hofmarksrichter konfrontiert. Die Rentamtsregierung durfte hier nur bei hochgerichtlich eingestuften Fällen eingreifen.

Um aber zu fundierteren Aussagen zu gelangen, sind noch weitere Untersuchungen der unteren und mittleren Verwaltungsebene vonnöten. Der Blick muß dabei auch auf landständische und herzogliche Unterbehörden gerichtet werden. Ein erfolgversprechender Ansatz wäre die Analyse der Zusammenarbeit von Zentral-, Mittel- und Unterbehörden, da mit der Untersuchung der Kooperation der einzelnen Behördenebenen mehr von der Effizienz der Verwaltung erkennbar würde.[40] Wichtig wird in diesem Zusammenhang aber auch sein, einen Blick auf die Beziehungen zwischen den Behörden und dem Volk zu werfen. Schließlich stellt sich die Frage nach dem substantiellen Inhalt der Vermittlerfunktion: Ging es nur darum, die fürstliche Herrschaft und die fürstlichen Hoheitsrechte im Land durchzusetzen, oder fungierten die Regierungen auch als Interessenwahrer der Untertanen?

[1] Paul Reittorner amtierte seit den 1570er Jahren bis 1585 als Richter in Hengersberg, in den Jahren 1588/89 ist er als Pflegsverwalter im Pfleggericht Natternberg anstelle des eigentlichen Inhabers dieser Pflege, des Straubinger Viztums Christoph Graf von Schwarzenberg, nachzuweisen; vgl. Georg FERCHL: Bayerische

Behörden und Beamte 1550-1804, Teil 1, München 1908/10, S. 315 (Reittorner), S. 688f. (Schwarzenberg), S. 692 (Reittorner).

[2] Abt von Niederaltaich war zu dieser Zeit der als großer Reformator des Klosters geltende Paulus Gmainer (1550-1585); vgl. Georg STADTMÜLLER: Geschichte der Abtei Niederaltaich 741-1971, Augsburg 1971, S. 201-208.

[3] Vgl. Bayerisches Hauptstaatsarchiv, München (im folgenden BayHStA), GL Fasz. 3923, Nr. 42 (nicht foliiert).

[4] Zu Blasius Pfeiffer (latinisiert Blasius Fistulator) vgl. auch Ulrich THIEME/Felix BECKER: Allgemeines Lexikon der bildenden Künstler von der Antike bis zur Gegenwart, Bd. 12, Leipzig 1916, S. 57 (mit weiteren Literaturhinweisen).

[5] Vgl. zum Hofrat im 16. und 17. Jahrhundert Reinhard HEYDENREUTER: Der landesherrliche Hofrat unter Herzog und Kurfürst Maximilian I. von Bayern (1598-1651), München 1981.

[6] Zu den Zentralbehörden vgl.: Maximilian LANZINNER: Fürst, Räte und Landstände. Die Entstehung der Zentralbehörden in Bayern 1511-1598, Göttingen 1980; Gerhard HEYL: Der Geistliche Rat in Bayern unter Kurfürst Maximilian I. 1598-1651 mit einem Ausblick auf die Zeit bis 1745, Diss. masch. München 1956; HEYDENREUTER (wie Anm. 5); Harro Georg RASTER: Der kurbayerische Hofrat unter Kurfürst Ferdinand Maria 1651-1679. Funktion, Ausbau, Personal und Umfeld, Starnberg 1995; Adolf DANNER: Der Kommerzienrat in Bayern im 17. Jahrhundert, Diss. masch. München 1910; Adolf DANNER: Der Kommerzienrat in Bayern unter Maximilian I., in: Oberbayerisches Archiv 54 (1909), S. 187-293; Anneliese HOPFENMÜLLER: Der Geistliche Rat unter den Kurfürsten Ferdinand Maria und Max Emanuel von Bayern (1651-1726), München 1985; Theresia MÜNCH: Der Hofrat unter Kurfürst Max Emanuel von Bayern (1679-1726), München 1979; Stefan FISCHER: Der Geheime Rat und die Geheime Konferenz unter Kurfürst Karl Albrecht von Bayern 1726-1745, München 1987; Wolfgang BURGMAIR: Die zentralen Regierungsstellen des Kurfürsten Max III. Josephs (1745-1777), München 1992; Richard BAUER: Der kurfürstliche geistliche Rat und die bayerische Kirchenpolitik (1768-1802), München 1971. Wichtig ist der Aufsatz von Alois SCHMID: Der Reformabsolutismus Kurfürst Max' III. Joseph von Bayern, in: Zeitschrift für bayerische Landesgeschichte 54 (1991), S. 39-76, da er Perspektiven und Möglichkeiten der Verwaltungsgeschichtsschreibung über die rein institutionengeschichtliche Analyse hinaus aufzeigt. Zu den Lokalbehörden sind für Altbayern vor allem die Bände des Historischen Atlasses zu nennen. Für die ehemals bayerischen Gebiete des Innviertels kann zurückgegriffen werden auf: Julius STRNADT: Inviertel und Mondseeland, Wien 1912; DERS.: Grenzbeschreibungen von Landgerichten des Inviertels, Wien 1913. Als weitere Arbeiten lassen sich exemplarisch anführen: Sebastian HIERETH: Moosburg. Rechtsentwicklung, Rechtsprechung und Verwaltung in einem niederbayerischen Landgericht, München 1986; Pankraz FRIED: Herrschaftsgeschichte der altbayerischen Landgerichte Dachau und Kranzberg im Hoch- und Spätmittelalter sowie in der frühen Neuzeit, München 1962; Volker LIEDKE: Amt und Amtmann in den Gerichten Eggenfelden, Gangkofen und Reichenberg, in: Heimat an Rott und Inn 1970, S. 116-151.

[7] Vgl. Edelgard METZGER: Leonhard von Eck (1480-1550). Wegbereiter und Begründer des frühabsolutistischen Bayern, München 1980; Reinhard STAUBER: Der letzte Kanzler des Herzogtums Bayern-Landshut. Eine biographische Skizze zu Wolfgang Kolberger, in: Zeitschrift für bayerische Landesgeschichte 54 (1991), S. 325-367; Franziska von ADELMANN: Dietrich von Plieningen. Humanist und

Staatsmann, München 1981; Alfons BECKENBAUER: In geistlichen Sachen unterwegs. Die Missionen des Landshuter Kanzlers Augustin Baumgartner im Auftrag Herzog Albrechts V., in: Verhandlungen des Historischen Vereins für Niederbayern 108 (1982), S. 15-39; Dieter SCHÄFER: Aufstieg, Fall und Ruhm des Pankraz von Freyberg, Prien 1996; Ludwig HÜTTL: Caspar von Schmid (1622-1693), ein kurbayerischer Staatsmann aus dem Zeitalter Ludwigs XIV., München 1971; Volker PRESS: Korbinian von Prielmair (1643-1707). Bedingungen, Möglichkeiten und Grenzen sozialen Aufstiegs im barocken Bayern, Ottenhofen 1978; Richard BAUER/Hans SCHLOSSER (Hgg.): Wiguläus Xaver Aloys Freiherr von Kreittmayr 1705-1790. Ein Leben für Recht, Staat und Politik. Festschrift zum 200. Todestag, München 1991.

[8] Vgl. Hans HORNUNG: Beiträge zur inneren Geschichte Bayerns vom 16.-18. Jahrhundert aus den Umrittsprotokollen der Rentmeister des Rentamts Burghausen, München 1915; Sigmund von RIEZLER: Geschichte Baierns. Bd. 6: 1508 bis 1651, Aalen 1964 (Neudruck der Ausgabe Gotha 1903), S. 78-82.

[9] Eduard ROSENTHAL: Geschichte des Gerichtswesens und der Verwaltungsorganisation Baierns, Bde. 1-2, Würzburg 1889/1906, hier Bd. 1, S. 409-457.

[10] Vgl. Wolfgang FREUNDORFER: Die Behördenorganisation in und um Straubing im Mittelalter und in der frühen Neuzeit, in: Karl BOSL (Hg.): Straubing – das neue und alte Gesicht einer Stadt im altbayerischen Kernland. Festschrift aus Anlaß des 750. Gründungsjubiläums, Straubing 1968, S. 73-87; Ernst EMMERIG: Die Regierung der Oberpfalz. Geschichte einer bayerischen Mittelbehörde, Regensburg 1981; Gerhard SCHWERTL: Geschichte der Regierungen und Rentmeisterämter Landshut und Straubing 1507-1802 (mit 3 Karten), in: Verhandlungen des Historischen Vereins für Niederbayern 116/117 (1990/91), S. 237-263; Alois BUCHLEITNER/Johann DORNER/Max HINGERL/Josef PFENNIGMANN: Sechshundert Jahre Rentamt Burghausen, Burghausen 1992.

[11] Vgl. Winfried HELM: Obrigkeit und Volk. Herrschaft im frühneuzeitlichen Alltag Niederbayerns, untersucht anhand archivalischer Quellen, Passau 1993.

[12] Vgl. Gerhard SCHWERTL: Die niederbayerischen Rentmeister-Umrittsprotokolle im Staatsarchiv Landshut, in: Hermann RUMSCHÖTTEL/Erich STAHLEDER (Hgg.): Bewahren und Umgestalten. Aus der Arbeit der Staatlichen Archive Bayerns. Walter Jaroschka zum 60. Geburtstag, München 1992, S. 186-197; Alfred TAUSENDPFUND: Die Behörden des Rentmeisteramts Burghausen und die Rekonstruktion ihrer Ämterregistraturen im Staatsarchiv München, in: Albrecht LIESS/Hermann RUMSCHÖTTEL/Bodo UHL (Hgg.): Festschrift Walter Jaroschka zum 65. Geburtstag, Köln, Weimar, Wien 1997, S. 383-403.

[13] Vgl. Helmut RANKL: Der bayerische Rentmeister in der Frühen Neuzeit. Generalkontrolleur der Finanzen und Justiz, Mittler zwischen Fürst und Bevölkerung, Promotor der „baierischen Libertät“, in: Zeitschrift für bayerische Landesgeschichte 60 (1997), S. 617-648.

[14] Vgl. Carl A. HOFFMANN: Landesherrliche Städte und Märkte im 17. und 18. Jahrhundert. Studien zu ihrer ökonomischen, rechtlichen und sozialen Entwicklung in Oberbayern, Kallmünz 1997, S. 50-56.

[15] Vgl. Reinhard STAUBER: Herzog Georg von Bayern-Landshut und seine Reichspolitik. Möglichkeiten und Grenzen reichsfürstlicher Politik im wittelsbachisch-habsburgischen Spannungsfeld zwischen 1470 und 1505, Kallmünz 1993, S. 757-783; Stefan WEINFURTER: Die Einheit Bayerns. Zur Primogenitur-

ordnung des Herzogs Albrecht IV. von 1506, in: Harald DICKERHOF (Hg.): Festgabe Heinz Hürten zum 60. Geburtstag, Frankfurt a.M. u.a. 1988, S. 225-242.

[16] Vgl. Michael CRAMER-FÜRTIG: Landesherr und Landstände im Fürstentum Pfalz-Neuburg. Staatsbildung und Ständeorganisation in der ersten Hälfte des 16. Jahrhunderts, München 1995, S. 28-34; Helmut RANKL: Staatshaushalt, Stände und „Gemeiner Nutzen" in Bayern 1500-1516, München 1976, S. 10f.; Walter ZIEGLER: Studien zum Staatshaushalt Bayerns in der zweiten Hälfte des 15. Jahrhunderts. Die regulären Kammereinkünfte des Herzogtums Niederbayern 1450-1500, München 1981, S. 217.

[17] Vgl. beispielsweise Ernst EMMERIG: Das Viztumamt in (Burg-)Lengenfeld, in: Verhandlungen des Historischen Vereins für Oberpfalz und Regensburg 126 (1986), S. 345-354; Pankraz FRIED: Straubing als Herzogsstadt und Regierungsmittelpunkt (Viztumsamt), in: BOSL (wie Anm. 10), S. 89-102; ZIEGLER (wie Anm. 16); Beatrix ETTELT-SCHÖNEWALD: Kanzlei, Rat und Regierung Herzog Ludwigs des Reichen von Bayern-Landshut (1450-1479), Teilband 1, München 1996, S. 252; Beatrix ETTELT: Gerichts- und Verwaltungsorganisation, in: Bayern-Ingolstadt – Bayern-Landshut 1392-1506. Glanz und Elend einer Teilung, hg. vom Stadtarchiv Ingolstadt, Ingolstadt 1992, S. 125-134; Werner SCHULTHEISS: Das Rentmeisteramt Wasserburg (1447-1503). Ein Beitrag zum mittelalterlichen Finanzwesen Bayerns, in: Die Heimat am Inn 7 (1933/34), H. 5, S. 1-4, H. 6, S. 3ff., H. 7, S. 5-8, H. 8, S. 6f., H. 10, S. 4f., H. 11, S. 5ff., H. 12, S. 4f.; Die Heimat am Inn 8 (1934/35), H. 1, S. 5-8, H. 2, S. 6ff. Einige Professoren der Universität Ingolstadt waren für den Herzog neben ihrer Lehrtätigkeit als „tägliche Räte zu Ingolstadt" tätig; vgl. Helmut WOLFF: Geschichte der Ingolstädter Juristenfakultät 1472-1625, Berlin 1973, S. 154.

[18] HEYDENREUTER (wie Anm. 5), S. 12.

[19] Vgl. ROSENTHAL (wie Anm. 9), Bd. 1, S. 437, Anm. 3. Rosenthal stellt fest, daß die Hofratsordnungen fast wörtlich mit den Ordnungen für die Regierungen übereinstimmten. Im Jahr 1551 wurden sowohl eine Hofratsordnung als auch Ratsordnungen für die Regierungen in Landshut, Straubing und Burghausen erlassen.

[20] Vgl. HIERETH (wie Anm. 6), S. 241. Zur Entwicklung der Viztumhändel im spätmittelalterlichen niederbayerischen Herzogtum vgl. auch Klaus Peter FOLLAK: Die Bedeutung der „Landshuter Landesordnung" von 1474 für die Niederbayerische Gerichtsorganisation, München 1977, sowie DERS.: Entstehung, Funktion und Bedeutung der Viztumhändel im spätmittelalterlichen Niederbayern, in: Verhandlungen des Historischen Vereins für Niederbayern 103 (1977), S. 71-84.

[21] Vgl. Hiereth (wie Anm. 6), S. 243.

[22] Vgl. z.B. Staatsarchiv Landshut (im folgenden StAL), Regierung Landshut B 1 (Sammlung landesherrlicher Verordnungen, 1516-1559).

[23] Nachweise hierfür finden sich beispielsweise in den Hofkammerprotokollen im Bayerischen Hauptstaatsarchiv (BayHStA, Kurbayern Hofkammer 1ff.).

[24] Vgl. Max von FREYBERG: Pragmatische Geschichte der bayerischen Gesetzgebung und Staatsverwaltung seit den Zeiten Maximilian I., Bd. 1, Leipzig 1836, S. XXVII.

[25] Vgl. Helmut GÜNTER (Hg.): Das bayerische Landrecht von 1616, München 1969, S. 131-157.

[26] BayHStA, GL Fasz. 3893, Nr. 2 (nicht foliiert).

[27] Zum Supplikenwesen im spätmittelalterlichen und frühneuzeitlichen Bayern vgl. Renate BLICKLE: Laufen gen Hof. Die Beschwerden der Untertanen und die Ent-

stehung des Hofrats in Bayern. Ein Beitrag zu den Varianten rechtlicher Verfahren im späten Mittelalter und in der frühen Neuzeit, in: Peter BLICKLE (Hg.): Gemeinde und Staat im alten Europa, München 1997, S. 241-266. Ob der Hof in München im 16. Jahrhundert allerdings in dem von Blickle geschilderten Ausmaß Anlaufstelle für die Untertanen war, erscheint fraglich. Blickle wählte für ihre Untersuchung nur Fälle aus dem Rentamt München, in dem es zwischen Unter- und Zentralbehörden keine Zwischeninstanz gab. Die Zentralbehörden waren hier also die nächsthöhere Anlaufstelle nach den Unterbehörden. Ob sich Untertanen aus den Rentämtern Landshut, Straubing und Burghausen in gleichem Maße an den Münchner Hof wandten oder ob die Rentamtsregierungen einen Großteil der Supplikationen vorab filterten, muß aufgrund des noch ungenügenden Forschungsstandes vorerst dahingestellt bleiben.

[28] Vgl. Stephan KELLNER: Die Hofmarken Jettenbach und Aschau in der frühen Neuzeit. Studien zur Beziehung zwischen Herrschaft und Untertanen in Altbayern am Beispiel eines adeligen Herrschaftsbereiches, München 1986, S. 138.

[29] Ebd., S. 139.

[30] Zur Hofmark Steinach vgl. Wolfgang FREUNDORFER: Straubing. Landgericht, Rentkastenamt und Stadt, München 1974, S. 237-245; Josef SCHLICHT: Steinach und dessen Besitzer, in: Verhandlungen des Historischen Vereins für Niederbayern 24 (1886), S. 217-268; DERS.: Zwei Herrschaften zu Steinach, in: Jahrbuch des Historischen Vereins für Straubing und Umgebung 7 (1904), S. 42-45.

[31] Die Warter, ursprünglich Ministerialen des Hochstifts Passau, gehörten zu den niederbayerischen Turniergeschlechtern. Sie sind seit 1347 als Mitglieder der Landschaft nachweisbar. Die Hofmark Steinach befand sich von 1336 bis 1583 in ihrem Besitz; vgl. Heinz LIEBERICH: Die bayerischen Landstände 1313/40-1807, München 1990, S. 41 und S. 129.

[32] BayHStA, GL Fasz. 3893, Nr. 2 (nicht foliiert).

[33] RIEZLER (wie Anm. 8), S. 81.

[34] Baierische Landtags-Handlungen in den Jahren 1429 bis 1513. 18. und letzter Band: Landtäge des vereinigten ganzen Landes. Die Jahrgänge 1510 bis 1513, München 1805, S. 320.

[35] Ebd., S. 320 und S. 323.

[36] Folgende Jahrgänge der Rentamtsrechnungen aus dem 16. Jahrhundert sind erhalten: Landshut: 1507, 1509, 1510, 1511, 1512, 1513, 1514, 1515, 1520, 1525, 1530, 1535, 1540, 1545, 1550, 1555, 1560, 1565, 1570, 1575, 1580, 1582, 1585, 1590, 1595. Straubing: 1527, 1553, 1555, 1585, 1587, 1588, 1598. Burghausen: 1509, 1530, 1532, 1535, 1540, 1549, 1550, 1553, 1554, 1555, 1562, 1563, 1570, 1572, 1580, 1583, 1585, 1591, 1593, 1597. Dabei handelt es sich z.T. um Exemplare, die vor Ort in der Rentstube aufbewahrt wurden, z.T. um Ausfertigungen, die der Rentmeister an die Hofkammer in München übergeben mußte. Die Lücken haben ihre Ursache – wenigstens teilweise – in einer Makulierungsaktion von Rechnungsbeständen im 19. Jahrhundert; vgl. Walter JAROSCHKA: Das Rechnungsarchiv im Staatsarchiv Landshut, in: Mitteilungen für die Archivpflege in Bayern 13 (1967), S. 3-8, hier S. 5f.

[37] Mit den Polizeimandaten setzte sich schon Lorenz von Westenrieder auseinander; vgl. Lorenz von WESTENRIEDER: Versuch einer Geschichte der baierischen Generalien in Hinsicht auf Polizeygegenstände. Vom Jahr 1500 bis 1700, in: DERS. (Hg.): Beyträge zur vaterländischen Historie, Geographie, Staatistik etc., Bd. 8, München 1806, S. 280-391; DERS.: Fortsetzung des, im achten Bande dieser

Beyträge (S. 280 und w.) angefangenen Versuchs einer Geschichte der baierischen Generalien in Hinsicht auf Polizeygegenstände, in: DERS.: Neue Beyträge zur vaterländischen Historie, Geographie, Staatistik, etc., Bd. 1, München 1812, S. 280-325. Vgl. außerdem Heinz LIEBERICH: Die Anfänge der Polizeigesetzgebung des Herzogtums Baiern, in: Dieter ALBRECHT/Andreas KRAUS/Kurt REINDEL (Hgg.): Festschrift für Max Spindler zum 75. Geburtstag, München 1969, S. 307-378. In neuerer Zeit befaßt sich vor allem Hans Schlosser mit dem Mandatswesen im Raum des frühneuzeitlichen Herzogtums Bayern; vgl. Hans SCHLOSSER: Rechtsetzung und Gesetzgebungsverständnis im Territorialstaat Bayern im 16. Jahrhundert, in: Zeitschrift für bayerische Landesgeschichte 50 (1987), S. 41-61; DERS.: Zum Rechtsquellencharakter der bayerischen Polizeimandate des 16. Jahrhunderts, in: Archivalische Zeitschrift 75 (1979), S. 225-232. Die bayerische Landes- und Polizeiordnung von 1553 ist – mit einigen Auslassungen – ediert in: Wolfgang KUNKEL/Gustaf Klemens SCHMELZEISEN/Hans THIEME (Hgg.): Quellen zur Neueren Privatrechtsgeschichte Deutschlands. Bd. 2: Polizei- und Landesordnungen. Halbband 1: Reich und Territorien, bearb. von Gustaf Klemens Schmelzeisen, Köln, Graz 1968, S. 161-324.

[38] StAL, RMA Landshut P 1, fol. 1r-1v (Rentmeisterumrittsprotokoll Landshut, 1579).

[39] Ebd., fol. 3r.

[40] Vgl. Ferdinand KRAMER: Verwaltung und politische Kultur im Herzogtum und Kurfürstentum Bayern in der Frühen Neuzeit. Aspekte der Forschung, in: Zeitschrift für bayerische Landesgeschichte 61 (1998), S. 33-43, hier S. 43.

UMWELTGESCHICHTE

Umweltgeschichte und Landesgeschichte. Holzversorgung und staatliches Handeln im absolutistischen Bayern

VON ALFRED KOTTER

Einleitung

Im Jahr 1715 sah sich die Hofkammer in München mit einem Ressourcenproblem konfrontiert, das für das Kurfürstentum Bayern angesichts des in Folge des Spanischen Erbfolgekrieges angehäuften Schuldenberges fatale fiskalische Folgen heraufzubeschwören drohte. Man hegte nämlich die Befürchtung eines „in respektive khurzen iahren besorgenten abgang des Gehilz" in den Pflegämtern Traunstein und Marquartstein. Damit aber war nicht auszuschließen, dass „sich ds mit so ungemainen costen zu Traunstein erhebte Sudwesen von selbsten aufheben mueste". Es ging also um die fiskalisch so bedeutsame „conservation dess von Gott verlichnen Salzweesen"[1].

In den zitierten Stellen eines Hofkammer-Dekretes vom 22. Juni 1715 wird der Problemhorizont des Forschungsansatzes meiner Dissertation deutlich.[2] Dieser Horizont umfasst als zentrale Fragestellung, inwiefern bereits in vorindustrieller Zeit ein Ressourcenmangel weitreichende staatliche Handlungen initiieren konnte. Fixierungspunkte innerhalb dieses Horizontes sind: a) die zentralen und lokalen Behörden des Kurfürstentums Bayern im 17. und 18. Jahrhundert als Träger des staatlichen Wirkens im absolutistischen Bayern; b) der Wald eines klar abgrenzbaren Gebietes als Lieferant der vorindustriellen Zentralressource Holz; c) das bayerische Salinenwesen als bedeutendste direkte Einnahmequelle des Landesherrn. Durch den gewählten Forschungsansatz bekommen ein potentiell landesgeschichtliches Thema, das etwa „Die Forsthoheit des Landesherrn im 17. und 18. Jahrhundert“ lauten könnte, oder eine möglicherweise forstgeschichtliche Untersuchung mit dem Titel „Die Wälder des Salzmaieramtes Traunstein“ oder auch eine lokalgeschichtliche Arbeit zum Thema „Die Holzversorgung der Saline Traunstein“ eine neue Perspektive.

Im Folgenden soll es primär um diese neue Perspektive gehen. Insofern werden zunächst auch weniger die Ergebnisse meiner Untersuchungen referiert. Vielmehr wird versucht, den Forschungsansatz knapp zu umreißen und zu positionieren. In einem abschließenden Teil sollen dann einige der Ergebnisse der Untersuchung dargestellt werden.

Anlage der Untersuchung

Da es nicht als allgemein bekannt vorausgesetzt werden darf, welche Rolle die vorindustrielle Zentralressource Holz im bayerischen Salinenwesen spielte, scheint es angebracht zu sein, die Leitfrage, inwiefern ein vermeintlicher oder tatsächlicher Holzmangel staatliches Handeln initiieren konnte, etwas aufzufächern und die Anlage meiner Untersuchung knapp darzustellen. Holz war als Bau- und Werkstoff, vor allem aber als Energieträger unentbehrliche Ressource der bayerischen Salzproduktion bis ins 19. Jahrhundert hinein. Zum Versieden der Reichenhaller Quellsole und zum Trocknen des gewonnenen Salzbreis wurden gewaltige Brennholzmengen benötigt, die zu den Salinen Reichenhall[3] und Traunstein aus den Gebirgswäldern auf Bächen und Flüssen getriftet wurden. Untersucht wurde nun vor allem das Holzeinzugsgebiet der 1619 gegründeten Saline Traunstein, zu der die Reichenhaller Sole über eine 32 Kilometer lange Rohrleitung über das Gebirge gepumpt wurde.[4] Aus den der Traunsteiner Saline zugeteilten Wäldern mussten auch weitere Nutzer versorgt werden, so sämtliche ansässigen Untertanen, die im „hölzernen Zeitalter" ebenso auf Bau-, Werk- und Brennholz angewiesen waren, und das Montanwesen der Region, das – abgesehen von dem der Oberpfalz – das bedeutendste des bayerischen Kurfürstentums war und zur Verhüttung des Eisenerzes sowie zur Weiterverarbeitung des Roheisens erhebliche Mengen an Holzkohle benötigte. Dieser Umstand ließ bei den Verantwortlichen des Salinenwesens vor Ort, im Salzmaieramt Traunstein und in München (Hofkammer), zu Beginn des 18. Jahrhunderts, also etwa 100 Jahre nach der Gründung der Saline Traunstein, Befürchtungen wach werden, dass die Wälder den enormen Belastungen nicht mehr gerecht werden könnten, dass sich also – modern gesprochen – eine Energie- bzw. Ressourcenkrise abzeichnete, die möglicherweise das Salzwesen, die wichtigste direkte Einnahmequelle des Landesherrn, gefährdete.

Untersucht wurde einerseits, welche Maßnahmen auf politischem, administrativem, personellem, forstwirtschaftlichem und technischem Gebiet von den Lokal-, vor allem aber den Zentralbehörden zur Abwendung dieser Krise unternommen wurden. Quellenkritisch hinterfragt wurde zudem, inwiefern aufgrund des reichlich vorhandenen Quellenmaterials entschieden werden kann, ob die Wälder durch die vielfältigen Nutzungsansprüche tatsächlich oder nur scheinbar überfordert waren. Zu diesem Zweck wurden die jährlichen Verbrauchsmengen an Bau-, Werk- und Brennholz des Salinen- und des Montanwesens sowie der Untertanen des Untersuchungsgebietes quantitativ erfasst. Für das Salinen- und das Montanwesen wurde zudem weiteres statistisches Material, wie z.B. die Produktionszahlen und die Energiekosten, erhoben. Mit Hilfe dieses Zahlenmaterials konnten die jeweils ergriffenen Maßnahmen in ihrer Effizienz hinsichtlich der dauerhaften

– „nachhaltigen“ – Sicherung der Ressourcenbasis der Saline, des Montanwesens sowie der Untertanen beurteilt werden. Dagegen war mit den Methoden des Historikers und auf der Grundlage der gegebenen Quellen nicht mit letzter Sicherheit zu klären, ob zeitweise tatsächliche oder nur vermeintliche Übernutzungs- und Raubbausituationen gegeben waren. Auch mögliche ökologische Auswirkungen der jahrhundertelangen Intensivnutzung der Wälder konnten mit dem Methodenspektrum des Historikers nicht erfasst werden.

Positionierung des Forschungsansatzes

Nachdem in Umrissen die Fragestellungen und Intentionen meiner umweltgeschichtlichen Untersuchungen zur Holzversorgung im Umfeld der Saline Traunstein aufgezeigt wurden, soll nun eine Einordnung bzw. Abgrenzung meines Ansatzes in einem Dreischritt erfolgen: a) im Rahmen der traditionellen landes- bzw. regionalgeschichtlichen Forschung; b) im Rahmen der traditionellen Forstgeschichtsschreibung; c) im Rahmen der jüngeren Umweltgeschichte.

a) Der umweltgeschichtliche Ansatz im Rahmen der Landesgeschichte

Aus landesgeschichtlicher Sicht greift eine Untersuchung zum bayerischen Salinenwesen geradezu ein klassisches Gebiet der Wirtschaftsgeschichte Bayerns auf. Es ist hier nicht der Ort, über die wirtschaftliche und fiskalische Bedeutung des bayerischen Salinenwesens in der frühen Neuzeit zu sprechen. Es sei jedoch ein Hinweis gestattet, der diese Bedeutung belegt: Zur Wende des 17. Jahrhunderts stammte etwa ein Drittel der staatlichen Einnahmen Bayerns aus dem Salzwesen. Bei der Hofkammer galt es als der Wirtschaftszweig, der „den merern theil unseres Cameral intraden abwürffet“[5]. So traditionell, wie sich also der Untersuchungsgegenstand präsentiert, so wenig spektakulär ist auch meine Arbeitsweise: Die Grundlage meiner Untersuchungen bildeten Aktenbestände bayerischer Lokal- und Zentralbehörden. Insbesondere Protokoll- und Rechnungsbände sowie die Korrespondenz der entsprechenden Lokalbehörden, vor allem des Salzmaieramtes Traunstein, sowie Protokolle, Dekrete, Gutachten etc. der zuständigen Zentralbehörden, hier insbesondere der Hofkammer, wurden ausgewertet. Erwähnt sei in diesem Zusammenhang und unter Bezugnahme auf den Beitrag von Guido Treffler in diesem Band, dass die beiden Salzmaierämter Traunstein und Reichenhall hinsichtlich der Unterbehörden des Kurfürstentums Bayern eine Sonderrolle spielten, da sie nicht, wie etwa die Pfleg- und Kastenämter, den sog. Regierungen, den Mittelbehörden in Landshut, Straubing und Burghausen unterstellt waren, sondern direkt der Hofkammer.

Während also weder der Untersuchungsgegenstand noch die Methode es verdienen würden, im hier gegebenen Rahmen als wirklich „neue Ansätze zur Erforschung der neueren bayerischen Geschichte“ erwähnt zu werden, ist doch die Blickrichtung – das „erkenntnisleitende Interesse“ – wenig traditionell. Neu am gewählten Ansatz ist etwa, dass der landesherrliche Wald konsequent als Ressourcenpotential für staatliches Wirtschaften gesehen wird. Fragen der Forst- und Jagdhoheit oder rechtsgeschichtliche Aspekte treten dagegen in den Hintergrund. Zwar nicht grundsätzlich, aber doch in der gegebenen Konsequenz neu ist ferner, dass sich der Blick nicht auf ein bestimmtes historisches Teilgebiet, wie etwa die Rechts-, Behörden-, Wirtschafts-, Sozial- oder Technikgeschichte, konzentriert, sondern dass vielmehr alle diese Bereiche berührt werden, sofern es die Fragestellung erfordert. Da sich die Folgen der Verknappung der Zentralressource Holz auf administrativem Gebiet ebenso verfolgen lassen wie auf rechtlichem, wirtschaftlichem, technischem, sozialem, ja sogar außenpolitischem, ist dem gewählten Ansatz eine gewisse Interdisziplinarität inhärent.

Neu ist schließlich das Herantragen der aktuellen Fragestellung „Ressourcenproblematik“ an ein landes- bzw. regionalgeschichtliches Thema. So zeitbedingt der Ansatz ist, Fragen der Ressourcenversorgung in den Mittelpunkt des Interesses zu stellen, so wenig handelt es sich um ein Problem, das sich ausschließlich in der Gegenwart finden lässt. Übernutzung, Raubbau an den Ressourcen und die damit einhergehenden Eingriffe in ökologische Systemzusammenhänge sind zwar unbenommen fundamentale Probleme der Gegenwart, sie begleiten die Geschichte des Menschen aber wenigstens seit der neolithischen Revolution. Umso mehr erstaunt es, dass sich die bayerische Landesgeschichte derartigen Fragestellungen bisher nur wenig geöffnet hat. Hier gilt es in Zukunft, die Kategorie Umwelt als einen Aspekt der historischen Rekonstruktion deutlicher als bisher wahrzunehmen und die Bedeutung der Mensch-Umwelt-Wechselbeziehungen für alle Bereiche menschlichen Wirkens in der jeweiligen Zeit zu erkennen.

Im Rahmen der Landesgeschichte erscheint also der hier vorgestellte Ansatz weder thematisch noch methodisch als neu. Neu ist hingegen der umweltgeschichtliche Zugang, der wenigstens ansatzweise eine interdisziplinäre Betrachtungsweise insofern erfordert, als die diversen Fachrichtungen der Geschichtswissenschaft, wie beispielsweise die Wirtschafts-, Rechts-, Sozial- oder Technikgeschichte, querschnittartig herangezogen werden müssen. Dies aber ist – unter anderen Vorzeichen – ein an sich in der Landesgeschichte durchaus immer wieder gepflegtes Herangehen an Gegenstände. Deshalb erscheint die Landesgeschichte – zumindest für die frühe Neuzeit – als ein nicht unpassender Rahmen für eine Umweltgeschichtsschreibung. Auf lokaler Ebene könnte man zwar den Blick noch mehr auf das Detail richten, aber erst auf der mittleren Ebene der Länder sind jene staatlichen

Strukturen greifbar, die für Ressourcenfragen letztlich zuständig waren. Die weitere nationale oder gar europäische Ebene dagegen würde – wenigstens zum gegenwärtigen Zeitpunkt – angesichts des Fehlens flächendeckender Einzelanalysen den Blick auf die jeweils vorhandenen Unterschiede politischer, wirtschaftlicher, geographischer und klimatischer Art verwischen.

b) Umweltgeschichte und Forstgeschichte

Halten wir den hier vorgestellten Ansatz gegen das Licht der Hauptrichtungen der Forstgeschichtsschreibung, so fallen auch hier wieder zunächst die Gemeinsamkeiten ins Auge: Wiederum sind es der Untersuchungsgegenstand (die Salinenwälder Traunsteins also), die traditionelle Quellenbasis (in diesem Fall die Waldbeschreibungen, Taxationen, Waldordnungen, Waldstrafordnungen sowie andere einschlägige Mandate) und damit in gewissem Grad auch die Methode. Wiederum ist es aber auch die Interessenlage, die sich von traditionellen forstgeschichtlichen Arbeiten abhebt. So wird keine „Geschichte der Waldfläche", keine „Geschichte des Waldeigentums", keine „Geschichte der Forstgesetzgebung", keine „Geschichte der Forstverwaltung", keine „Geschichte der Waldbewirtschaftung" und auch keine „Geschichte der Waldnutzung" geschrieben, um einige klassische Gebiete der Forsthistoriographie zu nennen. All diese Teilbereiche müssen aber in die Betrachtung einbezogen werden, wenn der Wald als Ressourcenbasis vorindustriellen Wirtschaftens ins Zentrum des Interesses rückt. Denn wenn es um die Frage geht, ob und wie lange die Holzreserven für den Salinenbetrieb ausreichen und was man gegen eine mögliche Verknappung unternehmen kann, dann spielen natürlich alle genannten Aspekte eine Rolle, die verfügbare Waldfläche ebenso wie die Forstgesetze und die Strukturen sowie die Effizienz der Forstverwaltung, die Nutzungsarten wie die Bewirtschaftung des Waldes. Keiner dieser

Bereiche wird jedoch um seiner selbst willen, sondern nur im Fragehorizont der Ressourcenproblematik untersucht.

Noch ein weiterer Punkt verdient Beachtung. Da es mir vor allem um die Folgen einer Holzverknappung zu tun war, so weit sie sich in administrativem, rechtlichem, sozialem, technischem oder wirtschaftlichem, kurz menschlichem Handeln greifen lassen, rückt der Wald selbst aus dem Zentrum der Untersuchung. Die naturalen Folgen der salinarischen Waldnutzung, wie etwa die Veränderung der Baumartenzusammensetzung oder Erosionserscheinungen in der Folge von großflächigen Kahlhieben, bleiben weitgehend außerhalb des Blickfeldes, da sie mit den vorhandenen Schrift- und Bildquellen allenfalls sehr oberflächlich darzustellen wären. Die Kontrastierung traditioneller forstgeschichtlicher Quellen, wie vor allem der immer wieder angefertigten Waldbeschreibungen, mit anderem Quellenmaterial der betroffenen Lokal- und Zentralbehörden hat nämlich ergeben, dass zeitgenössische Aussagen über den jeweiligen Waldzustand oder Mengenangaben zu vorhandenen Holzvorräten in den Wäldern sehr mit Vorsicht zu handhaben sind. Zu oft verzerren neben der Unzulänglichkeit damaliger Schätzmethoden unterschiedlichste Interessen der Autoren das Bild. Es ist nicht übertrieben zu behaupten, dass vielfach die überlieferten Aussagen zur Charakterisierung des Waldzustandes mehr von der Interessenlage des Verfassers als von der tatsächlichen Situation in diesen Wäldern preisgeben.

In der kontroversen zeitgenössischen Beurteilung der Ressourcensituation im Salinenwaldgebiet der Saline Traunstein spiegelt sich eine Auseinandersetzung wider, die als ein „Kernproblem der Wald- und Holzgeschichte" bezeichnet wurde, nämlich die „Interpretation der Alarmrufe" vor einer Holznot im 18. Jahrhundert.[6] Während seit Werner Sombart von der Mehrheit der (Forst-)Historiker die Meinung vertreten wurde, dass sich im Laufe des 18. Jahrhunderts in Deutschland eine schwerwiegende

Versorgungskrise mit Holz und eine deutliche Überforderung der Wälder herausbildete, deren deutliches Zeichen die vielfältigen Holzmangelklagen waren[7], stellte Joachim Radkau in den 1980er Jahren „revisionistische Betrachtungen über die Holznot“[8] an. Seine Hauptthesen dabei sind, dass die vielfältigen Holzmangelklagen im 18. Jahrhundert keineswegs Ausdruck einer generellen Versorgungskrise mit der Zentralressource Holz waren, sondern diese Klagen vielfach instrumentalisiert wurden und der Durchsetzung unterschiedlichster Interessen dienten. So glaubt Radkau, das staatliche Interesse an einer „Wertsteigerung der Staatsforsten“ sowie das Bestreben, traditionelle Nutzungsweisen aus den Wäldern zu verbannen, hinter der Holzmangelliteratur zu erkennen.[9] Wenn auch die Verhältnisse im Bereich der Salinenwälder z.T. anders lagen, weil deren Wert sich nur im Hinblick auf das ebenfalls staatliche Salinenwesen bemaß, so ist doch die Grundeinsicht richtig, dass historische Aussagen zu Naturzuständen nur mit größter Vorsicht zu rezipieren sind. In dieser Hinsicht lässt sich auch ein Unterschied im Umgang mit dem Quellenmaterial zu manchen forstgeschichtlichen Arbeiten feststellen, in denen zeitgenössische Aussagen zum Waldzustand zu unkritisch mit der Realität in den Wäldern gleichgesetzt worden sind.

c) Positionen der jüngeren Umweltgeschichte

In einem dritten und letzten Schritt möchte ich die Positionierung meines Forschungsansatzes abrunden. Mein genuines Interesse gilt, wie bereits mehrfach angeklungen ist, den menschlichen Reaktionen in Situationen der Ressourcenverknappung. Damit ordnet sich mein Ansatz ein in die Umweltgeschichtsschreibung, wie sie seit dem Ende der 1970er bzw. Anfang der 1980er Jahre in der Bundesrepublik entstanden ist. So jung diese Forschungsrichtung auch sein mag, es würde diesen Beitrag dennoch überfrachten, wollte man auch nur einen Abriss der bisherigen Ansätze und

Entwicklungen geben, zu vielfältig sind bereits jetzt die bearbeiteten Themen und die Zahl der vorliegenden Arbeiten, zu unscharf ist aber gleichzeitig und in merkwürdigem Kontrast hierzu die Festlegung, was eigentlich unter Umweltgeschichte zu verstehen sei.[10] Deshalb beschränke ich mich auf einige Hinweise, die mir hinsichtlich der Abgrenzung und Einordnung meines eigenen Ansatzes bedeutsam zu sein scheinen.

Die Entstehung der Umweltgeschichte in Deutschland fällt – wie bereits gesagt – in die späten 70er und frühen 80er Jahre und steht in engem Konnex mit der virulenten Umweltdebatte jener Jahre.[11] Obwohl seither eine große Anzahl umweltgeschichtlicher Arbeiten veröffentlicht und zudem einer theoretischen Grundlegung einiges an Augenmerk geschenkt wurde, ist auch heute nach rund 20 Jahren historischer Umweltforschung die Frage „Was ist Umweltgeschichte?“[12] nur näherungs- und ansatzweise zu beantworten. Dazu tragen sowohl die Unschärfe zentraler Begriffe (Umwelt[13], Natur[14], Ökologie[15]) als auch die bestehende Unklarheit und Uneinigkeit über Aufgaben und Gegenstände der Umweltgeschichte sowie über deren Methoden und Zielsetzungen bei. Unklar ist also, was eigentlich Gegenstand der Umweltgeschichte ist, welche Aufgaben ihr zukommen und welche Methoden ihr angemessen sind.[16] Es kann nicht Aufgabe dieses Aufsatzes sein, diese Defizite und Desiderate zu beseitigen. Es soll jedoch wenigstens versucht werden, mein Konzept von Umweltgeschichte kurz vorzustellen, bei dem das Machbare und weniger das Wünschenswerte im Vordergrund steht.[17] Vielleicht kann aber gerade dies zur Klärung der bestehenden Unklarheiten beitragen. Eine für den Historiker machbare Umweltgeschichte muss sich hinsichtlich der Aufgabenstellungen sowie der einzusetzenden Methoden auf das dem Historiker verfügbare Instrumentarium beschränken. Betrachtet man das weitgefasste Aufgabenspektrum einer interdisziplinär ausgerichteten historischen Umweltforschung[18], so lassen sich meiner Ansicht nach zwei Rekonstruktionsaufgaben voneinander differenzieren und dabei die Rolle der Geschichtswissenschaft innerhalb der historischen Umweltforschung näher definieren. Ich möchte dies mit einer Graphik verdeutlichen:

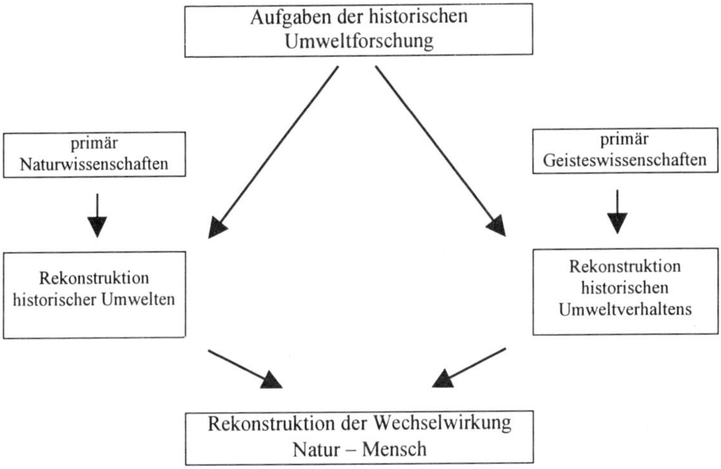

Graphik 1: Aufgaben der historischen Umweltforschung mit interdisziplinärer Ausrichtung

Das hier dargestellte Schema soll zum Ausdruck bringen, dass es einmal Aufgabe der historischen Umweltforschung ist, die Ergebnisse des menschlichen Einflusses auf die Natur, wie z.B. anthropogen bedingte historische Waldzustände, zu erforschen („Rekonstruktion historischer Umwelten“). Hier wird also primär das Wirken des Menschen auf die Natur in ihren Folgen und Auswirkungen erfasst.[19] Um dieser Rekonstruktionsaufgabe in vollem

Umfang gerecht zu werden, sind in der Regel auch naturwissenschaftliche Methoden erforderlich.

Zum zweiten ist es auch Aufgabe der historischen Umweltforschung, das jeweilige Verhalten des Menschen gegenüber seiner Umwelt darzustellen („Rekonstruktion historischen Umweltverhaltens“). Dabei muss man sich jedoch auch der Tatsache bewusst sein, dass dieses Umweltverhalten seinerseits durch bestimmte Naturgegebenheiten zumindest beeinflusst, wenn nicht sogar partiell determiniert sein kann. Umweltverhalten kann also auch in dem Sinne verstanden werden, dass man darin gewissermaßen die Folgen und Auswirkungen natürlicher Gegebenheiten auf menschliches Verhalten erkennt. Naturgegebene Voraussetzungen, wie z.B. eine bestimmte Ressourcensituation, können so zum Movens menschlicher Handlungen und damit zu einer Einflussgröße der Geschichte werden.[20]

Ist es Aufgabe einer interdisziplinär ausgerichteten historischen Umweltforschung, sowohl die Rekonstruktion historischer Umwelten als auch die Rekonstruktion anthropogenen Umweltverhaltens auf der Basis natürlicher Grundlagen zu leisten, dann bedeutet dies letztlich, dass die vielfältigen Wechselwirkungen von Natur und Menschheit im Zentrum umwelthistorischer Forschung stehen. Genuiner Bereich der Geschichtswissenschaft dabei ist die Rekonstruktion menschlicher Handlungen und damit auch des anthropogenen Umweltverhaltens. Die Aufgabe einer fachhistorischen Umweltgeschichte wäre also die Rekonstruktion historischen Umweltverhaltens im obigen zweifachen Sinn. Damit kann als Gegenstand einer so verstandenen Umweltgeschichte die Grundstruktur menschlichen Verhaltens gegenüber der Natur ausgemacht werden. Diese Grundstruktur stellt sich wie folgt dar:

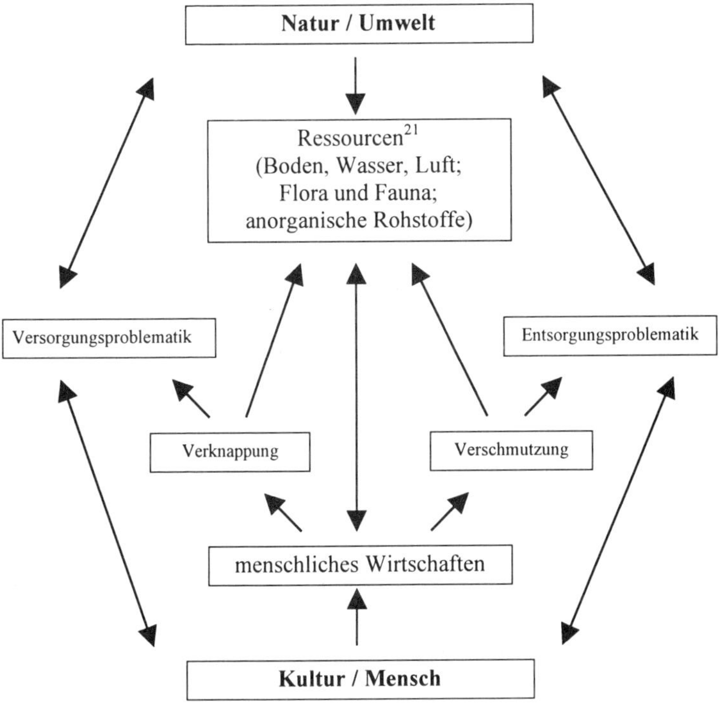

Graphik 2: Grundstruktur anthropogenen Verhaltens gegenüber der Natur als Gegenstand der Umweltgeschichte

Diese Graphik will zum einen verdeutlichen, dass menschliches Leben und Überleben sowie sämtliche Hervorbringungen der Kultur insofern auf einer materiellen Basis ruhen, als erst menschliches Wirtschaften (etwa in Form der Beschaffung und Bereitstellung der Grundbedürfnisse, wie Nahrung, Kleidung und Wohnung) alle weiteren menschlichen Tätigkeiten ermöglichen kann. Dieses Wirtschaften ist seinerseits aber nicht unabhängig von den natürlichen Ressourcen denkbar. Andererseits beeinflusst menschliches Wirtschaften aber auch im Zuge der Nutzung dieser Ressourcen die natürliche Basis (Umwelt) in unterschiedlicher Intensität. Hier scheinen im wesentlichen zwei Grundzüge dieser Rückwirkung menschlichen Wirtschaftens auf die natürlichen Grundlagen erkennbar zu sein, nämlich die anthropogen bedingte Verknappung der natürlichen Ressourcen und die „Verschmutzung" der Umwelt, da einerseits das Wirtschaften des Menschen zur Erzeugung von Produkten Rohstoffe verbraucht und andererseits diese Produktion auch (meist unbeabsichtigte) Nebenprodukte (Schadstoffe, Müll) zeitigt.[22] Insofern kann man die Einflussnahme des Menschen auf die Umwelt einerseits als Versorgungsproblematik und andererseits als Entsorgungsproblematik begreifen. Beide Problemkreise führen ihrerseits zu komplexen Rückkopplungseffekten, weil jeweils nicht nur die natürlichen Grundlagen berührt sind[23], sondern auch der Mensch selbst durch die anthropogen verursachten Veränderungen betroffen wird. So kann etwa sowohl die Verknappung bestimmter Rohstoffe als auch die Beeinträchtigung durch Emissionen ein Movens für wirtschaftliche, technische, gesellschaftliche oder politische Handlungen des Menschen werden. Diese Handlungen wirken sich dann jeweils wieder in der intendierten, aber auch in Form von unbeabsichtigten Nebenwirkungen auf diese Problemkreise aus. So entsteht ein komplexes Gefüge unterschiedlichster Interdependenzen, deren Untersuchung der Gegenstand der (fachhistorischen) Umweltgeschichte insoweit ist, als darin anthropogenes Handeln greifbar wird. Da das hier gezeichnete Modell der Grundstruktur menschlichen Verhaltens gegenüber der Natur mehrere Variablen hat, ist mit diesem Modell keineswegs ein Umweltdeterminismus intendiert. Andererseits hebt es sich auch deutlich von ideengeschichtlichen Geschichtskonzepten ab, in denen die kulturelle Entwicklung losgelöst von den natürlichen Grundgegebenheiten gesehen wird.[24]

Da im hier vertretenen Konzept von Umweltgeschichte das anthropogene Handeln in seiner Abhängigkeit von und in seinen Auswirkungen auf die Natur im Laufe der Zeit im Zentrum des Interesses steht, fügt sie sich in den Rahmen der allgemeinen Geschichtswissenschaft ein.[25] Sie hat Berührungspunkte und Überschneidungen zu vielen anderen historischen Disziplinen, wie etwa der Agrar-, Forst-, Technik-, Medizin- oder Siedlungsgeschichte, und kann auch neue Perspektiven und Fragestellungen für die Wirtschafts- und Sozialgeschichte, ja sogar für die politische Geschichte bereitstellen. Man wird deshalb Radkau zustimmen, wenn er konstatiert, dass die Umweltgeschichte keine „Spezialdisziplin im vollen Sinne mit eigenem Stoffbereich und eigener Methodik" ist bzw. werden kann.[26] Die künftigen Leistungen umweltgeschichtlicher Forschung für die Geschichtswissenschaft werden sich wohl gerade dort erweisen, wo es gelingt, sie mit den Ergebnissen der etablierten historischen Disziplinen zu einer Synthese zu vereinen.

Die Holzversorgung im Traunsteiner Salinengebiet: Ein Beitrag zur Umwelt- und zur Landesgeschichte

Im Lichte des bisher Gesagten möchte ich unter Bezugnahme auf die Graphik 2 knapp die Zielsetzungen meiner Untersuchungen verdeutlichen und dabei das hier vertretene Konzept von Umweltgeschichte konkretisieren sowie Bezüge zur Landesgeschichte herstellen:

1. Ziel meiner Arbeit war es, die Folgen der Holznutzung durch das Salinen- und Montanwesen in den Pfleggerichten Traunstein und Marquartstein im 17. und 18. Jahrhundert darzustellen und so einen lokal und temporal begrenzten Beitrag zur Rekonstruktion historischen Umweltverhaltens zu leisten.

2. Unberücksichtigt blieb dabei der Versuch, ökologische Folgen dieser Waldnutzung darzustellen, da dies nicht mit dem methodischen Instrumentarium des Historikers zu leisten gewesen wäre.

3. Neben diesem Ausschluss der Rekonstruktion historischer Umwelten mussten weitere Einschränkungen vorgenommen werden: Aus dem weiten Spektrum der Ressourcen wurde nur die vorindustrielle Zentralressource Holz berücksichtigt. Die historisch gegebenen Wirtschaftsformen im Untersuchungsgebiet wurden nur im Hinblick auf deren Abhängigkeit vom Rohstoff und Energieträger Holz in den Blick genommen. Weiterhin blieb der gesamte Bereich der Entsorgungsproblematik ausgeschieden. Im Zentrum der Untersuchung stand dagegen die Versorgungsproblematik, deren Grundstruktur sich im gegebenen Fall wie folgt darstellt: Ein klar abgrenzbares Waldgebiet bot die Bedingung der Möglichkeit der Salz- und Eisenproduktion im Untersuchungsgebiet; der Verbrauch der darin enthaltenen Holzreserven führte zu einer Verknappungssituation; die dadurch bedingte Versorgungsproblematik bewirkte eine Vielzahl von (staatlichen) Maßnahmen, deren Intention ein Gegensteuern gegen die Ressourcenknappheit war.

4. Bei der Untersuchung dieses durch die Versorgungsproblematik initiierten Maßnahmenspektrums stellt sich schließlich eine Reihe von Fragen, die sowohl unter umweltgeschichtlichem als auch landesgeschichtlichem Vorzeichen von Interesse sind, so etwa: Welche Bedeutung hatte die Verfügbarkeit von Holz für das bayerische Salinen- und Montanwesen? Welche Folgen hätte für den Staat (Landesherrn) eine Beeinträchtigung des Salinen- bzw. Montanwesens aufgrund einer Versorgungskrise mit Holz gehabt? Wie und in welcher Weise haben tatsächliche oder vermeintliche Versorgungskrisen staatliches Handeln initiiert? Welches Maßnahmenspektrum stand den Behörden zu verschiedenen Zeiten jeweils zur Verfügung? Wie funktionierte das Zusammenspiel von

Lokal- und Zentralbehörden bei der Bewältigung der Versorgungskrise? Welche Entscheidungen wurden lokal, welche zentral getroffen? Welche Maßnahmen wurden wann ergriffen? Lassen sich Periodisierungen finden? Wer profitierte von ergriffenen Maßnahmen, wem wurden Beschränkungen auferlegt? Welche Motive und Interessen bei den Handlungsträgern lassen sich ausmachen? Wie wirkten sich allgemeine historische Ereignisse (z.B. der Dreißigjährige Krieg), epochale Geistesströmungen (z.B. die Aufklärung) oder Haltungen von Einzelpersönlichkeiten (z.B. des Landesherrn) auf die Ressourcensituation aus? Welchen Einfluss hatten wirtschaftspolitische Entscheidungen bzw. Entwicklungen auf die Salz- und Eisenerzeugung und damit auf den Holzverbrauch? Gab es Ansätze einer ökologischen Motivation?

Ehe ich versuche, einige dieser Fragen zu beantworten und somit konkrete Ergebnisse meiner Untersuchung vorzustellen, möchte ich das bisher Gesagte in Form von zwei Thesen zusammenfassen: 1. Die Untersuchung der Ressourcenproblematik im Einzugsbereich der Saline Traunstein stellt einen Beitrag der landesgeschichtlichen Forschung zu einem umweltgeschichtlich relevanten Themenbereich dar, da alle für die Ressourcensituation letztlich relevanten Entscheidungen auf der Ebene der Zentralbehörden getroffen wurden und diese Ebene somit zum Verständnis der umweltgeschichtlichen Aspekte unentbehrlich ist. 2. Die umweltgeschichtliche Perspektive erweitert den Horizont der Landesgeschichte um einen wesentlichen Aspekt, da einerseits die Rekonstruktion historischen Umweltverhaltens bisher nicht zum Kanon landesgeschichtlicher Forschung zählte, andererseits Fragen der Ressourcenversorgung jedoch einen nicht zu unterschätzenden Einfluss auf staatliches Handeln hatten.

Ergebnisse der umweltgeschichtlichen Untersuchungen zur Holzversorgung im Bereich der Saline Traunstein

Die zentrale Aufgabenstellung der Untersuchung kann als die Frage formuliert werden, inwieweit und in welcher Form Ressourcenknappheit[27] bereits in der Vergangenheit menschliches Handeln, hier insbesondere der staatlichen Behörden des Kurfürstentums Bayern, beeinflusst hat. Zielsetzung war es, am Untersuchungsgegenstand die historische Mensch-Umwelt-Beziehung im Spannungsfeld von Politik und Wirtschaft zu beleuchten. Im Hinblick auf diese Vorgaben kann man – bezogen auf das Fallbeispiel – folgende Ergebnisse festhalten:

1. Es gab im gesamten Untersuchungszeitraum (1619-1791/98) unverrückbare Konstanten, die die Mensch-Umwelt-Beziehung maßgeblich beeinflussten. Als derartige Konstanten sind einmal die naturalen Grundgegebenheiten auszumachen, wie etwa die klimatisch und geologisch bedingten Grundfaktoren des Ökosystems Wald im Untersuchungsgebiet[28] oder die geographischen Voraussetzungen einer frühneuzeitlichen Industrietopographie[29]. In aller Regel waren die naturalen Konstanten so geartet, dass durch sie dem Salinenwesen Grenzen des Wachstums auferlegt wurden. Daneben existierten aber auch politisch gesetzte Konstanten: Wegen der großen fiskalischen Bedeutung des Salinenwesens für den bayerischen Landesherrn kam während des gesamten Betrachtungszeitraums der Sicherung der Perpetuität dieser Finanzquelle höchste Priorität zu. Hinter dem Ziel der dauerhaften Aufrechterhaltung der Salzerzeugung auf maximalem Niveau und der dafür notwendigen Ressourcensicherung mussten andere Ziele zurückstehen.[30]

2. Aus der Begrenzung durch naturale Konstanten einerseits und den Vorgaben der politischen Konstanten andererseits ergab sich stets die Notwendigkeit einer genauen Analyse der Ressourcensituation. Der Holzversorgung der Salinen wurde seit Errich-

tung des landesherrlichen Produktionsmonopols (um 1500) höchste Aufmerksamkeit geschenkt. Um frühzeitig potentielle Engpässe in der für die Salzerzeugung unabdingbaren Verfügbarkeit des Energieträgers und Rohstoffes Holz erkennen zu können, wurden immer wieder Bestandsaufnahmen der Wälder vorgenommen, die Auskunft über die gegenwärtige und zukünftige Ressourcensituation geben sollten. Die so entstandenen Waldbeschreibungen sind nicht nur bedeutende Quellen zur Einschätzung historischer Waldzustände, sondern auch eindrucksvoller Ausdruck eines auf Langfristigkeit hin angelegten Denkens, das die Nachhaltigkeit der Ressourcennutzung grundsätzlich anstrebte.

3. Während des Betrachtungszeitraumes wurden im Untersuchungsgebiet krisenhafte Zuspitzungen der Ressourcenlage wahrgenommen. Für das Salinenwaldgebiet Reichenhalls wurde von den Verantwortlichen seit den 90er Jahren des 16. Jahrhunderts die Befürchtung geäußert, dass die Holzversorgung auf Dauer nicht auf dem gegebenen Niveau aufrechterhalten werden könnte. Bereits 100 Jahre nach der Erweiterung des Holzbezugsgebietes durch Gründung der Tochtersaline Traunstein kamen ähnliche Bedenken auch im Hinblick auf deren Holzbezugsgebiet auf. Weniger dramatisch, aber doch unterschwellig und latent stets vorhanden war die Angst vor einer möglichen Holznot seit Mitte und am Ende des 18. Jahrhunderts. Für keine der drei krisenhaften Situationen kann mit letzter Sicherheit gesagt werden, ob es sich um eine reale – gegenwärtige oder zukünftige – Krise oder nur um eine von den Zeitgenossen in Zukunft befürchtete Holznotsituation handelte. Für die Beurteilung der aus der jeweiligen Situation heraus entstandenen Gegenmaßnahmen ist es letztlich auch von untergeordneter Bedeutung, ob eine reale Mangelsituation schon gegeben war, erst in Zukunft zu befürchten stand oder gar nur eine vermeintliche Ressourcenverknappung herrschte. Entscheidend ist die subjektive Überzeugung der Zeitgenossen

von einer Krise. Diese Überzeugung aber steht nach Lage der Quellen außer Zweifel.

4. Die Wahrnehmung einer krisenhaften Entwicklung im Hinblick auf die Verfügbarkeit der Ressource Holz führte immer zu Gegenmaßnahmen. Sobald eine Bestandsaufnahme in den Wäldern Zweifel darüber weckte, ob eine dauerhafte Versorgung der Salinen gewährleistet sei, wurden umgehend Gegenmaßnahmen eingeleitet, um das Eintreten einer tatsächlichen Krise abzuwenden. Die Sicherung der Perpetuität des Salinenwesens genoss höchste Priorität. Deshalb wurden auch sehr weitreichende, kostspielige und mitunter radikale Gegenmaßnahmen ins Auge gefasst.

5. Das in Krisensituationen jeweils ergriffene Maßnahmenspektrum war zeitbedingt und von externen Faktoren mitbeeinflusst. Externe Faktoren, die das Spektrum der erwogenen und realisierten Gegenmaßnahmen beinflussten, waren etwa außenpolitische Gegebenheiten, wie die Bereitschaft der angrenzenden Territorien (Salzburg, Berchtesgaden, Tirol), ihre Waldgebiete für eine Nutzung durch die bayerischen Salinen zur Verfügung zu stellen, wobei bereits die potentielle Gefahr des Verlusts von Bezugsgebieten handlungswirksam sein konnte. Zu den externen Faktoren zählt auch, ob die Möglichkeit zur Erweiterung der Holzbezugsgebiete (noch) gegeben war oder nicht. Zeitbedingt war das Maßnahmenspektrum insofern, als die Untersuchung gezeigt hat, dass nicht in jeder Krisensituation dieselben Maßnahmen ergriffen wurden, auch wenn dies grundsätzlich möglich gewesen wäre. So ist das weitgehende Fehlen technischer Lösungsvorschläge in der Krise nach 1715 auffällig.

Die Analyse der jeweiligen Bewältigungsstrategien lässt eine gewisse Periodisierung zu: Während im 16. und 17. Jahrhundert eine Ausweitung der Holzbezugsgebiete noch möglich war[31], kam dies nach der letzten Erweiterung um die Waldgebiete im Gericht Marquartstein im frühen 18. Jahrhundert kaum mehr in Betracht.

Für das engere Untersuchungsgebiet der Traunsteiner Sudwälder lässt sich zudem feststellen, dass bis 1715 kaum Befürchtungen herrschten, dass es zu einem Engpass bei der Versorgung der Saline kommen könnte.[32] Im Zeitraum von 1715 bis 1735 führte die Furcht vor einer künftigen Holzknappheit zu einem umfangreichen Maßnahmenbündel, dessen Schwerpunkt aber eindeutig auf administrativer Ebene lag.[33] Technische Lösungen wurden – etwa im Gegensatz zur Versorgungskrise bei der Reichenhaller Saline vor 1619 – kaum in Erwägung gezogen. Zwischen 1735 und der Jahrhundertmitte bewirkte das weitgehende Verschwinden der Furcht vor einer Ressourcenkrise ein Nachlassen der Bemühungen um einen sparsamen Umgang mit Holz, was erhöhte Verbrauchszahlen zur Folge hatte. Nach 1750 wurden bei einer gleichzeitigen Erweiterung des Maßnahmenspektrums erneute Anstrengungen unternommen, das Ressourcenproblem in den Griff zu bekommen. Zunächst gingen dabei die Impulse eindeutig von den Zentralbehörden bei Hofe aus. Allgemeine Tendenzen zur Verwaltungsstraffung sowie der Aufklärung wirkten sich auf Inhalt und Dynamik der Maßnahmen aus. In den 70er Jahren wurden zusätzliche Akzente durch den Traunsteiner und Reichenhaller Salzmaier von Pechmann gesetzt, der nicht nur die administrativen Möglichkeiten zur Holzeinsparung konsequent und ausdauernd nutzte, sondern mit Einführung der Kunstverjüngung erstmals einen Versuch unternahm, die naturalen Konstanten zu beeinflussen. Die Reform des Salinenwesens durch den Salinenfachmann Johann Sebastian Clais (nach 1782) schließlich war vor allem im Bereich der Sudtechnologie innovativ. Neu war zudem das gewissermaßen zum Prinzip erhobene Substituieren von Holz durch alternative Energieträger, Bau- und Werkmaterialien (Torf, Stein, Sackleinen). Dennoch konnte auf eine strikte Überwachung der Untertanennutzung (wie z.B. Holzentnahme, Vieheintrieb) ebenso wenig verzichtet werden wie auf eine neuerliche Ausdehnung des

Holzbezugsgebietes bzw. den Import von Taufelholz aus anderen Waldgebieten.

Seit Mitte des 18. Jahrhunderts wurden also sowohl Maßnahmen zur Reduzierung des Holzverbrauchs (wie holzsparende Sudtechnologie, Einsatz von Surrogatstoffen im Energie- und Rohstoffbereich, Einführung der Säge, Auferlegung und Durchsetzung eines forcierten Sparzwanges bei Untertanennutzungen, Verbot des Holzkohleexports) als auch Maßnahmen zur Steigerung des Holzangebots (Ausdehnung des Holzbezugsgebietes, Import von Taufelholz, Kunstverjüngung, Einzäunung von Schlägen, Verbesserung der Schlagtechnik und der Waldnutzung, Beschränkung agrarischer Nebennutzungen) ergriffen. Nur durch konsequente Nutzung aller Möglichkeiten gelang es offensichtlich, eine Übernutzung der Wälder zu vermeiden. Dennoch konnten auf diese Art und Weise gewisse Freiräume für wirtschaftliches Wachstum geschaffen werden. Als eine Erkenntnis von grundsätzlicher Bedeutung darf deshalb festgehalten werden, dass auch ohne eine völlige Substituierung von Holz durch andere Energieträger (z.B. Kohle im 19. Jahrhundert) bedeutende Sparpotentiale genutzt und z.T. in Mehrproduktion umgesetzt werden konnten. Allerdings bedeutete dies in vorindustrieller Zeit, dass die Ressourcenlage und deren naturale Bedingtheiten stets in Rechnung gestellt wurden.

6. Neben der Furcht vor Versorgungskrisen konnten fallweise auch andere Motive zu Waldschutz- bzw. Holzsparmaßnahmen führen. Während die Bemühungen um eine dauerhafte Gewährleistung einer ausreichenden Holzversogung nach 1715 ihre Ursache ausschließlich in der Angst vor einer Holznot hatten, traten nach 1750 zunächst fiskalische Motive in den Vordergrund, ehe mit dem Salinenvorstand Salzmaier von Pechmann wieder Waldschutzbemühungen um einer „perpetuierlichen“ Holzversorgung willen einsetzten. Der Anlass für die Clais'schen Reformen schließlich waren handelspolitische Erfordernisse, da wegen der

Schweizer Klagen über die Qualität des bayerischen Salzes ein Absatzrückgang drohte.

7. Gegenmaßnahmen gegen eine tatsächliche oder vermeintliche Holznotsituation wurden nicht aus einem ökologischen Bewusstsein heraus ergriffen. Man muss sich dessen bewusst sein, dass auch die Furcht vor Holznot kein ökologischer oder naturschützerischer Handlungsantrieb um des Waldes oder – noch abstrakter – der Natur willen war. Vielmehr war die Angst vor Holzknappheit synonym mit der Angst, die wichtigste fiskalische Einnahmequelle zu verlieren. Es kann allenfalls insofern von einem Umweltbewusstsein gesprochen werden, als die Verantwortlichen damit die Grundlagen dauerhaften, nachhaltigen Wirtschaftens schaffen wollten. Dies war aber nur durch eine nachhaltige Bewirtschaftung der Wälder möglich.

8. Die Effizienz der jeweils ergriffenen Maßnahmen ist unabhängig von der zugrundeliegenden Motivation. Wenn auch kein Naturschutzdenken erwartet werden kann, so waren eine Reihe der ergriffenen Maßnahmen im Ergebnis durchaus dazu geeignet, der Erhaltung der Wälder zu dienen und einen Raubbau zu verhindern. Gerade die in der zweiten Hälfte des 18. Jahrhunderts aus vorrangig fiskalischen und/oder handelspolitischen Motiven eingeleiteten Maßnahmen waren im Hinblick auf die erzielte Holzeinsparung besonders effizient. Auch aus heutiger ökologischer Perspektive erscheinen Maßnahmen wie die Verringerung des Holzabgangs zwischen Hiebort und Saline oder die Reduktion des Holzverbrauchs beim Sudprozess in Folge der von Clais eingeführten neuen Sudtechnologie richtiger und sinnvoller, als etwa die aus Sorge um die Holzversorgung erfolgte Umwidmung der Marquartsteiner Wälder an das Salzmaieramt Traunstein. Handelt es sich doch bei den ersten beiden Beispielen um echte Lösungen, die an den Ursachen des hohen Holzverbrauchs ansetzten, während eine Vergrößerung des Holzbezugsgebietes eher als eine Ausweichstrategie zu bezeichnen ist, die das Problem des über-

höhten Holzbedarfs nicht beseitigt, sondern nur geographisch bzw. zeitlich verschiebt.

Die Untersuchung hat zudem ergeben, dass die Effizienz der jeweiligen Maßnahmen von ganz anderen Faktoren als der Motivation, die den Anlass zu ihrer Durchführung bildete, abhängig war. Wesentlich entscheidender für Erfolg oder Misserfolg einer Waldschutz- oder Holzsparmaßnahme waren das vorhandene technische Know-how, die Effizienz der mit der Durchführung betrauten Instanzen (auf lokaler und zentraler Ebene), die zu überwindenden Widerstände sowie auch immer wieder das persönliche Engagement der beteiligten Protagonisten.

[1] Alle Zitate aus einem Hofkammer-Dekret vom 22.6.1715, Bayerisches Hauptstaatsarchiv, München (im Folgenden BayHStA), Kurbayern Hofkammer 530, fol. 325v-326r.

[2] Vgl. Alfred KOTTER: Ressourcen-Knappheit als Motiv staatlichen Handelns. Umweltgeschichtliche Untersuchungen zur Holzversorgung aus den Wäldern des Salzmaieramtes Traunstein (1619-1791/98), Traunstein 1998. Die Arbeit ist erschienen als zweiter Band der Schriften des Holzknechtmuseums Ruhpolding.

[3] Zur Holzversorgung der Saline Reichenhall vgl. Alfred KOTTER: „Holznot" um 1600. Die Energieversorgung der Saline Reichenhall, in: Manfred TREML/Wolfgang JAHN/Evamaria BROCKHOFF (Hgg.): Salz Macht Geschichte. Aufsätze, Augsburg 1995, S. 186-192.

[4] Die Ursache für die Gründung der Tochtersaline Traunstein war eine sich seit etwa 1590 abzeichnende Versorgungskrise mit dem für die Reichenhaller Sudpfannen benötigten Brennholz. Zudem war die Holzversorgung Reichenhalls auch deshalb unsicher, weil der Holzbezug vorrangig aus Waldgebieten auf Salzburger Territorium erfolgte und Salzburg im Zuge von Salzhandelsstreitigkeiten mit einer Sperre der Holzzufuhr drohte.

[5] So in einer Hofkammer-Instruktion für eine Visitation der Traunsteiner Salinenwälder vom 13.7.1715, vgl. Staatsarchiv München (im Folgenden StAM), RFA 1514, abschriftlich in BayHStA, Kurbayern Hofkammer 531, fol. 367r-369r.

[6] Vgl. Joachim RADKAU/Ingrid SCHÄFER: Holz. Ein Naturstoff in der Technikgeschichte, Reinbek bei Hamburg 1987, S. 150.

[7] Vgl. Joachim RADKAU: Holzverknappung und Krisenbewußtsein im 18. Jahrhundert, in: Geschichte und Gesellschaft 9 (1983), S. 513-543, hier S. 514; stellvertretend für die Forstgeschichtsschreibung Karl HASEL: Forstgeschichte. Ein Grundriß für Studium und Praxis, Hamburg, Berlin 1985, S. 250, der tatsächlich eine „Holznot" konstatiert, die „am Ende des 18. Jahrhunderts bedrohliche Aus-

maße erreichte und zu heute kaum vorstellbaren Waldverwüstungen führte." Eine kritische Gegenposition zu Radkau nimmt ein: Werner STRITTMACHER: Wurde die Gefährdung der Natur durch den Menschen nicht rechtzeitig erkannt? Zur Diskussion der Thesen Radkaus, in: Hermann LÜBBE/Elisabeth STRÖKER (Hgg.): Ökologische Probleme im kulturellen Wandel, o.O. 1986, S. 79-92. Differenziert fällt Rolf Peter Sieferles Urteil in seiner dezidiert ökologiehistorischen Studie aus. Vgl. Rolf Peter SIEFERLE: Der unterirdische Wald – Energiekrise und industrielle Revolution, München 1982, S. 105-107 und S. 236-239. Einerseits konstatiert er einen „tatsächlichen generellen Holzmangel" (S. 107), der allerdings nicht mit einer „Energiekrise" gleichzusetzen sei, da „die Holzkrise des 18. Jahrhunderts in erster Linie eine Bauholzkrise war" (S. 236). Gegenüber Radkau sieht er aber in den zeitgenössischen Holzmangelklagen trotz aller Vorsicht der Interpretation doch den Widerschein einer tatsächlichen Holzverknappung.

[8] So der Untertitel eines Aufsatzes von Radkau, vgl. Joachim RADKAU: Zur angeblichen Energiekrise des 18. Jahrhunderts: Revisionistische Betrachtungen über die „Holznot", in: Vierteljahrschrift für Sozial- und Wirtschaftsgeschichte 73 (1986), S. 1-37.

[9] Vgl. Joachim RADKAU: Warum wurde die Gefährdung der Natur nicht rechtzeitig erkannt? Naturkult und Angst vor Holznot um 1800, in: LÜBBE/STRÖKER (wie Anm. 7), S. 47-78.

[10] Vgl. dazu Alfred KOTTER: Umweltgeschichte, in: Waltraud SCHREIBER (Hg.): Historisches Lernen in der Grundschule. Wissenschaft und Unterricht (im Druck).

[11] Dieser Zusammenhang zeigt sich etwa in der, meist in den Vorworten oder Einleitungen beinahe stereotyp wiederkehrenden, Begründung, warum man Umweltgeschichte betreibe. In aller Regel wird darin darauf hingewiesen, dass die Bewältigung der gegenwärtigen ökologischen Probleme auch der geschichtlichen Perspektive bedürfe. So etwa in der Einleitung zum Sammelband Jörg CALLIES/Jörn RÜSEN/Meinfried STRIEGNITZ (Hgg.): Mensch und Umwelt in der Geschichte, Pfaffenweiler 1989. Oder sehr pointiert formuliert in der Einleitung zu einem weiteren Sammelband: „und nur wer die Geschichte der Umwelt kennt, kann ihre Zukunft sichern." Bernd HERRMANN (Hg.): Umwelt in der Geschichte. Beiträge zur Umweltgeschichte, Göttingen 1989, S. 6.

[12] So der Titel eines Aufsatzes: Joachim RADKAU: Was ist Umweltgeschichte?, in: Werner ABELSHAUSER (Hg.): Umweltgeschichte. Umweltverträgliches Wirtschaften in historischer Perspektive, Göttingen 1994, S. 11-28.

[13] Vgl. etwa Helmut JÄGER: Einführung in die Umweltgeschichte, Darmstadt 1994, S. 1-3; Ludwig TREPL: Zur Geschichte des Umweltbegriffs, in: Naturwissenschaften 79 (1992), S. 386-392 oder Norman FUCHSLOCH: Einführung in Methodenfragen der Umweltgeschichte, in: Günter BAYERL/Norman FUCHSLOCH/Torsten MEYER (Hgg.): Umweltgeschichte – Methoden, Themen, Potentiale, Münster u.a. 1996, S. 1-12.

[14] Vgl. etwa Hubert MARKL: Wie unfrei ist der Mensch? Von der Natur in der Geschichte, in: DERS. (Hg.): Natur und Geschichte, München 1983, S. 11-50; Ludwig TREPL: Geschichte und Ökologie. Vom 17. Jahrhundert bis zur Gegenwart: Zehn Vorlesungen, Frankfurt 1987, bes. S. 43-45 und S. 254-259; Rolf Peter SIEFERLE: Rückblick auf die Natur. Eine Geschichte des Menschen und seiner Umwelt, München 1997, S. 17-28 sowie RADKAU (wie Anm. 12), der es angesichts der Geschichtlichkeit des Naturbegriffs letztlich für „sinnlos" erachtet, nach einer bestimmten Definition zu suchen" (S. 14).

[15] Vgl. Engelbert SCHRAMM: Ökologie und Gesellschaft – ihr Verhältnis in der Geschichte, in: CALLIES/RÜSEN/STRIEGNITZ (wie Anm. 11), S. 97-108; Ludwig TREPL: Die Lebensgemeinschaft als Superorganismus. Geschichte des Ökosystemansatzes, ideologische Implikationen, Alternativen, in: CALLIES/RÜSEN/STRIEGNITZ (wie Anm. 11), S. 109-118 und TREPL (wie Anm. 13).
[16] Dies liegt wohl nicht zuletzt daran, daß die Umwelt-Geschichte im Gegensatz zu anderen „Bindestrich-Geschichten“ neuerer Zeit (wie etwa der Frauen-Geschichte) nicht von Anfang an eine alleinige Domäne der Historiker war, sondern als historische Umweltforschung einen ausgeprägt interdisziplinären Charakter trug und wesentliche Impulse nicht nur von Vertretern anderer Fachrichtungen, sondern auch von wissenschaftlichen Außenseitern erhielt, was nicht zuletzt auch eine gewisse methodische Verwirrung mit sich brachte. Vgl. dazu auch TREPL (wie Anm. 13), S. 387f., der auf dem Gebiet der Ökologie eine Vermischung naturwissenschaftlicher, empirisch-analytischer und geisteswissenschaftlich-hermeneutischer Methoden konstatiert.
[17] Abgelehnt werden auch aus diesem Grund universalhistorische Konzeptionen, die die gesamte Menschheitsgeschichte allein unter dem Umweltaspekt betrachten. Profiliertester Vertreter derartiger Konzepte im deutschsprachigen Raum ist Rolf Peter Sieferle. Vgl. etwa Rolf Peter SIEFERLE: Perspektiven einer historischen Umweltforschung, in: DERS. (Hg.): Fortschritte der Naturzerstörung, Frankfurt a.M. 1988, S. 307-368 oder DERS.: Die Grenzen der Umweltgeschichte, in: GAIA 2 (1993), H. 1, S. 8-21. Allerdings schreibe ich der Umweltgeschichte durchaus eine eigenständige Leistung zu, die einen Erkenntnisgewinn verspricht, der über traditionelle Ansätze etwa der Landes-, Forst- oder Technikgeschichte hinausgeht.
[18] Besonders pointiert wird diese Position von Bernd Herrmann vertreten. Vgl. z.B. Bernd HERRMANN: Umweltgeschichte, in: DERS./Angela BUDDE (Hgg.): Natur und Geschichte. Naturwissenschaftliche und historische Beiträge zu einer ökologischen Grundbildung, Göttingen 1989, S. 145-153 oder DERS.: Umweltgeschichte als Integration von Natur- und Kulturwissenschaften, in: BAYERL/FUCHSLOCH/MEYER (wie Anm. 13), S. 21-30.
[19] Natur wird hier fern aller erkenntnistheoretischen Probleme in einem eher landläufigen Verständnis benutzt. Der Mensch ist in diesem Verständnis zwar einerseits Teil der Natur, allerdings keinesfalls von ihr determiniert; vgl. MARKL, Mensch (wie Anm. 14). Der Mensch ist aber andererseits auch deutlich von ihr zu trennen. Natur wird also nicht (im konstruktionistischen Sinne) als bloßes kulturelles Konstrukt, sondern als ein unabhängig vom Menschen existierendes, vorgegebenes Faktum angesehen.
[20] Vgl. Paul LEIDINGER: Umwelterziehung im Geschichtsunterricht, in: Jörg CALLIESS/Reinhold E. LOB (Hgg.): Handbuch Praxis der Umwelt- und Friedenserziehung, Bd. 2, Düsseldorf 1987, S. 281-292. Leidinger sieht diesen Aspekt wohl, schränkt aber insoweit ein, als er nur die Auswirkungen der „natürliche[n] Veränderungen der Umwelt auf die Lebenswelt des Menschen“ (S. 286) nennt.
[21] Unter Ressourcen werden hier sowohl Rohstoffe als auch Energieträger verstanden. SIEFERLE, Perspektiven (wie Anm. 17), S. 320-332, differenziert zwischen dem „Energiefluß“ und „Stoffkreisläufen“, die zu universalgeschichtlichen Epocheneinteilungen herangezogen werden. Da beide Komponenten letztlich zu sehr ähnlichen Ergebnissen führen und zudem das menschliche Wirtschaften stets beide Komponenten benötigt, erscheint diese Trennung nicht unbedingt hilfreich zu sein. Gerade auch das hier untersuchte Fallbeispiel zeigt, dass Holz (neben Salz) die

Zentralressource des Salinenwesens war und zwar sowohl als Energieträger als auch als notwendiger Bau- und Werkstoff.

[22] Ähnliche Gedanken auch bei MARKL, Natur (wie Anm. 14), S. 7. Sieferle erachtet für das menschliche Umweltverhalten die Prinzipien der „Unilinearität" (im Gegensatz zum Stoffkreislauf) und der „Punktualität" als charakteristisch und sieht in jenem Prinzip „den Ressourcen-Aspekt des Umweltproblems", in diesem den „Pollutions-Aspekt". SIEFERLE, Perspektiven (wie Anm. 17), S. 329-331.

[23] Zu beachten ist, dass sämtliche Folgen anthropogener Eingriffe von den jeweiligen Eigenschaften der betroffenen Ökosysteme abhängig sind. Die Entwaldung von geneigten Bodenformationen beispielsweise hat im Hinblick auf die zu erwartenden Erosionsschäden im semiariden Klima des Mittelmeerraums gänzlich andere Auswirkungen als im gemäßigten Klima Mitteleuropas.

[24] Zu diesen antipodischen Positionen vgl. SIEFERLE, Perspektiven (wie Anm. 17), S. 308-310.

[25] Vgl. Bodo von BORRIES: Umweltgeschichte. Vergessene Einsichten und Herausforderungen, in: Geschichte lernen 1 (1988), H. 4, S. 8-13, hier S. 11. Borries folgert aus der Tatsache, dass „der Mensch [...] Teil der Natur und Umwelt" ist, dass „Umweltgeschichte [...] daher schon immer integraler Bestandteil der Realgeschichte menschlicher Gesellschaften gewesen" ist.

[26] Vgl. RADKAU (wie Anm. 12), S. 19.

[27] Hier und auch im Folgenden ist immer Holz als Rohstoff und Energieträger gemeint, wenn von „Ressource" gesprochen wird.

[28] Zu nennen wären etwa die jeweilige Wuchsleistung der Wälder, die Umtriebszeiträume, die Baumartenzusammensetzung, die ökologische Regenerationsfähigkeit.

[29] Darunter sind vor allem die natürlichen und politischen Grenzen der Holzbezugsgebiete zu verstehen, aber auch die Standortfaktoren in Abhängigkeit von Rohstoffvorkommen und Energieressourcen. Zu berücksichtigen sind zudem die vorindustriellen Transportmöglichkeiten.

[30] Dies war etwa in der Auseinandersetzung des Salinen- und des Montanwesens um die Holzbezugsgebiete im Gericht Marquartstein der Fall, als aus Sorge um die dauerhafte Holzversorgung der Saline mit Holz der fiskalisch weniger bedeutende Montanbetrieb zeitweise eingestellt wurde. Erst nachdem es den Montangewerken gelang, die Hofkammer davon zu überzeugen, dass der Zustand der Wälder nicht so schlecht wie behauptet sei, konnte der Betrieb unter Auflagen wieder aufgenommen werden.

[31] Zu erwähnen sind hier die Erweiterung der Reichenhaller Sudwälder durch die sog. Tiroler Wechselwälder und die Wälder des Klosters St. Zeno sowie die Schaffung einer gänzlich neuen Ressourcensituation durch den Bau der Soleleitung und die Gründung der Saline Traunstein. Das Waldgebiet der neuen Saline wurde im 17. Jahrhundert vor allem durch Umwidmungen von Reichenhaller Wäldern, den Ankauf des Baumburger Waldes und die Nutzung von Salzburger Wäldern im Bereich von Winkelmoos mehrmals erweitert.

[32] Zwar erfolgten – wie gesagt – im 17. Jahrhundert Umwidmungen von Reichenhaller Wäldern zur Saline Traunstein, dies aber wohl vorrangig unter dem Aspekt der Kosteneinsparung.

[33] Stichpunktartig seien die wichtigsten Maßnahmen hier erwähnt: Ausdehnung des Salinenwaldgebietes nach Westen und Versuch der Verdrängung des Montanwesens aus diesen Gebieten; modifizierte Erneuerung des sog. Wechselwaldvertrages mit Tirol zur Nutzung Tiroler Wälder; Verbot der Holzkohleausfuhr nach Salzburg;

verstärkte Anstrengungen zur Durchsetzung der Forstordnung gegenüber den Untertanen; Zwang zur Sparsamkeit im salinarischen Bereich durch geringere jährliche Holzansagen durch die Hofkammer; weitere Holzspar- und Waldschutzmaßnahmen (z.B. Verwertung von Holzabfall bei Kufholzarbeiten; vorrangige Aufarbeitung von Windwürfen).

HISTORIOGRAPHIEGESCHICHTE

Die politischen Auseinandersetzungen um die Errichtung des Lehrstuhls für bayerische Landesgeschichte an der Universität München[1]

VON KATHARINA WEIGAND

Das, worum es im folgenden geht, steht im vorliegenden Band unter dem Oberbegriff „Historiographiegeschichte“. Dieser Umstand mag überraschen angesichts des Themas „Die politischen Auseinandersetzungen um die Errichtung des Lehrstuhls für bayerische Landesgeschichte an der Universität München“, verbindet man doch mit dem Begriff Historiographiegeschichte in der Regel andere Fragestellungen. Ohne auch nur im Ansatz den Versuch eines systematischen Überblicks über diese älteren und neueren Fragestellungen zu wagen, will ich doch kurz das Panorama historiographiegeschichtlicher Positionen zumindest andeuten.

Da sind einerseits die – eher traditionellen – Versuche geistes- bzw. ideengeschichtlicher Interpretation geschichtswissenschaftlicher Entwicklungen, Tendenzen, Ausprägungen; hierzu möchte ich auch solche Unternehmungen rechnen, die sich stark oder fast ausschließlich am jeweiligen Werk einzelner Historiker orientieren. Ein Beispiel hierfür wäre etwa der Aufsatz von Andreas Kraus „Die bayerische Historiographie zur Zeit der Gründung der Bayerischen Akademie der Wissenschaften (1759)“[2] oder – enger auf mein Thema bezogen – der Beitrag von Karl Ludwig Ay „Sigmund von Riezler – seine Geschichte Baierns als Dokument seiner Entwicklung“[3]. Andererseits gehört zu solchen eher traditionellen Ansätzen auch das Bemühen um Fragestellungen, die sich vorrangig der institutionellen Etablierung und Ausformung der Geschichtswissenschaft annehmen; der Abschnitt von Laetitia Boehm in Spindlers Handbuch der bayerischen Geschichte „Das akademische Bildungswesen in seiner organisatorischen Entwicklung (1800-1920)“[4] ist dafür ein Beispiel.

Ein weiterer durchaus vertrauter Ansatz der Historiographiegeschichte geht vom Ansatz aus, daß Historiker von den politischen und gesellschaftlichen Zuständen und Veränderungen ihrer Zeit nicht unberührt bleiben, was dann auch Folgen für die Geschichtsschreibung nach sich ziehen müsse. Dies begegnet uns etwa bei Christian Simon in seiner Studie „Staat und Geschichtswissenschaft in Deutschland und Frankreich 1871-1914. Situation und Werk von Geschichtsprofessoren an den Universitäten Berlin, München, Paris“.[5] In einem weiteren Sinn gehört in diesen Zusammenhang noch die derzeitige Debatte um die nationalsozialistische Kontamination prominenter Vertreter unseres Faches, wie sie nicht zuletzt beim Historikertag in Frankfurt a.M. (1998) geführt wurde.[6]

Daneben gibt es mittlerweile noch andere Zugriffe: Marita Baumgarten beschreitet mit ihrer Dissertation „Professoren und Universitäten im 19. Jahrhundert. Zur Sozialgeschichte deutscher Geistes- und Naturwissenschaftler“[7] neue Wege der historiographiegeschichtlichen Forschung: Sie bemüht sich um den in diesem Zusammenhang bisher wenig genutzten Ansatz der historischen Sozialforschung und wendet die Methode der kollektiven Biographie zur Erforschung des Lehrkörpers ausgewählter Universitäten des 19. Jahrhunderts an. Das heißt, Baumgarten ermittelt sämtliche Sozialdaten dieser Personengruppe und wertet sie aus. Drei Fragen stehen im Mittelpunkt dieser Dissertation: erstens die Frage nach den Gründungsdaten der Lehrstühle, den Motiven für ihre Gründung sowie den nachmaligen Veränderungen des Lehrkörpers; zweitens die Frage nach dem „Wandel vom enzyklopädisch gebildeten Gelehrten zum spezialisierten Wissenschaftler“[8]; drittens die Frage nach der Möglichkeit, eine Rangfolgeordnung nach dem „Prestige“[9] der Universitäten erstellen zu können. Darüber hinaus kommt Baumgarten zu dem Urteil, daß es während des 19. Jahrhunderts ganz erhebliche Schwankungen bei der Wiederbesetzung bzw. Neueinrichtung von Lehrstühlen gegeben habe. Die Ursachen für eine Reduzierung von Professuren erkennt Baumgarten einerseits im allmählich nachlassenden Einfluß der Romantik sowie im zunehmenden Ruf nach mehr praktischer Berufsausbildung. Andererseits weist sie darauf hin, daß es eine Folge der Revolution von 1848/49 gewesen sei, daß zahlreiche, zuvor politisch aktive Professoren dann in den Ruhestand versetzt wurden. Einen erneuten Aufschwung habe es schließlich nach 1871 gegeben, beeinflußt von der zunehmenden Konkurrenzsituation der deutschen Einzelstaaten untereinander, begünstigt zudem durch die exzellente finanzielle Situation aufgrund der Milliardenzahlungen der französischen Kriegsentschädigung.

Zuletzt möchte ich noch einen weiteren populären historiographiegeschichtlichen Ansatz benennen, nämlich die Frage nach dem unterschiedlichen politischen Engagement von Historikern und damit implizit die Frage nach deren wissenschaftlicher Objektivität. Derartige Studien konzentrieren sich vielfach auf Zeiten einer ohnehin ausgeprägten politischen Instrumentalisierung der Wissenschaften, also etwa auf die Zeit des Nationalsozialismus. Auch hierzu noch zwei Beispiele: Karen Schönwälders Studie „Historiker und Politik. Geschichtswissenschaft im Nationalsozialismus“[10] sowie Stefan Rebenichs Habilitationsschrift „Theodor Mommsen und Adolf Harnack. Wissenschaft und Politik im Berlin des ausgehenden 19. Jahrhunderts“[11].

Als Fazit angesichts solcher ganz unterschiedlichen Studien zur Geschichte der Geschichtswissenschaft kann man zusammenfassen, daß es inzwischen ein ganzes Bündel von historiographiegeschichtlichen Ansätzen und Interpretationen gibt, die weit über die klassische Historismusdebatte sowie über geschichtsphilosophische Fragestellungen hinausführen. Das hängt zweifellos auch damit zusammen, daß die Entwicklung der Geschichtswissenschaft eben auch von ganz unterschiedlichen Faktoren beeinflußt wurde und bis heute wird. Deshalb ist es nicht nur legitim, sondern hochgradig sinnvoll, sich mit all diesen Faktoren zu befassen und sie als adäquate Untersuchungsgegenstände zu betrachten, wenn man sich mit Historiographiegeschichte beschäftigt. So wird es verständlich, daß die Historiographiegeschichte, mit ihren prominenten Werken von Friedrich Meinecke[12] bis Franz Schnabel[13] oder von Franz Xaver Wegele[14] bis Alois Schmid[15], zum festen Bestand der Geschichtswissenschaft selbst zählt. Und es macht auch Sinn, daß die historisch dimensionierte Selbstreflexion wohl bei kaum einer anderen wissenschaftlichen Disziplin so ausgeprägt ist wie bei der Geschichtswissenschaft selbst.

Bei der vorliegenden Skizze, die sich mit der Einrichtung des Lehrstuhls für bayerische Landesgeschichte an der Münchner Ludwig-Maximilians-Universität befaßt, wird somit unstrittig ein historiographiegeschichtliches Thema aufgegriffen. Dabei wird es im folgenden allerdings nicht darum gehen, diese Neueinrichtung eines Lehrstuhls im Gefüge der Wissenschaft bzw. des Wissenschaftsbetriebs zu betrachten. Im Mittelpunkt steht statt dessen das politische Für oder Wider gegenüber einer solchen Einrichtung, die Haltung verschiedener politischer Gruppen bzw. Parteien in diesem Zusammenhang und ihre Gründe hierfür, das Interesse des Staates, das Engagement von Monarch und Regierung usw. Gefragt wird also nach der Einbindung einer wissenschaftspolitischen Maßnahme in konkrete innenpolitische Konfliktsituationen in Bayern in der zweiten Hälfte des 19. Jahrhunderts.

*

Von 1876 bis 1879 kam es zum ersten Versuch, an der Ludwig-Maximilians-Universität eine neue Professur einzurichten, die ausschließlich der bayerischen Geschichte gewidmet war. Doch bevor ich die Umstände, die diesen Vorstoß begleiteten, näher erläutern werde, möchte ich knapp die allgemeine Situation der Geschichtswissenschaft in München sowie den Umfang skizzieren, in welchem dort in den Jahren zuvor bayerische Geschichte gelehrt worden war. Zur Zeit König Ludwigs I. wurde an der Münchner Universität – sicherlich auch bedingt durch den Einfluß des Königs – von den methodischen Neuerungen in der Geschichtswissenschaft nur wenig Notiz genommen. Statt dessen wurde im Jahre 1827 Joseph von Görres (1776-1848) berufen, um in München Geschichte zu lehren. Spindler charakterisiert Görres treffend: Er sei „ein wortgewaltiger Künder der christlichen Ideenwelt [gewesen], tiefsinnig in der spekulativen Durchdringung des Geschichtsstoffes, Mystiker, Prophet, mehr Geschichtsdeuter als Geschichtsforscher, ein Lehrer und Vertreter der neuen historischen Methode war er nicht.“[16] Bayerische Geschichte, worauf mit Blick auf die nachmaligen Lehrer nicht verzichtet werden konnte[17], wurde zur damaligen Zeit von Andreas Buchner (1776-1854) gelesen, den Ludwig I. im Jahre 1826 als Professor für bayerische Geschichte und historische Hilfswissenschaften berufen hatte.[18] Aber auch Buchner war kein Mann der kritischen Methode, sondern ein weiterhin den Idealen der Aufklärung verhafteter Theologe. Nach seinem Tod 1854 wurde der Lehrstuhl für bayerische Geschichte und historische Hilfswissenschaften nicht wieder besetzt. Neben Buchner bot auch Johannes Michael Söltl (1797-1888) mit Unterbrechungen Veranstaltungen zur bayerischen Geschichte an; seine universitäre Tätigkeit wurde jedoch dadurch eingeschränkt, daß er seit 1855 zusätzlich dem Archiv des Königlichen Hauses vorstand.[19]

Ohne auf die methodische Neuorientierung der Münchner Geschichtswissenschaft seit der Thronbesteigung Max' II. hier näher eingehen zu können, so muß doch der Name Heinrich von Sybels (1817-1895) genannt werden. Auf Empfehlung Rankes, den der König nicht für München gewinnen konnte, wurde Sybel 1855 berufen.[20] Sein protestantischer Glaube und seine prononciert propreußische, kleindeutsche Einstellung schufen ihm in München eine Menge Feinde, so daß sich Max II. schließlich 1862 von ihm distanzieren mußte. Bis dahin hatte Sybel jedoch das Prüfungsmonopol in Geschichte für die angehenden Gymnasiallehrer innegehabt.[21] Der bayerischen Geschichte hatte er sich freilich nicht angenommen, und das, obwohl der König versucht hatte, Sybel zur Abfassung einer Geschichte Bayerns zu verpflichten.[22] Bis zum Tode Max' II. im Jahre 1864 wurde bayerische Geschichte an der Münchner Universität nur von Buchner – von ihm wiederum nur bis 1854 – und von Söltl gelehrt.

Seit dem Wintersemester 1861/62 verbesserte sich diese Situation ein wenig: Nun bot August Kluckhohn (1832-1893), ein Schüler Sybels, Veranstaltungen zur bayerischen Geschichte an. Seit er jedoch 1866 zum außerordentlichen Professor ernannt und mit einem Lehrauftrag für Paläographie, Diplomatik und bayerische Geschichte betraut worden war, lassen sich kaum noch bayerische Themen bei ihm nachweisen. 1869 wurde Kluckhohn dann als ordentlicher Professor an die Technische Hochschule in München berufen.[23]

Die Koppelung von Paläographie, Diplomatik und bayerischer Geschichte bei der Vergabe von Lehraufträgen an der Ludwig-Maximilians-Universität setzte sich fort: Ab 1873 betraute man Ludwig von Rockinger (1824-1914), ab 1878 Franz von Löher (1818-1892) und ab 1891 wieder Rockinger mit einem solchen Lehrauftrag.[24] Ihr beider Veranstaltungsangebot zu Themen der bayerischen Geschichte muß allerdings als sehr dürftig bezeichnet werden.[25]

Erst mit dem Sommersemester 1874 trat eine wirkliche Veränderung ein: Seit dieser Zeit, bis zu seiner Berufung an die Technische Universität 1883, las der junge Karl Theodor von Heigel (1842-1915) bevorzugt bayerische Geschichte an der Ludwig-Maximilians-Universität. Heigel war ein Schüler von Wilhelm von Giesebrecht (1814-1889)[26], dem Nachfolger Sybels, und hatte sich 1864 gemeinsam mit Sigmund von Riezler (1843-1927) an der Lösung einer Preisaufgabe des Historischen Seminars beteiligt.[27] Im Jahre 1873 hatte sich Heigel an der Münchner Universität mit einer Arbeit über das Thema „Der österreichische Erbfolgestreit und die Kaiserwahl Karls VII." habilitiert.[28]

In näheren Kontakt mit König Ludwig II. kam Heigel aufgrund seiner engen Freundschaft mit Friedrich von Ziegler (1839-1897)[29], der von 1877 bis 1879 und erneut von 1880 bis 1883 Sekretär des Königs war. Bereits 1869 war an Heigel – dank einer Empfehlung Ignaz von Döllingers (1799-1890) – der königliche Auftrag ergangen, eine Biographie über Ludwig I. zu verfassen. Anlaß hierfür war die von Johann Nepomuk Sepp verfaßte Biographie mit dem Titel „Ludwig Augustus, König von Bayern, und das Zeitalter der Wiedergeburt der Künste", die Ludwig II. ablehnte.

Als dann im Jahre 1878 die Einrichtung einer Professur für bayerische Geschichte an der Ludwig-Maximilians-Universität zu einem Gegenstand der politischen und der öffentlichen Debatte wurde, waren Name und Person Karl Theodor von Heigels von Anfang an in die Auseinandersetzung verwickelt. Dabei läßt sich jedoch die bisherige Auffassung, die durch Äußerungen von Heigel selbst abgesichert schien[30], wonach der damalige Minister Johann von Lutz (1826-1890) von sich aus die Initiative zur Schaffung einer solchen Professur ergriffen habe[31], nach neuen Quellenfunden so nicht mehr aufrechterhalten.

Denn bereits am 20. Dezember 1876 beschloß die Philosophische Fakultät der Münchner Universität, ein Gesuch Heigels beim Senat der Universität zu befürworten. Darin hatte Heigel, der mit seiner Stellung am Königlichen Reichsarchiv wenig glücklich war, eine außerordentliche Professur beantragt. Die Fakultät unterstützte dieses Gesuch mit ausdrücklicher Betonung der Lehrtätigkeit Heigels in bayerischer Geschichte.[32] Knapp einen Monat später schloß sich dann auch der Senat diesem Votum an.[33] In einem Schreiben an das Kultusministerium von Mitte Februar 1877 mußte der Senat allerdings endgültig darauf hinweisen, daß der eigentliche Wunsch Heigels bzw. der Fakultät, nämlich nach einer besoldeten außerordentlichen Professur, nur durch eine Erhöhung des Staatszuschusses zu finanzieren sein werde.[34] Um eine solche Erhöhung des Staatszuschusses gewähren zu können, benötigte der Kultusminister freilich die Billigung des Landtags, was sich rasch als unüberwindliches Hindernis erweisen sollte.

Dennoch machte Lutz die Sache zu seinem eigenen Anliegen und forderte vom Landtag die Bereitstellung der hierfür nötigen Summe von 3.360 Mark. Darüber wurde dann im bayerischen Landtag am 5. und am 21. Februar 1878 verhandelt. Während sich der liberale Kultusminister also für die Erhöhung des Staatszuschusses zur Errichtung einer Professur für bayerische Geschichte aussprach, vertrat Kaspar Ruppert, Abgeordneter der Patriotenpartei, die Gegenposition. Ruppert argumentierte zwar vorrangig mit finanziellen Zwängen, äußerte dann aber einen Verdacht, der sich klar gegen die Person Heigels richtete: „Dabei mangelt mir auch das Vertrauen, daß die bayerische Geschichte unter den dermaligen Verhältnissen in einer Weise werde behandelt werden, daß hievon eine Hebung und Förderung des Gefühls, ein Bayer zu sein, zu erwarten ist."[35]

Und der Eindruck, daß hier eine reine Personaldebatte geführt wurde, gegen einen Schüler Giesebrechts, gegen einen Privatdozenten, der zwar Altbayer und katholisch war, gleichzeitig aber aus seinen gemäßigt nationalliberalen Ansichten keinen Hehl machte, dieser Eindruck verstärkt sich noch anhand des Redebeitrags eines weiteren Abgeordneten der Patriotenpartei. Alois Rittler sprach die Befürchtung aus, daß nicht bayerische Geschichte, sondern „Parteigeschichte“ von dem vom Ministerium „in Aussicht genommen[en]“ Kandidaten gelehrt würde. Quasi als Beweis zitierte er aus Heigels 1872 erschienener Biographie Ludwigs I. jene Passagen, die Kritik an Görres und an der „kirchlichen Partei“, so Rittler, beinhalteten.[36] Ein letzter Hinweis des Ministers auf die dringende Notwendigkeit einer Professur für bayerische Geschichte, angesichts des von den Gymnasiallehrern zu leistenden Unterrichts in bayerischer Geschichte, zeitigte in diesem Zusammenhang wohl eher kontraproduktive Wirkungen: Die Patriotenpartei hatte sich in ihrem Urteil gegen Heigel festgelegt; die Mehrheit der Landtagsabgeordneten lehnte am 21. Februar 1878 die Erhöhung des Staatszuschusses für die Universität München zur Errichtung einer Professur für bayerische Geschichte ab.[37]

Eine erneute Vorlage des Antrags auf eine besoldete außerordentliche Professur für Karl Theodor von Heigel seitens der Fakultät und des Senats am 27. und 29. November 1878[38], führte abermals nicht zu dem erwünschten Ergebnis. Im Juli 1879 wurde Heigel dann zwar zum außerordentlichen Professor ernannt, und er lehrte fortan auch vor allem bayerische Geschichte – die erhoffte Besoldung wurde ihm freilich nicht gewährt.[39] Seine Stellung am Reichsarchiv aufzugeben, daran war also vorerst nicht zu denken. Lediglich ein sogenannter „Funktionsbezug“ in Höhe von 600 Mark konnte von Heigel beantragt werden.

Bezeichnenderweise war ihm dieser Funktionsbezug bereits um die Jahreswende 1876/77 von Kultusminister Lutz angeboten worden, der wohl schon ahnte, daß sich die Mehrheit des Landtags gegen Heigel stellen würde. Heigel hatte eine solche Vergütung damals jedoch abgelehnt, in der festen Hoffnung auf die Genehmigung einer besoldeten außerordentlichen Professur.[40] Der Umstand, daß sich niemand außer ihm an der Münchner Universität ernsthaft der bayerischen Geschichte widmete, darüber hinaus sein Wissen um das Wohlwollen des Königs ihm gegenüber und um die mögliche Unterstützung des Kultusministers hatten seinen Optimismus bestärkt. So kam es, daß er einerseits den Widerstand der Patriotenpartei und andererseits vielleicht auch die Mehrheitsverhältnisse im Landtag unterschätzte.

Als Karl Theodor von Heigel dann im Jahre 1883 zum ordentlichen Professor für Handels- und Kulturgeschichte an der Technischen Hochschule in München ernannt wurde, war damit die kurze Zeitspanne, während der in ausreichendem Maße bayerische Geschichte an der Ludwig-Maximilians-Universität gelehrt worden war, wieder zu Ende. Heigel kam zwar zwei Jahre später, 1885, als Nachfolger seines Lehrers Giesebrecht und damit als Direktor des Historischen Seminars, zurück, doch seit diesem Zeitpunkt bot er keine genuin bayerischen Themen in seinen Veranstaltungen mehr an.

Einen Gesichtspunkt möchte ich im Zusammenhang mit den Bemühungen um die Errichtung einer bayerischen Professur an der Ludwig-Maximilians-Universität zwischen 1876 und 1879 besonders hervorheben: Grundsätzlich muß man zum einen die These, die Initiative hierfür sei allein von Lutz ausgegangen, als obsolet betrachten. Das gleichwohl beträchtliche Engagement des liberalen Kultusministers in dieser Angelegenheit lenkt zum anderen das Interesse auf einen mindestens ebenso wichtigen Sachverhalt. In jedem Fall kann man in dem Zusammenwirken von Lutz, der Universität und dem königlichen Sekretär Ziegler – auf dessen Wirken näher einzugehen, würde freilich den Rahmen dieser knappen Skizze sprengen – zugunsten der bayerischen Geschichte ein Indiz dafür erkennen, daß, nachdem „die Wogen der Kriegsbegeisterung verebbt und durch die Reichsgründung auch für Bayern unwiderrufliche Tatsachen geschaffen waren“, die seit den 1850er Jahren dominierende „Verbindung der maßgebenden Träger des geschichtswissenschaftlichen Fortschritts in München mit dem Liberalismus und dem Nationalismus"[41] an Gewicht verloren hatte. Unabhängig davon, daß der Kultusminister möglicherweise darauf spekulierte, in der kirchenpolitisch angespannten Situation der zweiten Hälfte der 1870er Jahre gegenüber der patriotischen Landtagsmehrheit ein versöhnliches Signal setzen zu können, schien die Zeit damals gleichsam reif zu sein für die Errichtung einer Professur für bayerische Geschichte.

Und dennoch: Erst 1898, also zwanzig Jahre später, wurde erneut der Ruf laut, eine solche Professur zu installieren. Bis dahin wurde – mehr schlecht als recht – die bayerische Geschichte zuerst von Löher, dann von Rockinger in den bereits erwähnten gemischten Lehraufträgen vertreten. Erst mit dem Wintersemester 1894/95 besserte sich die Situation wieder: Zu diesem Zeitpunkt nahm Michael Doeberl (1861-1928)[42], der nachmalige zweite Inhaber des Lehrstuhls für bayerische Landesgeschichte, seine Lehrtätigkeit als Privatdozent mit einem breit gefächerten Angebot an bayerischen Themen an der Münchner Universität auf.

Doch zurück zur Situation von 1898 und ihren erneuten politischen Verwicklungen. Auch dieses Mal war bereits zu Anfang der Affäre entschieden, wer die neu zu schaffende Professur für bayerische Geschichte übernehmen sollte. Sigmund von Riezler war der Kandidat des Ministeriums. Am 2. Mai 1843 in München geboren, war Riezler – wie Heigel – ein Schüler Giesebrechts. 1869 hatte er sich habilitiert und kurzfristig, als Privatdozent, Paläographie, Diplomatik und bayerische Geschichte gelehrt. Um am Krieg von 1870 teilnehmen zu können, gab Riezler diese Tätigkeit auf. Als er verwundet im Lazarett lag, erreichte ihn dann der Ruf, als Vorstand des Fürstlich Fürstenbergischen Archivs nach Donaueschingen zu gehen. In seine Vaterstadt München kehrte Riezler 1883 als Oberbibliothekar der Hof- und Staatsbibliothek zurück. Zwei Jahre später übertrug man ihm zusätzlich die Leitung des Maximilianeums, seit 1877 war er Mitglied der Historischen Klasse, seit 1883 Mitglied der Historischen Kommission bei der Kgl. Bayerischen Akademie der Wissenschaften. Während all dieser Jahre arbeitete Sigmund von Riezler an seiner zuletzt achtbändigen „Geschichte Baierns", deren ersten Teil er 1878 vollenden konnte. 1898, als er auf den neuen Lehrstuhl für bayerische Landesgeschichte berufen wurde, waren neben zahlreichen anderen Beiträgen zur bayerischen Geschichte auch weitere zwei Bände der „Geschichte Baierns" erschienen. Riezler galt zu Recht als die Koryphäe auf dem Gebiet der bayerischen Geschichte.[43]

Anders als beim gescheiterten Versuch der Jahre 1876 bis 1879 wird sich bei der Initiative von 1898 wohl kaum noch klären lassen, von wem der Anstoß zur Errichtung einer Professur für bayerische Geschichte ursprünglich ausgegangen war. Ähnlich wie im Falle Heigels existiert eine autobiographische Äußerung Riezlers, die den Schluß nahelegen könnte, allein der damalige Kultusminister, Robert von Landmann, sei dafür verantwortlich.[44] Sowohl die ministeriellen als auch die universitären Akten, von denen man sich nähere Hinweise hätte erwarten dürfen, existieren nicht mehr. Berücksichtigen muß man freilich, daß der Vorsitzende des Bauernbundes, Georg Ratzinger, bereits 1896 im Landtag mit Blick auf die notwendige Ausbildung der zukünftigen Gymnasiallehrer angeregt hatte, unter Umständen für die bayerische Geschichte eine Professur an der Münchner Universität einzurichten.[45] Daneben hatte die Philosophische Fakultät am 8. Mai 1897, neben einem Ordinariat für alte Geschichte und einem Extraordinariat für historische Hilfswissenschaften, auch einen weiteren Lehrauftrag für bayerische Geschichte beantragt.[46]

Möglicherweise kam es 1898 zu einem ähnlichen Zusammenspiel von außeruniversitären, universitären und ministeriellen Kräften wie zwischen 1876 und 1879. Denn bereits in dem am 26. Juli 1897 vorgelegten Entwurf des Budgets für die 24. Finanzperiode 1898/99, genauer im Etat des Kultusministeriums, tauchte als neu zu berücksichtigendes Postulat der Regierung folgende Summe auf: 6.000 Mark zur „Errichtung einer ordentlichen Professur für bayerische Landesgeschichte". Begründet wurde diese Forderung folgendermaßen: „An der ersten Landesuniversität soll die Landesgeschichte selbständig und würdig besetzt sein. Es ist daher die Errichtung einer besonderen Professur und zwar einer ordentlichen Professur [...] in Aussicht genommen."[47]

Da auch 1898 die Universität nicht in der Lage war, eine solche Neueinrichtung aus den vorhandenen Mitteln zu bestreiten, mußte erneut der Weg der Erhöhung des Staatszuschusses beschritten werden. Das bedeutete, daß auch dieses Mal die Landtagsmehrheit das letzte Wort haben würde. Die Debatte über den Antrag des Kultusministeriums fand am 24. März 1898 statt. In ihrem Mittelpunkt stand wieder die Verknüpfung von zwei unterschiedlichen Diskussionspunkten. Einerseits ging es um grundsätzliche finanzielle Erwägungen, denn dieses Mal war die beantragte Summe, da es ja nun um eine ordentliche Professur ging, viel höher als 1878. Andererseits wurde auch 1898 eine Personaldebatte um den von Kultusminister Landmann gewünschten Kandidaten geführt.

Die Kritik der Zentrumsfraktion, soweit sie das Finanzielle betraf, wandte sich gegen den Plan des liberalen Kultusministers, keine außerordentliche, sondern eine ordentliche Professur einzurichten, und auf diese Stelle darüber hinaus einen längst anerkannten, renommierten Historiker zu berufen. Die Kritik wandte sich also vordergründig gegen die beantragte Summe von 6.000 Mark. Der Zentrumsabgeordnete Balthasar von Daller vermied es auf diese Weise, eine Professur für bayerische Geschichte überhaupt ablehnen zu müssen. Sein Gegenvorschlag lautete, einen „jüngeren Gelehrten" auf eine außerordentliche Professur zu berufen. Das sei weniger teuer, und außerdem werde so ein „jüngerer Gelehrter" sowohl sich als auch seine Lehrtätigkeit noch „entwikkeln" können.[48] Daß auch Daller mit großer Sicherheit bereits einen Anwärter für eine solche Stelle im Auge hatte, nämlich Michael Doeberl, zeigt seine weitere Argumentation: Daller sprach sich gegen die Einrichtung einer ordentlichen Professur aus, „weil eine geeignete Persönlichkeit, welche in dem Sinne der Hingebung für Bayern und seine Dynastie und der Begeisterung für das Volk und der Auffassung des bayerischen Volkes nach seiner ganzen christlichen Stimmung geeignet wäre, nicht vorhanden sei"[49]. Und damit zeigt sich, was der eigentliche Kern seiner Kritik war: Wieder ging es also – wie zwanzig Jahre zuvor – eigentlich nicht um Geld, nicht ausschließlich um wissenschaftliche Qualifikationen, sondern wesentlich um das politische Profil des Kandidaten bzw. um das, was man dafür hielt.

Sowohl Heigel als auch Riezler waren keine Zentrumsanhänger, keine Verfechter des katholisch-patriotischen Standpunktes im Kulturkampf. Sie standen vielmehr der Bismarckschen Reichsgründung positiv gegenüber, wenngleich man sie nicht als preußisch-deutsche Unitaristen mißverstehen darf. „Beide sahen in der bismarckschen Lösung der deutschen Frage die Erfüllung der bayerischen Geschichte, im Glauben an die Geborgenheit des bayerischen Staates im bismarckschen System für alle Zukunft."[50] Kultusminister Landmann befürwortete ganz offen eine derartige politische Einstellung bei dem von ihm gewünschten Lehrstuhlinhaber, wenn er vor den Abgeordneten des Landtags betonte: „Er soll ein deutscher Mann sein, er soll aber auch ein guter Bayer sein."[51] Auf Sigmund von Riezler traf, seiner Auffassung nach, diese Beschreibung zu.

Drei konkrete Punkte brachte die Zentrumsfraktion in der Debatte gegen Riezler vor: Erstens war man der Meinung, daß Sigmund von Riezler kaum mit dem „berechtigten bayerischen Partikularismus" übereinstimme. Zweitens warf man ihm eine zumindest kritische Haltung gegenüber der regierenden Dynastie und drittens „Gehässigkeit" gegenüber der katholischen Kirche vor.[52] Und wieder zitierte ein Abgeordneter während einer Landtagsdebatte aus dem Werk eines Historikers, um derartige Anklagen zu belegen.[53] 1898 aber gelang es dem Kultusminister, seinen Antrag durchzubringen; die Mehrheit der Landtagsabgeordneten votierte schließlich für die Erhöhung des Staatszuschusses an die Ludwig-Maximilians-Universität um 6.000 Mark zur Errichtung einer ordentlichen Professur für bayerische Landesgeschichte.[54] Sigmund von Riezlers überragendes wissenschaftliches Renommee hatte wohl den Ausschlag gegeben, unbestritten galt er als der Landeshistoriker Bayerns; erleichtert wurde diese Entscheidung aber sicherlich auch dadurch, daß sich unter Robert von Landmann Ministerium und Landtagsmehrheit längst nicht mehr so schroff gegenüberstanden, wie das zu Zeiten des Kulturkampfes in den 1870er und 1880er Jahren der Fall gewesen war.[55]

Mit Handschreiben des Prinzregenten vom 14. Juli 1898 wurde Sigmund von Riezler dann zum „ordentlichen Professor der bayerischen Landesgeschichte in der philosophischen Fakultät der K. Universität München“ ernannt.[56] Er sollte dieses Amt neunzehn Jahre lang innehaben, bis zu seiner Emeritierung 1917. Zu Riezlers Nachfolger wurde Michael Doeberl berufen. Aber das ist bereits wieder eine andere, freilich fast ebenso stark von politischen Interessen mit beeinflußte Geschichte aus der bayerischen Historiographiegeschichte.

[1] Dieser Beitrag basiert auf dem Aufsatz „Der Lehrstuhl für bayerische Landesgeschichte an der Universität München und sein erster Inhaber Sigmund von Riezler“, in: Wilhelm VOLKERT/Walter ZIEGLER (Hgg.): Im Dienst der bayerischen Geschichte. 70 Jahre Kommission für bayerische Landesgeschichte. 50 Jahre Institut für Bayerische Geschichte, München 1998, S. 307-350.

[2] Andreas KRAUS: Die bayerische Historiographie zur Zeit der Gründung der Bayerischen Akademie der Wissenschaften (1759), in: DERS.: Bayerische Geschichtswissenschaft in drei Jahrhunderten. Gesammelte Aufsätze, München 1979, S. 149-184.

[3] Karl Ludwig AY: Sigmund von Riezler – seine Geschichte Baierns als Dokument seiner Entwicklung, in: Zeitschrift für bayerische Landesgeschichte 40 (1977), S. 501-514.

[4] Laetitia BOEHM: Das akademische Bildungswesen in seiner organisatorischen Entwicklung (1800-1920), in: Max SPINDLER (Hg.): Handbuch der bayerischen Geschichte. Bd. 4: Das Neue Bayern, München 1974, S. 991-1033.
[5] Christian SIMON: Staat und Geschichtswissenschaft in Deutschland und Frankreich 1871-1914. Situation und Werk von Geschichtsprofessoren an den Universitäten Berlin, München, Paris, Bde. 1-2, Frankfurt a.M. u.a. 1988.
[6] Der Titel der diesbezüglichen Sektion, die von Otto Gerhard Oexle und Winfried Schulze geleitet wurde, lautete „Deutsche Historiker im Nationalsozialismus".
[7] Marita BAUMGARTEN: Professoren und Universitäten im 19. Jahrhundert. Zur Sozialgeschichte deutscher Geistes- und Naturwissenschaftler, Göttingen 1997.
[8] Ebd., S. 267.
[9] Ebd.
[10] Karen SCHÖNWÄLDER: Historiker und Politik. Geschichtswissenschaft im Nationalsozialismus, Frankfurt a.M., New York 1992.
[11] Stefan REBENICH: Theodor Mommsen und Adolf Harnack. Wissenschaft und Politik im Berlin des ausgehenden 19. Jahrhunderts. Mit einem Anhang: Edition und Kommentierung des Briefwechsels, Berlin, New York 1997.
[12] Vgl. u.a. Friedrich MEINECKE: Die Entstehung des Historismus, München, Berlin 1936.
[13] Vgl. u.a. Franz SCHNABEL: Die Idee und die Erscheinung, in: Die Historische Kommission bei der Bayerischen Akademie der Wissenschaften 1858-1958, Göttingen 1958, S. 7-69.
[14] Vgl. u.a. Franz Xaver WEGELE: Geschichte der deutschen Historiographie seit dem Auftreten des Humanismus, München, Leipzig 1885.
[15] Vgl. u.a. Alois SCHMID: Das Bild des Bayernherzogs Arnulf (907-937) in der deutschen Geschichtsschreibung von seinen Zeitgenossen bis zu Wilhelm Giesebrecht, Kallmünz 1976.
[16] Max SPINDLER: Von der bayerischen Geschichte, ihrer Erforschung, Darstellung und Pflege seit dem Anfang des neunzehnten Jahrhunderts, in: DERS.: Erbe und Verpflichtung. Aufsätze und Vorträge zur bayerischen Geschichte, hg. von Andreas Kraus, München 1966, S. 102-117, hier S. 107. Zu Görres' Wirken in München vgl. Walter GOETZ: Die bairische Geschichtsforschung im 19. Jahrhundert. Zur Erinnerung an Sigmund Riezler, in: Historische Zeitschrift 138 (1928), S. 255-314, hier S. 262-272; Ernst DEUERLEIN (Hg.): Joseph Görres. Geistesgeschichtliche und politische Schriften der Münchner Zeit (1828-1838), Köln 1958; Hedwig DICKERHOF-FRÖHLICH: Das historische Studium an der Universität München im 19. Jahrhundert. Vom Bildungsfach zum Berufsstudium, München 1979, S. 58f. Zu Görres allgemein vgl. Heribert RAAB: Joseph Görres. Ein Leben für Recht und Freiheit. Auswahl aus seinem Werk, Urteile von Zeitgenossen, Einführung und Bibliographie, Paderborn u.a. 1978. Vgl. auch den Sammelband des Historischen Jahrbuchs 96 (1978) und hier besonders den Beitrag von Andreas KRAUS: Görres als Historiker, in: Ebd., S. 93-122.
[17] Zum Stellenwert der bayerischen Geschichte innerhalb der Lehrverfassung an der Ludwig-Maximilians-Universität zwischen etwa 1826 und 1848/49 vgl. DICKERHOF-FRÖHLICH (wie Anm. 16), S. 66-70.
[18] Zu Buchner vgl. Hans Walter MEHLING: Andreas Buchner, sein Leben und sein Wirken, mit besonderer Berücksichtigung seiner „Geschichte Baierns", phil. Diss. Würzburg 1933. Nach zweijähriger Lehrtätigkeit als a.o. Professor wurde Buchner Ende 1828 zum o. Professor ernannt. Vgl. Senat der Universität München an die

Philosophische Fakultät, 11.11.1828, Archiv der Ludwig-Maximilians-Universität München (im folgenden UAM), O I 10C1.

[19] Zu Söltl vgl. den Nachruf auf ihn in: Chronik der Ludwig-Maximilians-Universität für das Jahr 1887/88, München 1888, S. 11ff.; Karl Theodor HEIGEL: Dr. Johann Michael Söltl, in: Allgemeine Deutsche Biographie 34, 1892, S. 588f.

[20] Zu den Umständen dieser Berufung vgl. Bernhard HOEFT: Rankes Berufung nach München, München 1940; DICKERHOF-FRÖHLICH (wie Anm. 16), S. 84-91; Hans-Michael KÖRNER: Staat und Geschichte im Königreich Bayern 1806-1918, München 1992, S. 523ff; Achim SING: Die Wissenschaftspolitik Maximilians II. von Bayern (1848-1864). Nordlichterstreit und gelehrtes Leben in München, Berlin 1996, S. 164-172. Zu Sybel allgemein vgl. Volker DOTTERWEICH: Heinrich von Sybel. Geschichtswissenschaft in politischer Absicht (1817-1861), Göttingen 1978; Hellmut SEIER: Die Staatsidee Heinrich von Sybels in den Wandlungen der Reichsgründungszeit 1862/71, Lübeck, Hamburg 1961; DERS.: Heinrich von Sybel, in: Hans-Ulrich WEHLER (Hg.): Deutsche Historiker, Bd. 2, Göttingen 1971, S. 24-38.

[21] Vgl. hierzu Heinrich GÜNTER: Das Historische Seminar, in: Karl Alexander von MÜLLER (Hg.): Die wissenschaftlichen Anstalten der Ludwig-Maximilians-Universität zu München, München 1926, S. 193-199. GOETZ (wie Anm. 16), S. 279-281. DOTTERWEICH (wie Anm. 20), S. 255-284. DICKERHOF-FRÖHLICH (wie Anm. 16), S. 119-130.

[22] Vgl. hierzu SING (wie Anm. 20), S. 159f.

[23] Kluckhohn, der aus dem Fürstentum Lippe-Detmold stammte, hatte an den Universitäten Heidelberg und Göttingen Geschichte und Jura studiert, war 1856 in Heidelberg promoviert worden und hatte sich 1858 bereits in Heidelberg habilitiert, als er von Sybel nach München geholt wurde. Vgl. den Personalakt von Kluckhohn in UAM, E II N. Vgl. auch GOETZ (wie Anm. 16), S. 284f. Bei seinen Veröffentlichungen – anders als in der Lehre – behandelte Kluckhohn jedoch immer wieder bayerisch-wittelsbachische Themen. Vgl. u.a. August KLUCKHOHN: Ludwig der Reiche, Herzog von Bayern: zur Geschichte Deutschlands im 15. Jahrhundert, Nördlingen 1865; DERS.: Das Testament Friedrichs des Frommen, Kurfürsten von der Pfalz, München 1874; DERS.: Aus dem handschriftlichen Nachlaß Lorenz Westenrieders, Bde. 1-2, München 1881/82.

[24] Zu Rockinger und Löher vgl. Franz Ludwig von BAUMANN: Ludwig von Rockinger, K. Geh. Rat, Reichsarchivdirektor, in: Archivalische Zeitschrift 34 (1915), S. 276-293 und den Nachruf auf Löher in: Chronik der Ludwig-Maximilians-Universität München für das Jahr 1891/92, München 1892, S. 11ff.; Karl HÜSER: Franz von Löher, in: Neue Deutsche Biographie (im folgenden zitiert als NDB) 15, 1987, S. 36f.

[25] So kündigte etwa Rockinger lediglich für das Wintersemester 1873/74 sowie für die Sommersemester 1874, 1875 und 1876 Veranstaltungen mit bayerischer Thematik an.

[26] Zu Giesebrecht vgl. Hermann HEIMPEL: Friedrich Wilhelm Giesebrecht, in: NDB 6, 1971, S. 379-382; KÖRNER (wie Anm. 20), S. 526ff.

[27] Das Thema der Preisaufgabe lautete: Das Herzogthum Bayern zur Zeit Heinrichs des Löwen und Ottos I. von Wittelsbach. Das Ergebnis veröffentlichten Heigel und Riezler 1867 gemeinsam.

[28] Zu Heigel vgl. auch Karl Theodor von HEIGEL, in: W. ZILS (Hg.): Geistiges und künstlerisches München in Selbstbiographien, München 1913, S. 151-156; Karl

Alexander von MÜLLER: Karl Theodor von Heigel, in: DERS.: Zwölf Historikerprofile, Stuttgart, Berlin 1935, S. 61-71.
[29] Zu Ziegler vgl. Walter RUMMEL: König und Kabinettchef. Aus den Tagen Ludwigs II., München 1919.
[30] Vgl. HEIGEL (wie Anm. 28), S. 154.
[31] So etwa Max SPINDLER: Die Kommission für bayerische Landesgeschichte. Gründung und Anfänge, in: DERS., Erbe (wie Anm. 16), S. 127-167, hier S. 135f. Ähnlich auch das Urteil bei Andreas KRAUS: Ein großes Jahrhundert bayerischer Geschichtsschreibung. Sigmund von Riezler und Michael Doeberl zum Gedächtnis, in: DERS., Geschichtswissenschaft (wie Anm. 2), S. 243-259, hier S. 247; Hans-Michael KÖRNER: Karl Theodor von Heigel und die Benutzung der bayerischen Staatsratsprotokolle 1883/84, in: Andreas KRAUS (Hg.): Land und Reich. Stamm und Nation. Probleme und Perspektiven bayerischer Geschichte. Festgabe für Max Spindler zum 90. Geburtstag. Bd. 3: Vom Vormärz bis zur Gegenwart, München 1984, S. 303-319, hier S. 319; KÖRNER (wie Anm. 20), S. 532.
[32] Vgl. Dekan der Philosophischen Fakultät, I. Sektion, an den Senat der Universität München, 21.12.1876, Bayerisches Hauptstaatsarchiv, München (im folgenden BayHStA), MK 17741.
[33] Vgl. Senat der Universität München an das Kultusministerium, 20.1.1877, BayHStA, MK 17741.
[34] Vgl. Senat der Universität München an das Kultusministerium, 24.2.1877, BayHStA, MK 17741.
[35] Verhandlungen der Kammer der Abgeordneten des bayerischen Landtags im Jahre 1877/78, 44. Sitzung am 5.2.1878, Stenographische Berichte II, S. 318.
[36] Vgl. ebd.
[37] Vgl. Verhandlungen der Kammer der Abgeordneten des bayerischen Landtags im Jahre 1877/78, 55. Sitzung am 5.2.1878, Stenographische Berichte II, S. 617.
[38] Vgl. Dekan der Philosophischen Fakultät, I. Sektion, an den Senat der Universität München, 27.11.1878, BayHStA, MK 17741 und Senat der Universität München an das Kultusministerium, 29.11.1878, BayHStA, MK 17741.
[39] Vgl. Ludwig II. an Heigel, 19.7.1879, UAM, E II 601.
[40] Vgl. Heigel an die Philosophische Fakultät, I. Sektion, Universität München, 14.2.1880, BayHStA, MK 17741.
[41] SPINDLER, Kommission (wie Anm. 31), S. 135.
[42] Zu Doeberl vgl. Max SPINDLER: Der bayerische Historiker Michael Doeberl 1861-1928, in: DERS., Erbe (wie Anm. 16), S. 118-126; KRAUS, Jahrhundert (wie Anm. 31).
[43] Zu Riezler vgl. Sigmund von RIEZLER, in: ZILS (wie Anm. 28), S. 300f.; Karl Alexander von MÜLLER: Sigmund von Riezler, in: DERS., Historikerprofile (wie Anm. 28), S. 72-79; AY (wie Anm. 3).
[44] Vgl. RIEZLER (wie Anm. 43), S. 301.
[45] Vgl. Verhandlungen der Kammer der Abgeordneten des bayerischen Landtags im Jahre 1895/96, 244. Sitzung am 5.3.1896, Stenographische Berichte VII, S. 332. Vgl. hierzu auch Veronika EBERTH-HELDRICH: Die Hochschulpolitik des Bayerischen Landtags von 1870-1914, masch. Zulassungsarbeit, Institut für Bayerische Geschichte, Universität München 1959, S. 41.
[46] Vgl. GÜNTER (wie Anm. 21), S. 198.
[47] Verhandlungen der Kammer der Abgeordneten des bayerischen Landtags im Jahre 1897/98, Beilagen-Band XVII, S. 294 und S. 296. Am 12.10.1897 übten die

Münchner Neuesten Nachrichten dann Kritik am scheinbar partikularistischen Ursprung dieses Postulats: „An der Münchner Universität fehlt ein Lehrstuhl für alte, klassische Geschichte, ein Fach, das an einer großen Universität unbedingt vertreten sein muß. Wie man hört wurde auch das Kultusministerium dringend um die Forderung dieses Postens ersucht. Der Erfolg war der, daß im Budget eine Forderung für eine ordentliche Professur mit 6000 M. Gehalt für bayerische Geschichte enthalten ist. Vielleicht gibt in diesem Fall die Personalfrage einen genaueren Aufschluß, woher es auf einmal kam, daß diese Forderung so dringend geworden ist. Sollten die Herren Dr. Daller und Dr. Orterer bereits einen Kandidaten hiefür haben oder gar selbst sich unter den Bewerbern befinden?" Münchner Neueste Nachrichten, 12.10.1897, Nr. 470.

[48] Vgl. Verhandlungen der Kammer der Abgeordneten des bayerischen Landtags im Jahre 1897/98, 409. Sitzung am 24.3.1898, Stenographische Berichte XI, S. 746.

[49] Ebd.

[50] SPINDLER, Kommission (wie Anm. 31), S. 135.

[51] Verhandlungen der Kammer der Abgeordneten des bayerischen Landtags im Jahre 1897/98, 409. Sitzung am 24.3.1898, Stenographische Berichte XI, S. 747.

[52] Noch knapper und eindeutiger wurden diese rein politischen Vorbehalte gegen Riezler in der 52. Fraktionssitzung der Zentrumspartei am 10.2.1898 ausgesprochen. Vgl. Dieter ALBRECHT (Hg.): Die Protokolle der Landtagsfraktion der bayerischen Zentrumspartei 1893-1914. Bd. 1: 1893-1899, München 1989, S. 386.

[53] Vgl. Verhandlungen der Kammer der Abgeordneten des bayerischen Landtags im Jahre 1897/98, 409. Sitzung am 24.3.1898, Stenographische Berichte XI, S. 750f. Daller zitierte eine Passage aus dem Resümee des zweiten Bandes von Riezlers „Geschichte Baierns" und verwies allgemein auf die anti-kirchliche Tendenz in dem 1896 erschienenen Buch „Geschichte der Hexenprozesse in Bayern. Im Lichte der allgemeinen Entwicklung dargestellt". Bezüglich der von Daller vorgebrachten Kritik vgl. auch Bernhard LÖFFLER: Franz Ludwig von Baumann, Georg von Jochner und Georg von Hertling. Anmerkungen zur Politik- und Wissenschaftsgeschichte Bayerns im Kaiserreich, in: Historisches Jahrbuch 116 (1996), S. 72-101, hier S. 76-79.

[54] Vgl. Verhandlungen der Kammer der Abgeordneten des bayerischen Landtags im Jahre 1897/98, 409. Sitzung am 24.3.1898, Stenographische Berichte XI, S. 751.

[55] Vgl. Hans-Michael KÖRNER: Parlamentarisierung und Eigenstaatlichkeit. Gibt es um 1900 eine Wende in der bayerischen Politik?, in: Winfried BECKER/Werner CHROBAK (Hgg.): Staat, Kultur, Politik. Beiträge zur Geschichte Bayerns und des Katholizismus. Festschrift zum 65. Geburtstag von Dieter Albrecht, Kallmünz 1992, S. 287-299.

[56] Luitpold an den Senat der Universität München, 14.7.1898, UAM, E II 661.

Mentalitätsgeschichte

Fest, Religion und Erinnerung. Konfessionelles Gedächtnis im Königreich Bayern[1]

Von Stefan Laube

In den fünfziger und sechziger Jahren des 20. Jahrhunderts betrieb man in der Geschichtsforschung vornehmlich aktengesättigte Politik-, dann auf einem Nebengleis spekulativere Ideengeschichte, in den siebziger und achtziger Jahren sah man in Theoriebildung und Quantifizierung der Sozial- und Strukturgeschichte den geeigneten Zugang und in den neunziger Jahren sind im Rahmen der Mentalitäts- und Kulturgeschichte Sensibilität und Empathie gefragt. Präfixe der Geschichte sind Indikatoren des Wandels in den Erkenntnisinteressen historischer Arbeit.[2] So propagierte das Projekt einer Gesellschaftsgeschichte beinahe zwei Jahrzehnte lang die konsequente Hochrechnung historischer Phänomene auf Konstrukte der Ökonomie und Soziologie. Nach ihren Protagonisten hatte das Einzelne keinen eigenen Wert mehr, sondern es erschöpfte sich im Beispiel größerer Zusammenhänge. Strukturen, Klassen, Zahlen und Märkte waren die Schlüsselbegriffe, mit denen man im Dickicht der Überlieferung klarer zu sehen meinte. Vernachlässigt blieb hingegen das, was man Alltagshandeln nennt oder Mentalitäten; die Einflüsse der Geschlechter und des Körpers, der Lebensgeschichten und Symbole und nicht zuletzt der Religion.[3]

Das Thema „Fest, Religion und Erinnerung im 19. Jahrhundert" ist eher diesem jüngsten, aber inzwischen zunehmend etablierten Erklärungsmodell zuzuordnen.[4] Es geht darin um das religiöse Fest als „ein System von Zeichen, Riten, Praktiken und Ideen“[5]. Im „Fest als Medium des kollektiven Gedächtnisses“[6] sucht sich die Gemeinschaft symbolische Ausdrucksformen. Methodisch erwies es sich immer wieder als fruchtbar, im Kleinen das Große zu sehen[7], aus scharf konturierten Einzelmomenten übergreifende Strukturen und Prozesse der Religionsgeschichte abzuleiten.

1845 fand in Eichstätt anläßlich des 1100. Jahrestages der Bistumsgründung ein prunkvolles katholisches Kirchenfest statt, bei dem sich der Magistrat besonders engagierte. Dabei gab die Stadt mehr Geld aus, als sie besaß, langwierige Konflikte mit den Münchner Zentralbehörden waren die Folge; am Ende mußte der Bürgermeister König Ludwig um einen Zuschuß bitten. Bürgermeister Holl hatte ein gutes Gewissen, denn das Fest sei ein „Freudenfest“ gewesen, dessen „würdige Begehung von Seite der Bürger lebhaft gewünscht und verlangt worden sei und dessen Unterlassung den Gemeindebehörden um so mehr zum Vorwurf gereicht hätte, als ein so wichtiger Zeitabschnitt, wie der im Jahre 1845 gefeiert nur einmal in jedem Jahrhundert vorkommen, und Versäumnisse also von der jetzt lebenden Generation nicht mehr gut gemacht werden können.“[8]

Ein halbes Jahr später, 1846 in Nürnberg: Am 18. Februar jährte sich zum 300. Mal der Todestag Luthers. Massive Konflikte zwischen Staat und Kirche waren programmiert, da ungenehmigte Kirchenfeiern veranstaltet wurden, an denen der Magistrat entscheidend mitwirkte. Wieder hatte der Bürgermeister ein gutes Gewissen. Der langjährige Amtsinhaber Binder rechtfertigte sich gegenüber dem König; unmißverständlich wies er darauf hin, daß sich in Nürnberg, „wo cirka 42 000 Protestanten leben“, das religiöse Bedürfnis von immer mehr Bürgern zur Geltung gebracht hätte.[9] Konfessionsbewußte Kommentare in der Lokalpresse sprachen von einem Gedenktag, der „für die Protestanten einer der bedeutungsreichsten der Zeit“ sei und an die „größte That germanischer Geistes- und Freiheitskraft“ erinnere.[10] Binder hätte die Verantwortung in Fragen der Aufrechterhaltung der öffentlichen Sicherheit gehabt; ihm sei daher keine Wahl geblieben, als gegen die Richtlinien der Obrigkeit zu handeln.[11]

Diese Beispiele aus der Regierungszeit des Innenministers Abel, die als Epoche religiösen Aufbruchs, aber auch als Konfliktzeit zwischen Staat und Kirche in die Geschichte einging[12], zeigen wichtige Gesichtspunkte, wenn man sich für Fest, Religion und Erinnerung im 19. Jahrhundert interessiert: das nicht immer konfliktfreie Verhältnis von staatlichen und kirchlichen Behörden, das aus der Retrospektive geschöpfte regionale Selbstbewußtsein, das intensive Engagement von Magistraten und Bürgern sowie die konfessionsübergreifenden Parallelen religiöser Feste. Überhaupt wird an diesen Beispielen deutlich – und vielleicht kommt man mit diesem Befund auch dem auf die Spur, was mit dem eher schillernden Begriff einer Mentalitätsgeschichte gemeint sein könnte –, daß es jenseits der auf Rationalität, Effizienz und Zentralisierung beruhenden Staatsdoktrin des Königreichs Bayern der Anfangsphase, eben auch Gegenkräfte gab, die sich spontan, dezentral und nicht selten unkontrolliert mobilisieren konnten.

Eine Methode, die sowohl beschreibt als auch vergleicht sowie die Veränderungen im Laufe der Zeit zeigen kann, ist besonders geeignet, die historische Vielfalt von Kirchenfeiern aufzudecken: Institutionsgeschichtlich geht es immer wieder um das bisweilen spannungsgeladene Verhältnis staatlicher und kirchlicher Behörden, alltagsgeschichtlich um die Frömmigkeits- und Ritualhandlungen der Gläubigen, mentalitätsgeschichtlich um den Konflikt- oder Kooperationsgrad konfessioneller Koexistenz, landesgeschichtlich um regionale Identitätsstrukturen und gedenkhistorisch um die Vermittlung mythischer Geschichtsbilder in beiden Konfessionen. In religiösen Gedenkfesten treffen diese Kriterien in einer genau zu bestimmenden Orchestrierung aufeinander.

Stichwort „Institutionen“[13]: Vorbereitung, Ablauf und Wirkung eines Festes verliefen nach einem vergleichbaren Muster. Insbesondere während der Vorbereitungsphase kann der Kooperationsgrad und das Konfliktpotential im Verhältnis zwischen Staat und Kirche eingeschätzt werden. Seit dem Investiturstreit gelten geistliche und weltliche Herrschaft als autonome, aber dennoch eng miteinander verzahnte Institutionen. Gerade im 19. Jahrhundert brachen immer wieder Machtkonflikte zwischen Staat und Kirche aus, vornehmlich in Fragen der Bildung, Erziehung, Ehe und Familie, aber auch, wenn es um die Veranstaltung von Kirchenfeiern ging. Die Konfessionsjubiläen galten in der Regel als außerordentliche Kirchenfeiern, waren daher an staatliche Genehmigungen gebunden. Kurie, Ordinariate, Konsistorien, Stadtpfarreien auf der einen Seite; Innen- bzw. Kultusministerium, Regierungspräsidien, Landgerichte und Stadtmagistrate auf der anderen Seite korrespondierten in unterschiedlichen Kombinationen miteinander, um ein Fest bis zur endgültigen Realisierung zu planen. Das Religionsedikt der bayerischen Verfassung, das Konkordat und das Protestantenedikt, zudem die staatlichen Verordnungen gingen immer wieder in einschlägigen Paragraphen ausführlich auf das öffentliche Phänomen von Kirchenfeiern ein.[14] Hier bot sich schnittpunktartig und temporär eine kirchliche Erscheinung, an der weltliche und geistliche Behörden sowie große Teile der Gesellschaft beteiligt waren. Von Belang sind folgende Fragen: Welche Vorsichtsmaßregeln mußten bei derartigen Massenveranstaltungen getroffen werden? Welche Widerstände waren zu überwinden und von wem gingen sie aus? Wer hingegen trieb die Festvorbereitungen voran – einzelne Laien, feste organisatorische Zusammenschlüsse der örtlichen Bürgerschaft, die kirchliche Hierarchie oder einzelne Geistliche? Dann: Wie hoch waren die

Kosten der Feiern, und wer trug sie? Schließlich: Wie konnten sich die Behörden der evangelischen Kirche, die stets die Position einer starken Minderheit innehatten, mit der Bürokratie und Krone eines mehrheitlich katholisch geprägten Staates arrangieren? Welche konkreten Konflikte barg andererseits das rechtliche Spannungsfeld zwischen den Bestimmungen des Konkordats und den Gesetzen der bayerischen Verfassung?

Eine Kirchenfeier war zunächst ein Gegenstand des öffentlichen Rechts im Spannungsfeld kirchlicher und staatlicher Institutionen sowie verschiedener gesellschaftlicher Gruppen. Im ersten Drittel des 19. Jahrhunderts waren kirchliche Erinnerungsfeiern noch nicht selbstverständlich. Die kirchlichen Bittsteller beriefen sich in ihren Genehmigungsanträgen immer wieder auf Geschichte und Tradition sowie auf das Prinzip der Gewissensfreiheit. Archivalisch fundierte Geschichtskenntnis sowie konstitutionelle Grundsätze kennzeichneten die Argumente der Kirche, eine Veranstaltung gegenüber dem Staat durchzusetzen.

In der ersten Hälfte des 19. Jahrhunderts basierte die Genehmigung ausschließlich auf dem Religionsedikt; für die vorbereitenden Maßnahmen waren allein die etablierten Institutionen von Ordinariat, Konsistorium und Magistrat zuständig. Die Laienschaft organisierte sich noch nicht in Festkomitees. Insbesondere im ersten Drittel des 19. Jahrhunderts – während der Konstituierungsphase der Kirchenverfassung – gingen die Initiativen zur Veranstaltung einer Kirchenfeier von der Basis aus: in der evangelischen Kirche von einzelnen Pfarrgemeinden, in der katholischen Kirche von bürgerlichen Laiengruppen oder dem Magistrat. Die Stadt war in Eichstätt oder Freising hochgradig engagiert, da das Bistumsjubiläum auch als Stadtgründungsfest angesehen werden konnte. Die evangelische Kirchenleitung profitierte hingegen von den gut sortierten Pfarrarchiven vor Ort, die in vielen Fällen über die feierlichen Gepflogenheiten früherer Zeiten zuverlässig Auskunft gaben. Das institutionelle Eigengewicht der Kirchen nahm im Laufe des Vormärz stetig zu, so daß in den vierziger Jahren die Bischöfe mit ihren Ordinariaten die Bistumsjubiläen schon lange im voraus forcierten. In der evangelischen Kirche tat sich hingegen damals eine Kluft zwischen der lokalen Kirchenstruktur in den evangelischen Traditionsgebieten und dem Oberkonsistorium in der Münchner Diaspora auf. Insbesondere den Pastoren sowie den konfessionsbewußten Honoratioren in den neubayerischen Regionen von Schwaben und Franken, wie etwa dem eingangs zitierten Bürgermeister Binder, war es zuzuschreiben, daß der evangelische Gedenkzyklus in den 1840er Jahren weiter intensiviert werden konnte.

Das Religionsedikt von 1818 sicherte den Kirchen zu, sich liturgisch zu entfalten. Weltliche Behörden übten hingegen nur Schutzfunktionen aus und garantierten die öffentliche Ruhe, Sicherheit und Ordnung. Besonders hohe Sicherheitsstandards wiesen die katholischen Kirchenfeiern auf, die als zentralisierte Veranstaltungen eine Magnetwirkung ausübten und Zehntausende von Menschen anzogen. Gerade für vormärzliche Verhältnisse kam so an einem bestimmten Ort eine ungewöhnlich große Menschenmenge zusammen. Umso detaillierter fiel der polizeiliche Katalog der Sicherheitsmaßnahmen aus. Die örtlichen Magistrate versorgten die Pilger mit Unterkünften, Getränken und Nahrungsmitteln. Die Kooperationsbereitschaft der weltlichen Behörden war in der Regel immer vorhanden; nur in der Kulturkampfzeit demonstrierten Beamte von Staat und Stadt ihre Einstellung zur Religion, indem sie Einladungen ignorierten und der Kirchenfeier demonstrativ fernblieben. Dies führte in den 1880er Jahren zum Erlaß diverser Verordnungen, inwieweit sich Vertreter der Weltlichkeit bei diesen Feiern engagieren sollten. Hier war insbesondere die Ebene symbolischer und repräsentativer Kooperation angesprochen, wenn die Kleidung der Beamten beim Gottesdienst oder der Fahnenschmuck an öffentlichen Gebäuden zum Gegenstand von Ministerialentschließungen wurden.

Evangelische und katholische Kirche nutzten in der zweiten Hälfte des 19. Jahrhunderts den rechtlichen Spielraum aus, der durch die neuen Vereinsgesetze nach der Revolution von 1848 geschaffen worden war. Moderne Formen der Pressearbeit, der Versammlungs- und der Vereinigungsfreiheit wurden für kirchliche Interessen intensiv in den Dienst gestellt. Im Laufe des 19. Jahrhunderts, spätestens seit der Kulturkampfzeit, verwandelten sich die Kirchenfeiern in komplexe massenreligiöse Veranstaltungen, die von spontan gebildeten Festkomitees organisiert wurden. Insbesondere der Laienkatholizismus griff im gesamtdeutschen Rahmen, aber auch auf lokaler Ebene, auf diese zweckgebundene, punktuelle, temporäre, bürgerliche Assoziationsform zurück, in der aber immer noch die Geistlichkeit eine ausschlaggebende Rolle spielte.

Stichwort „Fest- und Frömmigkeitspraxis"[15]: Im Christentum besteht neben der Praxis des stillen Gebets das Bedürfnis nach öffentlicher Selbstdarstellung in geschlossenen Räumen oder unter freiem Himmel. Ortschaften verwandelten sich zeitweise in sakrale Landschaften: Triumphbögen, Bäume, Inschriften, Böllerschüsse, Posaunenchöre und vieles andere mehr schufen ein Bühnenbild, in dem sich Festzüge und Prozessionen präsentierten. Die Konfessionsgemeinschaft trat mit Fahnen unter Glockenklang und Musik auf die Straße; in den Prozessionen und Festzügen wurde eine harmonische, noch weitgehend ständisch geprägte Gesellschaftsordnung versinnbildlicht. Das würdige und allmähliche Schreiten im Festzug verlangte von den Teilnehmern eine bestimmte Körperlichkeit und ein diszipliniertes Verhalten.

Die unter der Federführung der Laienschaft agierenden Festkomitees zeigen an, wie sich die religiöse Festkultur im Laufe des 19. Jahrhunderts verbürgerlichte. Andererseits verkirchlichte sich die Frömmigkeit immer mehr. Nicht nur mit Hilfe von Predigt, Hochamt, Vesper, Ohrenbeichte und Volksmissionen, sondern besonders über die in Massenauflage verbreiteten Jubiläumsbroschüren in der katholischen Kirche oder Leitfäden zum Religionsunterricht in der evangelischen Kirche konnte der volksreligiöse Impetus in einem gleichsam wechselseitigen Prozeß kirchlich eingehegt werden.

Die Kirchenfeiern verwandelten sich gerade innerhalb des Kirchenraums zur geschlossenen Gesellschaft. Hier konnten sich konfessionell divergierende Frömmigkeitspraktiken noch mehr entfalten, als dies unter freiem Himmel, unter den Auspizien der Andersgläubigen, möglich gewesen war. Während in den – teilweise auch üppig dekorierten – evangelischen Kirchen die eher schlichte Symbolik von Kreuz, Altar und Bibel dominant blieb, spielte in den katholischen Bischofskirchen der verdinglichte Reliquienkult eine große Rolle, der aber zeittypischerweise auch verwissenschaftlicht werden konnte.[16] Im Laufe des 19. Jahrhunderts differenzierte sich auch die evangelische Liturgik aus: Neue Lieder, Hymnen und Deklamationen gestalteten die Gottesdienste abwechslungsreicher, ebenso wie in der katholischen Kirche Reliquien- und Allerheiligstenprozessionen. Medien der prunkvollen Selbstdarstellung im Katholizismus waren aber gleichzeitig stille Messen, Vespern, Andachten und Betstunden, die den notwendigen religiösen Ernst gewährleisteten.

Im Falle der Festreligiosität verzahnen sich besonders auffällig offizielle Kirchenreligion und populäre Frömmigkeit.[17] Gerade im 19. Jahrhundert waren populäre Religiositätsformen nie von ekklesiologischen Voraussetzungen unabhängig. Wenn von der Basis aus sich religiöse Energien verselbständigten, bestand von amtskirchlicher Seite sofort die Neigung, diese „Religiosität der Vielen“[18] zu absorbieren und in ihr offizielles Repertoire zu integrieren. In solchen Feierlichkeiten sah die Kirchenhierarchie andererseits eine willkommene Gelegenheit, theologische und dogmatische Einsichten dem Kirchenvolk verständlich zu machen. So meinte schon der konfessionell besonders feinfühlige

Volkskundler Wilhelm Heinrich von Riehl: „Die Kirche wird schwach, sobald sie sich dem Völkerleben entfremdet, [...] sie wird stark und verjüngt sich, sobald sie wieder in unmittelbare Berührung mit dem Volke und seinen praktischen Bedürfnissen tritt.“[19] Religionsgeschichtliche Flugschriften, Traktate, Kalendererzählungen, Predigten, Reden, dazu auch Gedichte, dramatische Aufführungen und Andachtsbilder stellten zentrale Medien einer kirchlich forcierten Popularisierung der oft nur Experten zugänglichen Lehre von Konfession und Kirche dar. Innovationen bei den Reproduktionstechniken führten zu ihrer immer effizienteren Verbreitung.

Im gesamten 19. Jahrhundert gelang es der Kirche immer besser, ihre Kompetenzen zur Einhegung populärer Frömmigkeit auszuweiten, bis eine von oben gesteuerte, disziplinierte Massenreligiosität entstehen konnte. Neben diesen kirchlichen Akzenten weitete sich die Festpraxis auch auf bürgerliche Verhaltensweisen aus. In der ersten Hälfte des 19. Jahrhunderts blieben die Kirchenfeiern in geschlossenen Räumen hauptsächlich auf die Kirche beschränkt, in der zweiten Hälfte hingegen griff man zunehmend auf weltliche repräsentative Räume wie Wirtshaus- und Rathaussäle zurück. Spätestens seit Anfang der 1880er Jahre begann sich das Festrepertoire nicht nur immer mehr auszuweiten, sondern auch zu diversifizieren, so daß am Ende die Kirchenfeier in einen streng kirchlichen und in einen weltlichen Teil auseinanderfiel. Auch die Vielfalt der Laieninitiativen war Resultat der allgemeinen Verbürgerlichung. Im Rahmen obrigkeitlich-organisatorischer Richtlinien konnten sich bürgerliche Initiativen zunehmend selbst entfalten. Dies bedeutete, daß breite Teile der Gesellschaft in den Festkomitees mitarbeiteten und neue Beschäftigungsformen der aufkommenden Freizeitkultur integriert werden konnten. Es wurden nicht nur Reden auf Festversammlungen gehalten, sondern auch Schauspiele gegeben und sportliche Wettkämpfe ausgetragen. Zudem befriedigten aufwendige und differenzierte Illuminationen die Schaulust der Gläubigen. Populäre Unterhaltungsmusik aus Oper und Konzert, Geschichtsvorträge, Theaterstücke, subtil differenzierte Beleuchtung waren in den letzten beiden Jahrzehnten aus dem Repertoire einer Kirchenfeier nicht mehr wegzudenken. Auf der anderen Seite konnte sich die Kirchenmacht immer stärker festigen; ihr Handlungsspielraum wurde immer größer, so daß die Veranstaltung einer Kirchenfeier nicht mehr in Frage gestellt wurde.

Stichwort „konfessionelle Milieus“[20]: Während sich heutzutage zunehmend konfessionelle Unterschiede abschleifen, stellte Monokonfessionalität in der Frühen Neuzeit ein staatsrechtliches Prinzip zur Schaffung eines einheitlichen Untertanenverbandes dar. Im 19. Jahrhundert entwickelten sich hingegen konfessionelle Fragen und Konflikte zu einem einflußreichen Faktor in der politischen Öffentlichkeit. Einerseits war der Rekonfessionalismus Indikator einer rückwärtsgewandten Mentalität im Zuge der einsetzenden und fortschreitenden Modernisierung und Mobilisierung; Krisenphänomene und Orientierungsverluste konnten in konfessioneller Verkleidung besser verarbeitet werden. Andererseits war die friedliche Koexistenz verschiedener Konfessionen in einem Staat Voraussetzung für ein auf Religions- und Gewissensfreiheit basierendes aufgeklärt-rationales Gemeinwesen.

Im neuen vergrößerten bayerischen Königreich stand knapp ein Drittel Protestanten zwei Dritteln Katholiken gegenüber. Das Prinzip der Religions- und Gewissensfreiheit funktionierte mit wenigen Abweichungen einwandfrei.[21] Dennoch lebte in der Wahrnehmung der bayerischen Pastoren das Gefühl, sich gegenüber einer Übermacht behaupten zu müssen, latent weiter. In der evangelischen Kirche Bayerns bestand bei Kirchenfeiern einerseits eine Strategie der interkonfessionellen Anpassung; andererseits versuchte sie sich in der Diaspora oder in konfessionsgemischten Regionen von den katholischen Festbräuchen besonders auffällig abzugrenzen. Immer wieder fällt auf, daß die in einer mehrheitlich katholischen Umwelt gelegenen Städte wie Augsburg und Regensburg auf die Veranstaltungen von Festzügen verzichteten, nicht zuletzt, um vor den Augen der Katholiken evangelische Spiritualität umso deutlicher herauszustellen. Andererseits überwog auch die Überzeugung, daß man auf dem Gebiet der Prozessionen den Katholiken sowieso nicht gewachsen sei.

Die sich in dieser Zeit nur defensiv darstellende evangelische Festreligiosität verweist auf ein grundlegendes, kollektivpsychologisches Faktum, das auch auf katholischer Seite im Kulturkampf in entgegengesetzter Form historisch wirksam werden sollte: Fühlt sich eine Gemeinschaft ungerecht behandelt oder sogar unterdrückt, so schließt sie sich umso fester zusammen und bekennt sich zu ihren Grundwerten. Zumindest in der Wahrnehmung zahlreicher Pfarrer sowie konfessionsbewußter Laien befand sich die evangelische Kirche in den vierziger Jahren sowie die katholische Kirche im Kulturkampf in einer derartigen Situation. Gottesdienste, das gesprochene Wort, Betstunden prägten die evangelischen Jubiläen, auf Festzüge wurde weitgehend ganz verzichtet. Ähnlich wie in den 1840er Jahren resultierte im Kulturkampf aus staatlichem Druck konfessionelle Identität; gerade dann besann sich die katholische Kirche in Festen auf ihr Selbstverständnis, wenn sie in bayerischen Städten unter Massenbeteiligung Prozessionen veranstaltete.[22] Reliquienkult, prunkvolle Prozession und ein besonders feingliedriger Vereinskatholizismus kennzeichneten die katholischen Jubiläen. Als unter Druck stehende, starke Minderheit in Bayern praktizierten die Protestanten, als in die Defensive geratene Konfession im neuen Reich pflegten die Katholiken eine besonders typische Spiritualität und Frömmigkeit.

Der Prozeß der Rekonfessionalisierung – im gesamten 19. Jahrhundert ein nicht zu unterschätzendes ideengeschichtliches Faktum – erreichte um die Jahrhundertwende seinen Höhepunkt.[23]

Wie unversöhnlich sich in ihrer bekenntnisfesten Ideologie das evangelische und katholische Lager bei festreligiösen Aktionen gegenüberstanden, illustriert insbesondere die Ausgestaltung der Gustav-Adolf-Feier inklusive ihrer Begleiterscheinungen im Jahr 1894.

Stichwort „regionale und nationale Identitäten"[24]: Bistumsjubiläen und Heiligentage sind regionale Veranstaltungen. In der Phase der staatlichen Modernisierung und Zentralisierung orientieren sie sich an territorialen Einheiten des Mittelalters und der Frühen Neuzeit. Aber auch die integralistischen Reformationsjubiläen hatten immer eine lokalgeschichtliche Komponente, die an die Einführung der Reformation in einzelnen Städten oder Regionen erinnerte. Zu fragen ist deshalb auch, wie sich gegenüber der zunächst vor allem von der Bürokratie ausgehenden Idee bayerischer Staatsnation und der sich später in der politischen Öffentlichkeit artikulierenden Kategorie der deutschen Nation konfessionsspezifische Festkulturen behaupten konnten. Im Spannungsfeld landes- und regionalgeschichtlicher Interessen eröffnet sich ein integratives Ferment verschiedenster territorialer Identitätsmuster: Von kleinräumigen Solidarzusammenhängen aus der eigenen Stammesgeschichte bis zu modern-zentralisierten Einheitsideen aus Staat und Gesellschaft.

Brachen sich infolge der allgemeinen Rekonfessionalisierung in den mittelfränkischen Regionen zunehmend desintegrierende Kräfte des Protestantismus Bahn, konnte die, vor allem von geschichtlicher Kontinuität geprägte, katholische Identität die unter- und oberfränkischen Regionen sowie das katholische Schwaben mit den bayerischen Stammländern enger zusammenschweißen, als dies bisher möglich gewesen war.

Im Kulturkampf spiegelten sich im festreligiösen Katholizismus die Identitätsstrukturen zwischen lokalem Heimatgefühl, bayerischem Patriotismus und kleindeutscher Nation in neuer

Gewichtung. Am 18. Juni 1871 fand in Deutschland eine streng voneinander abgegrenzte Doppelfeier statt, die die bipolare Identität des neugegründeten Deutschen Reiches reflektierte. Während in Berlin das siegreiche Militär Festumzüge veranstaltete, hielt der katholische Teil Deutschlands päpstliche Gedenkfeiern ab. Dennoch griff der festreligiöse Diskurs immer wieder Formen nationaler Integrationsmuster auf, die sich nicht nur auf Bayern, sondern zunehmend auch auf Deutschland bezogen. Waren die Katholiken als politische Gruppe im Deutschen Reich noch lange nicht integriert, argumentierten die Initiatoren der Papstfeiern insofern national, als sie im Vergleich zu anderen Nationen auf den besonders engagierten Festeifer gerade aus Deutschland hinwiesen; Heilige, wie Ulrich oder Albertus Magnus, wurden nicht nur katholisch-kirchlich, sondern eben auch national gedeutet; pathetische Wagnermelodien umrahmten die Kirchenfeiern musikalisch.

Gerade die Erinnerung transportierte regionale Identitäten, die im wilhelminischen Deutschland und im Ersten Weltkrieg zunehmend nationale Akzente erhielten. Anläßlich des 900. Jahrestages der Heiligsprechung Ulrichs im Jahr 1893 sprach der Militärpfarrer über Ulrich „als Augsburgs Kriegsheld im Bischofsgewand“[25]. Er analogisierte den deutsch-französischen Krieg mit der Lechfeldschlacht gegen die Ungarn. 1917, als an Luthers Thesenanschlag gedacht wurde, verglichen die Geistlichen die Krisensituation der Gegenwart mit der aus dem Dreißigjährigen Krieg, um der Gemeinde mit Hilfe ihres konfessionellen Selbstverständnisses Mut zu machen. So beschrieb der Pastor aus Nördlingen ausführlich die hoffnungslose Situation Nördlingens im Jahr 1634; aber das „Gottesheldentum unserer Ahnen“ habe dafür gesorgt, daß das lutherische Bekenntnis in den Mauern der Reichsstadt erhalten blieb.[26]

Die eben genannten Beispiele verweisen auf das letzte Strukturmerkmal, auf das im weiten Spektrum der Geschichtskultur in letzter Zeit besonders oft und gerne zurückgegriffen wird. Stichwort „Erinnerung“ oder „Gedächtnis“[27]: In den Kirchenfeiern des vorigen Jahrhunderts waltete nicht nur eine besondere Ordnung der Dinge. Jenseits der rein materiellen Sphäre erstreckte sich die komplementäre Ebene der Bilder und Symbole, der Erinnerungen und Mythen. Mit der Gedächtnisfunktion erfaßt man eine ursprüngliche Bedeutung des Festes. Schon in frühgeschichtlicher Zeit fanden Feste deswegen statt, weil man sich Ereignisse aus der Mythologie wieder vergegenwärtigen wollte. Das Fest hatte eine eigene Zeitlichkeit, nicht nur, weil es an ein genau fixiertes Datum gebunden war, sondern insbesondere, weil es immer auf eine vergangene Zeit bezogen blieb und diese lebendig machen wollte.[28] Im Gegensatz zu den sonst vorherrschenden Grauschattierungen in den Geschichtsbildern der Wissenschaft, waren die Predigten von einem teilweise drastischen Dualismus geprägt. Die Pfarrer verschränkten Zeitebenen, belegten vergangene Epochen mit einer modernen Begrifflichkeit, um die permanente Gegenwart des Mythos zu demonstrieren. Kerndaten – für den Katholizismus vor allem aus der Spätantike und dem frühen Mittelalter, für den Protestantismus fast ausschließlich aus dem 16. Jahrhundert – verankerten sich im kollektiven Gedächtnis der Gläubigen.

Diese Gedächtnisfeiern unterschieden sich vom Erinnerungsobjekt her: Papstjubiläen gedachten der kirchlichen Amtslaufbahn noch lebender Personen, Heiligenfeste in der Regel des Todes schon lange verstorbener Personen oder ihrer posthumen Karriere im Rahmen kanonisierter Heiligsprechung. Jubiläen erinnerten aber auch an die Gründung von Bistümern oder an die lokale Einführung der Reformation. Gerade die Reformationsjubiläen stellten herausragende epochale Ereignisse, wie Luthers Thesenanschlag oder die Übergabe der Augsburger Konfessionsschrift, dann nicht nur den Tod, sondern auch den Geburtstag der

Reformatoren in das Zentrum der Retrospektive. Die Dynamik des immer größere Teile der Gesellschaft prägenden Fortschrittsbewußtseins forderte zum Ausgleich und zur Orientierung Kontemplationen und Aktionen des Rückblicks heraus. Artikulieren konnten sich vornehmlich Geistliche, Gelehrte und Lehrer, die aus ihrer Gegenwart mit Hilfe ihrer Phantasie und auch ihres Wissens anschauliche Epochenbilder aus der Reformation, den Glaubenskriegen, der Spätantike und dem Frühmittelalter zeichneten. In den Reden und Flugschriften spiegelte sich immer wieder die aktuelle Standortgebundenheit des Autors.

Kirchenfeiern waren Seismographen des politischen Zeitgeistes. Aber: Politische und soziale Spannungen, die sich nur eine Woche später in der Julirevolution von 1830 oder in der Räterevolution von 1918 entladen sollten, reflektierten sich noch nicht einmal ansatzweise in den Predigten, die die Pfarrer anläßlich der Reformationsjubiläen kurz vor den Zäsuren hielten. Dann war der politische Grad einer Kommemoration weniger von dem Ereignis abhängig, dessen gedacht wurde, sondern von konkreten, politisch-gesellschaftlichen Prozessen, die im Vorfeld der Feier die geistige Situation der Zeit prägten. Von epochalen politischen Ereignissen hingegen, die kurz nach der Feier historisch wirksam werden sollten, ahnten die Redner in der Regel nichts.

Predigten und Reden mußten populär verfaßt sein, ohne den Bildungsanspruch aufzugeben. Der Pfarrer bediente sich dabei meist einer symbolisch-metaphorischen Ausdrucksweise und verquickte pastoral-theologische Anliegen mit politisch-gesellschaftlichen Interessen. Spätestens seit den Befreiungskriegen breitete sich nicht nur in der evangelischen Kirche die politische Zeitpredigt aus. Der Nationsbildungsprozeß machte sich über das gesamte 19. Jahrhundert in den Predigten bemerkbar, schon von Anfang an bei den Protestanten, mit Verspätung und nicht so pointiert bei den Katholiken. Auch Antipathien gegen Frankreich und sein politisches System wurden schon frühzeitig konfessionenübergreifend artikuliert. Den deutschen Einigungskrieg von 1870 integrierten ziemlich rasch die Festinitiatoren katholischer Kirchenfeiern. Jubiläumspredigten beschäftigten sich aber auch immer wieder am Leitfaden des Jahrhundertbegriffs mit der Zeitlichkeit; prophetische Zukunftsschau wechselte mit nostalgischer Retrospektive ab, wobei die Katholiken auf eine – zum Teil weit über ein Jahrtausend andauernde – Kontinuität zurückblicken konnten. Kirchenfeiern konnten sich so in Propagandaveranstaltungen des religiösen Glaubens zur Eindämmung der um sich greifenden Tendenzen der Entkirchlichung und des säkularen Zeitgeistes verwandeln. Immer wieder betonten die Geistlichen in ihren Epochenbildern die umfassende Zivilisationskraft des Christentums im Frühmittelalter oder während der Reformation im 16. Jahrhundert.

In der zweiten Hälfte des 19. Jahrhunderts verlagerten sich die Formen des gesprochenen Wortes verstärkt auf Reden, Toasts und Ansprachen der Laien, da zunehmend bürgerliche Festversammlungen die Kirchenfeiern prägten. Dann wurde die Kirchengeschichte auf die Bühne gebracht; man führte lebende Bilder auf. Die Erinnerung begann sich zu visualisieren, und 1917 konnten sogar schon Lichtbildervorträge gezeigt werden. Auch der Bereich nonverbaler Vermittlungsformen in Requisiten, Kulissen oder Memorabilien nahm einen immer größeren Raum ein. Begünstigt von der industriellen Massenproduktion vertrieben die Festinitiatoren zahlreiche Andachtsbilder, Büsten, Münzen und sonstige Kunstgegenstände und Devotionalien.

Der stets auf Wiederholung beruhende, bei Jubiläen zyklisch wiederkehrende Mythos stand dem modernen Geschichtsdenken mit seinem einmaligen, in die Zukunft gerichteten Entwicklungsgedanken entgegen. Geschichte und Gedächtnis waren Gegensätze. Dennoch hat auch die Kommemoration eine historische Dimension.[29] So fällt auf, daß sich die Erinnerung an den Mythos immer mehr personalisierte.[30] Um die Jahrhundertwende standen

Figuren wie Luther, Melanchthon, Gustav Adolf und die Heiligen zunehmend im Zentrum der Retrospektive, in der ersten Hälfte des 19. Jahrhunderts war hingegen vornehmlich an Institutionen oder Ereignisse gedacht worden. Selbst beim Reformationsjubiläum von 1817 stand in Bayern Luther eher im Hintergrund des Gedenkens. Kirchenfeiern reflektierten somit allgemeine Tendenzen aus Geschichtswissenschaft und Denkmalsbewegung. Nicht nur der nationale Gedanke und die soziale Frage spiegelten sich an den herausgehobenen Figuren. Im Zentrum stand immer eine mythische, transhistorische Persönlichkeit, die mit nachahmenswerten Tugenden der Bürgerlichkeit belegt wurde. Der Heroismus eines Ulrich während der Lechfeldschlacht oder eines Gustav Adolf im Dreißigjährigen Krieg konnte den vaterländischen Geist der Zuhörer inspirieren, ebenso wie das idyllische Familienleben Luthers oder das über Heilige propagierte sittsame Eheleben Wertmaßstäbe der sich allmählich durchsetzenden bürgerlichen Kleinfamilie setzte.

In der Verknüpfung von Kirchenreligion mit geschichtlicher Erinnerung ist eine adäquate Religionsform des 19. Jahrhunderts beschrieben worden. Diese Verknüpfung zeigt, daß Traditionsorientierung und Gegnerschaft gegenüber dem Prozeß der Moderne die Massenmobilisierung bei katholischen und evangelischen Festen im 19. Jahrhundert nur unvollständig beschreiben. Die massive Nutzung zeitgemäßer Formen der Meinungs- und Presse- sowie der Versammlungs- und Vereinigungsfreiheit, effiziente Organisationsstrukturen, die konsequente Einlösung der Religions- und Gewissensfreiheit, genau reglementierte, arbeitsteilige Rituale, zahlreiche in Gasthöfen, Festsälen und anderen repräsentativen Räumen der Gesellschaft veranstaltete profane Veranstaltungen, weltbejahende Musik, die Nutzung moderner Techniken zur Dekorierung von Stadt und Kirche, die wirkungsvolle Einhegung volksreligiöser Artikulationen in die institutionellen Kanäle der

Kirche und nicht zuletzt die Integration nationalen Gedankenguts sind wichtige Elemente moderner katholischer Gedenk- und Festreligiosität, die mit der Revolution und Säkularisierung ambivalent verbunden blieb.

[1] Ausführlich nachzuschlagen sind die hier vorgetragenen Ergebnisse mit den dazugehörigen Belegen in Band 118 der Schriftenreihe zur bayerischen Landesgeschichte. Vgl. Stefan LAUBE: Fest, Religion und Erinnerung. Konfessionelles Gedächtnis in Bayern von 1804 bis 1917, München 1999.

[2] Jüngste Aufdeckungen zur deutschen Historiographiegeschichte stellen diese Paradigmenwechsel unter einen generellen Verdacht eines Etikettenschwindels. So verwandelte sich das, was im NS-Regime Volkstumsgeschichte genannt worden war, unter den Rahmenbedingungen des Kalten Krieges auf einmal in eine innovative Sozial- und Strukturgeschichte; vgl. dazu die auf dem Frankfurter Historikertag (1998) von Otto Gerhard Oexle und Winfried Schulze geleitete Sektion „Deutsche Historiker im Nationalsozialismus". Diese Diskussion lenkt m.E. den Blick wieder auf den Kern historischer Forschung, der allen gelungenen Studien jeder historischen Schule gemeinsam ist: Die Erschließung eines reichhaltigen, bisher unbearbeiteten Quellenkorpus, der nach den rationalen Kriterien des gesunden Menschenverstandes ausgewertet wird.

[3] S. Hans-Ulrich WEHLER: Die Herausforderung der Kulturgeschichte, München 1998.

[4] Es bleibt bei der Quellenlektüre einer ontologischen Grundeinstellung verpflichtet, d.h., daß das, was sich in den Akten niedergeschlagen hat, auch wirklich passiert ist; sie grenzt sich somit von postmodernen Richtungen des „linguistic turn" ab, die nicht nur nicht mehr an historischen Ereignissen interessiert sind, sondern sie zugunsten einer nur noch im Text zu erkennenden, kontextlosen Realität in die Fiktion drängen, vgl. klärende Gedanken bei: Richard J. EVANS: Fakten und Fiktionen. Über Grundlagen historischer Erkenntnis, Frankfurt a.M. 1998.

[5] Emile DURKHEIM: Elementare Formen des religiösen Lebens, Frankfurt a.M. 1981 (zuerst 1912), S. 521.

[6] Vgl. Jan ASSMANN: Der zweidimensionale Mensch. Das Fest als Medium des kollektiven Gedächtnisses, in: DERS.: Das Fest und das Heilige. Religiöse Kontrapunkte zur Alltagswelt, Göttingen 1991, S. 13-31.

[7] Hier gibt es zahlreiche, noch nicht hinreichend gewürdigte Berührungspunkte zwischen Mentalitäts- und Landesgeschichte.

[8] Bürgermeister Holl an das Innenministerium, 11.5.1850, Stadtarchiv Eichstätt 1732.

[9] Binder an Ludwig I., 4.4.1846, Staatsarchiv Nürnberg, Reg. K.d.I. (Abg. 1968), tXIV 210.

[10] Mittelfränkische Zeitung, Nr. 50/51, 20.2.1846.

[11] Jakob Friedrich Binder (1787-1856) war der erste Bürgermeister nach der Aufgabe der Selbständigkeit des Stadtstaates im Jahre 1806; entsprechend der Gemeindeordnung von 1818 wurde er auf Lebenszeit zum Bürgermeister gewählt; vgl. Christoph von IMHOFF: Berühmte Nürnberger aus neun Jahrhunderten, Nürnberg 1989, S. 255ff.

[12] S. v.a. Heinz GOLLWITZER: Ludwig I. Königtum im Vormärz. Eine politische Biographie, München 1986, S. 606-613; DERS.: Ein Staatsmann im Vormärz. Karl von Abel 1788-1859. Beamtenaristokratie, monarchisches Prinzip, politischer Katholizismus, Göttingen 1993, S. 309-328.

[13] Vgl. Rupert HACKER: Die Beziehungen zwischen Bayern und dem Heiligen Stuhl, Tübingen 1967; Hans-Michael KÖRNER: Staat und Kirche in Bayern 1886-1914, Mainz 1977; Friedrich Wilhelm KANTZENBACH: Um die Selbständigkeit der protestantischen Kirche in Bayern gegenüber dem Staat. Ein Versuch zur Kirchenverfassungsreform (1869-1881), in: Zeitschrift für bayerische Landesgeschichte 40 (1977), S. 163-189; wichtige Quellen bei: Ernst Rudolf HUBER/Wolfgang HUBER: Staat und Kirche im 19. Jahrhundert und 20. Jahrhundert (Dokumente), Bde. 1-3, Berlin 1973-1976.

[14] S. Georg DÖLLINGER: Sammlung der im Gebiete der inneren Staats-Verwaltung des Königreichs Bayern bestehenden Verordnungen aus amtlichen Quellen geschöpft und systematisch geordnet (ab Bd. 23 fortgesetzt von Friedrich Freiherr von Strauß), Bde. 1-33, München 1835-1854 (s. v.a. Bd. 8); Karl WEBER/Friedrich WEBER: Neue Gesetz- und Verordnungen-Sammlung für das Königreich Bayern mit Einschluß der Reichsgesetzgebung, Bde. 1-42, Nördlingen, München 1880-1918.

[15] Eine konsequente Darstellung zur Festreligiosität beider Konfessionen stellte lange Zeit eine Lücke in der deutschen Geschichtswissenschaft dar; vgl. bisher Werner K. BLESSING: Staat und Kirche in der Gesellschaft. Institutionelle Autorität und mentaler Wandel, Göttingen 1982; Johannes BURKHARDT: Reformations- und Lutherfeiern. Die Verbürgerlichung der reformatorischen Jubiläumskultur, in: Dieter DÜDING u.a. (Hgg.): Öffentliche Festkultur. Politische Feste in Deutschland von der Aufklärung bis zum Ersten Weltkrieg, Hamburg 1988, S. 212-237; Wolfgang SCHIEDER (Hg.): Volksreligiosität in der modernen Sozialgeschichte, Göttingen 1986; Urs ALTERMATT: Katholizismus und Moderne. Zur Sozial- und Mentalitätsgeschichte der Schweizer Katholiken im 19. und 20. Jahrhundert, Zürich 1989.

[16] Vgl. Friedrich FÜRSTENBERG: Protestantische Volksfrömmigkeit im Strukturwandel Deutschlands, in: Michael N. EBERTZ/Franz SCHULTHEIS (Hgg.): Volksfrömmigkeit in Europa. Beiträge zur Soziologie popularer Religiosität aus 14 Ländern, München 1986, S. 53-65; s. zur verdinglichten katholischen Frömmigkeit Ernst Walter ZEEDEN: Die Entstehung der Konfessionen. Grundlagen und Formen der Konfessionsbildung im Zeitalter der Glaubenskämpfe, München 1964, S. 133.

[17] S. u.a. Karl GABRIEL: Volksreligion und Hochreligion, in: Peter EICHER (Hg.): Neues Handbuch theologischer Grundbegriffe, Bd. 5, München 1991, S. 201-217; Christoph DAXELMÜLLER: Volksfrömmigkeit, in: Rolf W. BREDNICH (Hg.): Grundriß der Volkskunde. Einführung in die Volkskunde der europäischen Ethnologie, Berlin 1981, S. 329-351; Urs ALTERMATT: Volksreligion. Neuer Mythos oder neues Konzept? Anmerkungen zu einer Sozialgeschichte des modernen Katholizismus, in: Jakob BAMGARTNER (Hg.): Wiederentdeckung der Volksreligiosität, Regensburg 1979, S. 105-124.

[18] Josef MOOSER: Katholische Volksreligion. Klerus und Bürgertum in der zweiten Hälfte des 19. Jahrhunderts. Thesen, in: Wolfgang SCHIEDER (Hg.): Religion und Gesellschaft im 19. Jahrhundert, Stuttgart 1993, S. 144-157, hier S. 146.

[19] Wilhelm Heinrich RIEHL: Land und Leute, 7. Aufl. Stuttgart 1867, S. 324.

[20] S. v.a. Etienne FRANÇOIS: Die unsichtbare Grenze. Protestanten und Katholiken in Augsburg 1648-1806, Sigmaringen 1991; vgl. auch Christel KÖHLE-HEZINGER:

Evangelisch – Katholisch. Untersuchungen zum konfessionellen Vorurteil und Konflikt im 19. und 20. Jahrhundert, Tübingen 1976; Alfred WAHL: Confession et comportement dans les campagnes d'Alsace et Bade (1871-1939). Catholiques, protestants et juifs, Bde. 1-2, Metz 1980.

[21] S. dazu v.a. Gerhard PFEIFFER: Die Umwandlung Bayerns in einen paritätischen Staat, in: Bayern. Staat und Kirche, Land und Reich. Forschungen zur bayerischen Geschichte vornehmlich im 19. Jahrhundert. Wilhelm Winkler zum Gedächtnis, München 1960, S. 35-109; vgl. allg. Heinrich LUTZ: Zur Geschichte der Toleranz und Religionsfreiheit, Darmstadt 1977. Das Religionsedikt machte das Christentum zur Staatsreligion; Juden hatten demnach nur eingeschränkte bürgerliche Rechte. Sie waren geduldet, nicht gleichgestellt. Zum Emanzipationsprozeß der Juden im Bayern des 19. Jahrhunderts fehlt eine adäquate Studie.

[22] Vgl. auch David BLACKBOURN: Marpingen. Apparitions of the Virgin Mary in Bismarckian Germany, Oxford 1993.

[23] Vgl. auch Gangolf HÜBINGER: Kulturprotestantismus und Politik. Zum Verhältnis von Liberalismus und Protestantismus im wilhelminischen Deutschland, Tübingen 1994; Wilfried LOTH: Integration und Erosion: Wandlungen des katholischen Milieus in Deutschland, in: DERS. (Hg.): Deutscher Katholizismus im Umbruch zur Moderne, Stuttgart 1991, S. 266-281.

[24] S. Helmut BERDING: Nationales Bewußtsein und kollektive Identität. Studien zur Entwicklung des kollektiven Bewußtseins in der Neuzeit, Frankfurt a.M. 1994; Jürgen REULECKE: Von der Landesgeschichte zur Regionalgeschichte, in: Geschichte im Westen 6 (1991), S. 202-208; Reinhard STAUBER: Regionalgeschichte versus Landesgeschichte? Entwicklung und Bewertung von Konzepten der Erforschung von „Geschichte in kleinen Räumen“, in: Geschichte und Region 3 (1994), S. 227-260; Rudolf REINHARDT: Kirchliche Landesgeschichte, in: Theologische Quartalsschrift 173 (1993), S. 1-9.

[25] Joseph SCHÄRFL: St. Ulrich – Augsburgs Kriegsheld im Bischofsgewand. Predigt beim Militärgottesdienst am Sonntag, dem 9.7.1893, Augsburg 1893.

[26] Ernst DORN: Festpredigt im Hauptgottesdienst der St. Georgskirche über Psalm 118, 14-18, in: Vierhundertjahrfeier der Reformation in Nördlingen am 31. Oktober 1917, Nördlingen 1917, S. 3-18.

[27] Vgl. Hans-Michael KÖRNER: Staat und Geschichte im Königreich Bayern 1806-1918, München 1992; Jan ASSMANN: Kollektives Gedächtnis und kulturelle Identität, in: DERS./Tonio HÖLSCHER (Hgg.): Kultur und Gedächtnis, Frankfurt a.M. 1988; Lutz NIETHAMMER: Die postmoderne Herausforderung. Geschichte und Gedächtnis im Zeitalter der Wissenschaft, in: Jörn RÜSEN u.a. (Hgg.): Geschichtsdiskurs, Bd. 1, Frankfurt a.M. 1993, S. 31-50; Jacques LE GOFF: Geschichte und Gedächtnis, Frankfurt a.M. 1992; Pierre NORA: Zwischen Geschichte und Gedächtnis, Berlin 1990; Peter BURKE: Geschichte als soziales Gedächtnis, in: Aleida ASSMANN/Dietrich HARTH (Hgg.): Mnemosyne. Formen und Funktionen kultureller Erinnerung, Frankfurt a.M. 1991, S. 289-305; Kristin PLATT/Mihran DABAG (Hgg.): Generation und Gedächtnis – Erinnerungen und kollektive Identitäten, Opladen 1995.

[28] Vgl. Karl KÉRENYI: Vom Wesen des Festes, in: DERS.: Die Antike Religion. Gesammelte Werke, Bd. 7, München 1976, S. 43-67 (zuerst 1940); Mircea ELIADE: Die Religionen und das Heilige, Salzburg 1954; Josef PIEPER: Zustimmung zur Welt. Eine Theorie des Festes, München 1964.

[29] Vgl. dazu Gert TELLENBACH: Die historische Dimension der liturgischen commemoratio im Mittelalter, in: Karl SCHMID/Jochen WOLLASCH (Hgg.): Memoria.

Der geschichtliche Zeugniswert des liturgischen Gedenkens im Mittelalter, München 1989, S. 200-219.

[30] Vgl. Hans-Michael KÖRNER: Personenkult und Mythosbildung im 19./20. Jahrhundert: Entstehungsbedingungen und Destruktionsstrategien, in: Karl BORCHARDT/Enno BÜNZ (Hgg.): Forschungen zur bayerischen und fränkischen Geschichte. Peter Herde zum 65. Geburtstag, Würzburg 1998, S. 295-305.

Editionsfragen

Die bayerischen Ministerratsprotokolle der Weimarer Zeit

Von Johannes Merz

Seit einigen Jahren werden „Die Protokolle des Bayerischen Ministerrats 1919-1933“ für den Druck vorbereitet. Im folgenden soll erläutert werden, welche Ziele dem Projekt zugrunde liegen, wie diese Ziele zu erreichen sind und inwiefern damit ein Neuansatz der Forschung verbunden ist. Da es methodisch um eine Edition geht, inhaltlich um die Ministerratsprotokolle, soll zunächst kurz über Vorzüge und Probleme von Editionen berichtet und darauf aufbauend das genannte Projekt zur Weimarer Zeit vorgestellt werden.

Eine Edition ist, nach der Definition des Brockhaus, die „Ausgabe eines Schriftwerkes“[1], d.h. es wird etwas durch den Druck oder andere Medien verbreitet, was eigentlich schon vorhanden ist. Dieses Schriftwerk ist möglicherweise in einem Archiv schwer zugänglich und schlecht lesbar. Vielleicht existiert es auch bereits in einer Druckausgabe, von der jedoch nur noch wenige Exemplare erhalten sind. Kann die „Ausgabe“ eines solchen prinzipiell für jeden nutzbaren „Schriftwerkes“ nicht nur die Forschung erleichtern, sondern geradezu einen neuen Ansatz für sie begründen?

Sucht man nach theoretischen Äußerungen über Grundlagen und Gestalt einer idealen Edition, wird man schnell feststellen, daß die Anleitungen, Regeln und Hilfsmittel in dem Maße zunehmen, in dem das zu edierende Werk von unserer Zeit entfernt ist. Die Edition von Inschriften oder Urkunden des frühen und hohen Mittelalters etwa ist ein derart kompliziertes Verfahren, daß nur wenige Spezialisten überhaupt in der Lage sind, eine solche Edition herzustellen und deren Erträge auszuschöpfen. Dabei sind solche mittelalterlichen und zumeist auch die frühneuzeitlichen Editionen nicht einfach nur Ausgaben von Schriftwerken, sondern der gebotene Text ist das Ergebnis einer bewertenden Sichtung der oft sehr vielschichtigen Überlieferung; eine Handschrift wird zum besten Textzeugnis erklärt, abweichende Formulierungen werden in einem Variantenapparat abgedruckt und ferner spezielle Sachverhalte, Zitate und Anspielungen, unbekannte Personen, schwer lokalisierbare Orte usw. in einem Sachapparat erklärt. Man wird deshalb in der Edition zentraler Dokumente nicht immer einen Neuansatz in der Forschung erblicken können, sehr wohl aber – allein schon wegen der besseren praktischen Verfügbarkeit dieser Dokumente – einen Fortschritt annehmen dürfen.

Bei Quellen zur neuesten Geschichte stellt sich die Sachlage teilweise anders dar. Die Textgestalt spielt zumeist keine so große Rolle, da die Vorlagen eindeutig erscheinen und z.B. Kopien oder Mikrofilme leicht zu beschaffen sind. Sprachliche Probleme gibt es nicht, weil Grammatik und Rechtschreibung weitgehend unserem heutigen Empfinden entsprechen; daß die jetzige Rechtschreibreform eine genauere Festlegung der Transkriptionsregeln als bisher erfordern wird, sei nur am Rande angemerkt. Das Hauptproblem der Edition von Texten der neueren Geschichte wird nicht zuerst in der Methode der „Ausgabe eines Schriftstükkes“ gesehen, sondern in der Masse der Texte und damit in der notwendigen Auswahl.[2]

Man unterscheidet dabei verschiedene formale Auswahlprinzipien, nach denen eine Edition z.B. einzelne Archivbestände (Fondsedition), Gremienprotokolle oder biographisch bezogene Quellen umfaßt.[3] Eine besonders häufige Variante bei den großen Editionen zur neuesten Geschichte ist die Sammlung von ausgewählten Schriftstücken zu bestimmten Themen.[4] Beispiele sind etwa „Die Große Politik der Europäischen Kabinette 1871-1914“, erschienen in 40 Bänden 1922-1927, oder die 28bändige Dokumentation „Ursachen und Folgen“ (publiziert 1958-1978). Solche Sammlungen besitzen große Vorteile, weil sie Grundlagentexte leichter zugänglich machen und durch die Vereinigung unterschiedlichster Quellen aus den verschiedensten Fundorten neue Ansätze für die Erforschung bestimmter Themen schaffen. Sie unterliegen in ihren Auswahlkriterien jedoch auch den zeitgebundenen Vorstellungen der Herausgeber und Bearbeiter, so daß diese mit der Entscheidung, bestimmte Dokumente aufzunehmen oder nicht aufzunehmen, den Gang der Forschung einseitig beeinflussen können.

Gerade für Editionen zur neuesten Geschichte kommt deshalb den Intentionen, die mit diesen Ausgaben verbunden sind, eine grundlegende Bedeutung zu. Nehmen wir als Beispiel die bekannte und vielbenutzte Standardpublikation „Dokumente zur deutschen Verfassungsgeschichte“ von Ernst Rudolf Huber. Deren vierter Band, erschienen in dritter Auflage 1990, ist der Zeit von 1919 bis 1933 gewidmet. Der Herausgeber formulierte ihr Ziel wie folgt: „Auf der einen Seite will sie dem um Verständnis der neueren deutschen Verfassungsgeschichte bemühten Benutzer in einer überschaubaren Auswahl das wesentliche Material für die eigene Arbeit zur Verfügung stellen. Auf der anderen Seite aber ist sie bestrebt, durch die Art der Auswahl, durch die systematische Ordnung der Texte sowie durch die Vorbemerkungen zu den Textgruppen ein gerafftes Bild der Entwicklung Deutschlands zum modernen Verfassungsstaat zu entwerfen.“[5]

Zwei Kapitel darin sind den bayerischen Verhältnissen im Jahre 1919 gewidmet: Das eine behandelt „Die Republik Bayern von Januar bis März 1919“, das andere „Die bayerische Räterepublik (April-Mai 1919)“, insgesamt in 22 Dokumenten. Darunter befinden sich die Vereinbarung zwischen dem Rätekongreß und mehreren Parteien über die Regierungsbildung vom 7./8. März, die Proklamation der „Räterepublik Baiern" vom 7. April und ein Aufruf des bayerischen Kabinetts vom selben Tag an die Beamtenschaft, an der Regierung Hoffmann festzuhalten. Nicht enthalten sind dagegen z.B. das „Vorläufige Staatsgrundgesetz", das der bayerische Landtag am 17. März verabschiedete, sowie das Ermächtigungsgesetz vom 28. März, mit dem der Landtag für eine ganze Reihe wichtiger politischer Fragen die Legislative an das bayerische Kabinett übertrug. Ohne die legitimierenden Grundlagengesetze über die Machtausübung in Bayern kann jedoch die verfassungsrechtliche Situation nicht verstanden werden. Dem Herausgeber geht es also offensichtlich nicht um die Entwicklung in Bayern, sondern um die Darstellung der Beeinträchtigung des Verfassungslebens im Deutschen Reich durch die bayerische Rätebewegung und Räterepublik. Wer, dem Titel der im Buch enthaltenen Kapitel folgend, glaubt, die wichtigsten verfassungsgeschichtlichen Dokumente zur bayerischen Geschichte von Januar bis Mai 1919 bei Ernst Rudolf Huber zu finden, hat sich also gründlich getäuscht.

Wo kann man sich dann über diese Zeit informieren? Es bleiben eigentlich nur die „Dokumente zur Geschichte von Staat und Gesellschaft in Bayern", deren Reihe III in 7 Bänden dem 19. und 20. Jahrhundert gewidmet ist. In Band 2, mit dem Titel „Die bayerische Staatlichkeit"[6], finden sich die bei Huber vermißten verfassungsrechtlichen Dokumente; allerdings fehlt hier z.B. die bei Huber abgedruckte Erklärung der Reichsregierung vom 7. April 1919, wonach sie die am selben Tag ausgerufene Räterepublik nicht anerkannte, sondern vom Weiterbestehen der gewählten bayerischen Regierung ausging. Dies ist auf das offensichtliche Auswahlprinzip zurückzuführen, nur bayerische Quellen aufzunehmen; mit diesen allein aber kann man die bayerische Verfassungsgeschichte nicht erklären.

Interesse und Fragestellung sind also grundlegend für Thema und Gestalt von zentralen Quelleneditionen und können dadurch auf viel subtilere Weise als die historischen Darstellungen den Gang der Forschung bestimmen. Ein Editionsprojekt muß demnach jeweils im Kontext der aktuellen Forschungssituation auf seinen Wert und seine möglichen Folgen befragt werden. Wie sieht es hier mit Blick auf Bayern in der Weimarer Zeit aus? Es geht dabei nicht um einzelne Werke, sondern um die generellen Tendenzen, wie sie sich in den wichtigsten Gesamtdarstellungen und nicht zuletzt in den Lehrmitteln der Schule niederschlagen.

Hier lassen sich vor allem drei Themenblöcke feststellen, die in der wissenschaftlichen Arbeit sowohl allgemein zur deutschen wie speziell zur bayerischen Geschichte die größte Aufmerksamkeit gefunden haben: Zum einen ist dies die Revolution von 1918 mit der sich anschließenden Zeit der Räterepubliken bis ins Frühjahr 1919, wobei hier der Schwerpunkt auf den politischen Entwicklungen und auf dem Agieren der Parteien SPD, USPD, KPD und der Rätevertreter liegt. Zum anderen steht die Weimarer Zeit unter der Erfahrung des preußisch dominierten Zentralismus, im landesgeschichtlichen Rahmen konkret des Verhältnisses Bayerns zum Reich, etwa in bezug auf die Stellung der Länder in der Reichsverfassung und die Reichsreformdiskussion. Zum dritten ist die Weimarer Zeit Gegenstand wissenschaftlicher Bemühungen im Hinblick auf die Entstehung, Ausbreitung und Durchsetzung des Nationalsozialismus.[7]

Die hier deutlich im Vordergrund stehenden politischen Richtungsentscheidungen haben jedoch nur teilweise etwas mit dem politischen Alltag zwischen 1919 und 1933 zu tun, der sowohl die damaligen Lebensverhältnisse prägte als auch vielfach die Weichen für bis heute nachwirkende Entwicklungen in den verschiedensten Bereichen stellte. Über wichtige Themen der Innen-, Sozial-, Wirtschafts- und Kulturpolitik in Bayern kann man sich dagegen in den großen Darstellungen nur unzureichend informieren; Beispiele für die Weimarer Frühzeit sind etwa die Energieversorgung, dabei insbesondere die Ausnutzung der Wasserkraft, die Ausgestaltung der Kommunalverfassung oder die Schulreformen. Diese Dinge und alle weiteren bedeutsamen politischen Entscheidungen und Vorgaben, die im Rahmen der staatlichen Zuständigkeiten entstanden, gingen in Deutschland wie in Bayern auf die Tätigkeit der Regierungen zurück. Diese Regierungstätigkeit manifestierte sich in den regelmäßigen, zumeist wöchentlichen Zusammenkünften ihrer Mitglieder, eben den Ministerratssitzungen, über deren Verlauf und Ergebnisse Protokolle angefertigt wurden. Wer diese Protokolle verwendet, erhält einen maßgeblichen Zugang zur Summe aller politischen Ereignisse und Entscheidungen zwischen 1919 und 1933. Dabei werden zwar politische und andere Hintergründe nicht immer sichtbar, wohl aber die normativen Festlegungen in Gestalt von Gesetzen und Verordnungen.

Mehr als durch eine eigens zusammengestellte Quellensammlung, in der die bisherigen Defizite besonders berücksichtigt wären, kann dieser durch die historischen Verhältnisse selbst entstandene Bestand als zentrale Quelle der Forschung dienen, und zwar dauerhaft, da er nicht von wechselnden subjektiven Auswahlkriterien abhängt. Diese Überlegung hat wohl ganz allgemein einiges für sich und kann erklären, warum in den letzten Jahren und Jahrzehnten eine ganze Reihe von Editionsprojekten zur Herausgabe von Kabinettsprotokollen entstanden ist: Nachdem mit der Edition der „Akten der Reichskanzlei“ (ab 1968) die Tätigkeit der Weimarer Reichsregierung umfassend dokumentiert worden war[8], begann 1982 die Herausgabe der „Kabinettsprotokolle der Bundesregierung“ seit 1949[9]. 1987 erschienen als eine Einzeledition zur Revolutionszeit in Bayern 1918/19 die Ministerratsprotokolle der Regierung Eisner.[10] Ab 1992 folgten entsprechende Protokoll-Serien für Nordrhein-Westfalen seit 1946[11], ab 1995 für Bayern seit 1945[12] sowie des Magistrats der Stadt Berlin aus der gleichen Zeit[13]. In Österreich begann schon 1966 die Veröffentlichung der Kabinettsprotokolle der Zeit vor 1918, 1980 dann die

Edition der Protokolle des Ministerrats der Ersten Republik 1918-1938 und schließlich der Kabinettsprotokolle seit 1945.[14]

Diese neueren Editionen haben sicherlich verschiedene Entstehungsgründe. Insgesamt scheint sich dahinter aber auch die Einsicht zu verbergen, daß sie mancherlei Vorzüge gegenüber den Quellensammlungen aufweisen, deren Zusammenstellung nur vom jeweiligen Forschungsinteresse abhängt. Dies bestätigt zumindest ein Blick auf die Arbeit in den Archiven, wo schon seit längerem ein ähnlicher Umdenkungsprozeß in Gang ist: Nachdem man im 19. Jahrhundert in den Archiven das überlieferte Schriftgut vielfach in thematischen Zusammenhängen geordnet und verzeichnet hatte, ist man seitdem, weil man die Zeitgebundenheit dieses Pertinenzprinzips erkannt hatte, zum Provenienzprinzip zurückgekehrt, also der Zuordnung jedes Schriftstückes zu der Institution, bei der dieses Schriftstück ursprünglich aufbewahrt wurde.[15]

Bereits 1990 hat die Kommission für bayerische Landesgeschichte die Edition der bayerischen Ministerratsprotokolle auf Antrag von Professor Walter Ziegler beschlossen und diesen mit ihrer Durchführung betraut. Nachdem die Herausgabe der Protokolle der bayerischen Nachkriegszeit zunächst nicht realisierbar erschien und dann von der Historischen Kommission bei der Bayerischen Akademie der Wissenschaften übernommen wurde[16], bezog sich der Beschluß der Kommission für bayerische Landesgeschichte auf alle bayerischen Ministerratsprotokolle vor 1945. Da die Überlieferung für die Zeit des Dritten Reiches schlecht und die für die Zeit vor 1918 schwierig ist[17], sollte mit der Weimarer Zeit begonnen werden. Daß bisher nur Vorarbeiten, aber noch keine gedruckten Bände vorliegen, liegt vor allem daran, daß keine eigenen Planstellen zur Verfügung stehen und somit die Mitarbeiter nebenberuflich tätig sind.

Die Vorgeschichte des Editionsprojekts der bayerischen Ministerratsprotokolle unterstreicht noch einmal, daß es nicht als konkrete Gegenbewegung zu bestimmten Forschungstendenzen in Gang gebracht wurde, sondern als prinzipielles Korrektiv und Stimulans. In seinem Charakter als Grundlagenforschung verstärkt wird das Projekt dadurch, daß es gemeinsam mit der Generaldirektion der Staatlichen Archive Bayerns durchgeführt wird, die darin eine Erschließung eines ihrer wichtigeren Quellenbestände sieht.

Diese Zielsetzung und die bisher vorgetragenen methodischen Überlegungen sind sicher nicht leicht von der Hand zu weisen. Dennoch mag man mit einem gewissen Recht Gegenargumente vorbringen. Wie eingangs erwähnt, kommt man – soweit überhaupt zur Benutzung freigegeben – verhältnismäßig einfach an die Quellen zur neuesten Geschichte heran und kann sie zumeist auch reproduzieren. Bei den Ministerratsprotokollen vor 1945 handelt es sich um leicht zugängliche, chronologisch geordnete Akten in staatlichen Archiven mit hervorragenden Benutzungsbedingungen. Insbesondere die bayerischen Ministerratsprotokolle der Weimarer Zeit wurden daher bereits mehrfach von der Spezialforschung ausgewertet.[18] Es würde – so könnte man einwenden – doch ausreichen, auf den besonderen Quellenwert der Protokolle hinzuweisen und ansonsten die Editions-Kapazitäten auf Quellen zu konzentrieren, die schwer zugänglich oder über mehrere Archive verstreut sind – also doch die thematisch orientierte Quellensammlung, die zweifellos immer ihre Berechtigung haben wird.

Man kann hier pragmatisch argumentieren und betonen, daß nun einmal gedruckte Bücher eher rezipiert werden als Hinweise auf ungedrucktes Material. Das eigentliche Problem liegt aber darin begründet, wie man die Ministerratsprotokolle ediert, also was die Edition von den Akten im Archiv unterscheidet. Das soll zum Abschluß an einigen konkreten Beispielen näher betrachtet werden.

31

Nr. 17.

Protokoll
über die Ministerrats- Sitzung
vom 16. 5. 19. nachm. 3 Uhr.

Anwesend sämtliche Minister und Staatsräte i. V. der Minister ausser Minister Endres, Schneppenhorst u. Staatsrat Gasteiger

Tagesordnung:

1. Bericht des Ernährungskommissärs über Kartoffelnankauf.
2. Die Wirtschaftsstelle in Berlin (Angelegenheit Müller).
3. Die Lebensmittelversorgung beim 3. A. K.

Zu 1: Nach dem Bericht des Ernährungskommissärs sind folgende Mengen Kartoffeln angemeldet bzw. schon angekauft und im Anrollen:

Aus der Schweiz	50 000 Ztr.
Aus Dänemark	10 000 "
Aus Posen	50 000 "
Aus England	170 000 "

Der Preis stellt sich beim Einkauf zwischen 30 u. 40 M. der Ztr.

Nach Vorschlag des Ernährungskommissärs sollen die Kartoffeln zu 25 M. pro Ztr. verkauft u. die Preisdifferenz auf die Staatskasse übernommen werden. Sollte das Reich keinen Zuschuss leisten, so käme eine Summe von 5 Millionen M. in Betracht. Doch sei ein Reichszuschuss als sicher anzunehmen.

Der Min. Präs. weisst hinsichtlich der Deckungsfrage auf den Ministerratsbeschluss vom 10. 5. 19. hin, wonach die Summe aus Erübrigungen der landwirtschaftlicher Ernährungsstellen gedeckt werden soll.

Ernährungskommissär Haslhofer ist der Ansicht, dass für diesen Zweck nur die Erübrigungen der Fleischversorgungsstelle in Betracht kommen könnten. Nach seinen Informationen betrügen diese mindestens 17 Millionen Mark von denen allerdings 10 Millionen M. als Betriebskapital notwendig seien.

Beschluss: Die zur Deckung der Preisdifferenz zwischen Ein- u. Verkauf notwendige Summe soll aus den Erübrigungen der Fleischversorgungsstelle entnommen werden.

Landwirtschaftsminister Steiner stimmt zwar dem Beschluss zu, gibt aber zu bedenken, dass noch andere Produkte für Einführung in Betracht kommen, für die man das Geld vielleicht noch nötiger hätte, wie Öle, Fettstoffe u. dgl.

Ernährungskommissär Haslhofer weisst darauf hin, dass mit diesen Kartoffelmengen unser Bedarf auch nicht annähernd gedeckt ist. Doch könnte jetzt wenigstens der Bedarf an Saatkartoffeln gedeckt werden.

Zu 2: In Sachen " Wirtschaftsstelle in Berlin" liegen Voranschläge und Gutachten vor.

Es sollen noch Gutachten dazu eingeholt werden, insbesondere von der Bayerischen Gesandtschaft in Berlin.

Zu 3: Die Lebensmittelversorgung beim 3.A.K. ist nach den Angaben des Landw. Min. laut einer Vereinbarung zwischen Landw. Min. und Mil. Min. dahin geregelt, dass die Lebensmittelversorgung wieder wie beim I. u. II. A. K. durch die zuständigen Lebensmittelstellen erfolgt. Damit sind ungefähr 320 Versorgungsstellen aufgehoben. Beschwerden von Seiten der Arbeiter- und Soldatenräte Nürnberg- Fürths sind zu erwarten.

Ende gegen 4 Uhr.

Der Protokollführer:

Abb.: Ministerratsprotokoll (Bayerisches Hauptstaatsarchiv, MA 99513).

Das Protokoll der Sitzung des bayerischen Ministerrats vom 16. Mai 1919 (s. Abb.) ist recht kurz und besteht nur aus drei Tagesordnungspunkten, die alle um wirtschaftliche Fragen, insbesondere die Lebensmittelversorgung, kreisen. Es seien nur zwei Aspekte herausgegriffen. Zum einen die Anwesenheitsliste: Hier steht, wer nicht da war. In einer Edition wird man vermerken, wer denn nun eigentlich anwesend war, und damit den Leser mit Informationen versorgen, die er sich sonst in anderen Werken beschaffen müßte. Der Kopf des Editionstextes könnte also wie folgt aussehen:

33

Ministerratssitzung **Bamberg, Donnerstag, 16. Mai 1919**

Beginn: 15 Uhr *Ende: gegen 16 Uhr*

Anwesend:[1] *Ministerpräsident Hoffmann, die Minister Frauendorfer, Segitz, Steiner; Staatsrat Haller; bei TOP I: [der ehemalige] Ernährungskommissar Wutzlhofer.*
Protokollführer: Eberlein.

[Anmerkung:]

1 In der Vorlage: Anwesend sämtliche Minister und Staatsräte in Vertretung der Minister außer Minister Endres, Schneppenhorst und Staatsrat Gasteiger (sämtlich in München).

Zum zweiten: Im Tagesordnungspunkt II ist die Rede von einer „Wirtschaftsstelle in Berlin“ bzw. einer „Angelegenheit Müller“. Nur aus Sachakten des Außenministeriums, das damals faktisch die Funktion einer Staatskanzlei hatte, läßt sich rekonstruieren, um was es dabei überhaupt ging. Eine Sachkommentierung könnte z.B. folgendermaßen lauten:

> Nach einem ersten, vergeblichen Vorstoß im Dezember 1918 (MA 1009) unterbreitete Hauptmann Müller, seit 1916 Beauftragter des StMM beim Preußischen Kriegsamt, am 22.4.1919 dem StMI den Vorschlag, seine mit Abwicklung des StMM überflüssig werdende Stelle in eine eigene Wirtschaftsstelle in Berlin umzuwandeln, in die auch die Stelle des Bundesratsbevollmächtigten MDirektor Rohmer zu integrieren wäre, und legte dafür am 2.5.1919 einen Etat vor. Die Gutachten des Gesandten von Preger (20.5.1919) und des Staatsrats von Meinel (17.5. 1919) gingen eindeutig dahin, daß Müller in allzu großer Selbstüberschätzung seine Stellung in Berlin ausbauen und Rohmer ungerechtfertigt verdrängen wolle (MA 99895). Eine weitere Behandlung im Ministerrat fand offenbar nicht statt.

Entscheidend ist hier, daß knapp erklärt wird, worum es überhaupt ging und welche Akten einschlägig sind. Dies erfordert einen Überblick des Bearbeiters über die gesamte Aktenlage, wie ihn der einzelne, auf bestimmte Themen eingestellte Benutzer nicht haben kann. Der Kommentar soll ausreichend Informationen vermitteln, um die Relevanz einer Protokollstelle erkennen zu können, und er soll den Einstieg für weitere Forschungen geben. Was sich wirklich hinter diesem Vorstoß des Herrn Müller verbarg, ob er recht hatte oder nicht, welche Gründe für die Behandlung am 16. Mai und für die folgende Nichtbehandlung ausschlaggebend waren: das alles ist Sache der Forschung, die je nach Fragestellung und durch die Erschließung anderer, außerhalb der Ministerialverwaltung liegender Quellen zu ganz unterschiedlichen Ergebnissen kommen kann.

Die Protokolle sind also oft aus sich heraus nicht verständlich, sondern bedürfen der Erläuterung. Diese Erläuterung kann aber nicht so weit gehen, daß sie die Forschung zu jedem Einzelfall selbst ersetzt; nicht zuletzt deshalb, weil dies die Zeitgebundenheit der Edition steigern würde. Kernpunkt der Erläuterung ist der Hinweis auf die einschlägigen Sachakten, die zumeist in unmittelbarem Zusammenhang mit den jeweiligen Ministerratssitzungen standen: durch die Zusammenstellung von Akten für einen Tagesordnungspunkt, durch Vormerkungen von Referenten, durch Gesetzesentwürfe, die in den Sitzungen als Beratungs- und Entscheidungsgrundlage dienten. Damit nähert sich die Edition der Ministerratsprotokolle der Weimarer Zeit über die Ausgabe von Gremienprotokollen hinaus dem Prinzip der Fondsedition an, durch die insbesondere die Akten des Außenministeriums erschlossen werden, aber auch andere einschlägige Akten der verschiedenen Ministerien.

Man kann in diesem Sinn die Edition der Ministerratsprotokolle auch als eine Strukturierung der riesigen Aktenberge aus den Ministerien sehen, deren Hierarchie von außen oft ebensowenig einsehbar ist wie ihr Inhalt, der sich nicht selten hinter dürftigen Aktentiteln verbirgt. Auch hierzu ein Beispiel: In mehreren Sitzungen Ende März 1919 diskutierte der bayerische Ministerrat unter dem heftigen Druck der zum Rätesystem neigenden politischen Kräfte über ein Zentralwirtschaftsamt, das eine weitgehende Sozialisierung in Bayern durchführen sollte. Als Leiter dieses Zentralwirtschaftsamtes mußte der Ministerrat notgedrungen den Privatdozenten Otto Neurath, einen österreichischen Wirtschaftstheoretiker, akzeptieren. Dieser hatte ein Manifest an die Bevölkerung sowie Statuten für die Organisation des Zentralwirtschaftsamtes ausgearbeitet, die in den genannten Sitzungen ausführlich diskutiert wurden. Selbst in Spezialmonographien hat man jedoch, soweit diese Diskussion überhaupt wahrgenommen wurde, nur die in den Sitzungsprotokollen auftauchenden Bruchstücke verwerten können, da die einschlägigen Entwürfe nicht auffindbar waren.[19] Bei der Durchsicht der für diese Zeit generell in Frage kommenden Akten haben sich Neuraths Entwürfe nun in einem Sammelakt wiedergefunden. Er ist im Archivfindbuch unter der Gliederung „Ministerien und Staatsrat“ beim Unterpunkt „Wirkungskreis im besonderen“ aufgeführt und betitelt: „Das Handelsministerium 1919/32“[20]. Diese Einordnung ist nicht völlig abwegig, doch haben die bisherigen, thematisch orientierten Benutzer keinen Anlaß gefunden, einen derartigen Organisationsakt für ihre Fragestellung auszuwerten. Nur der systematisch alle Akten durchsehende Bearbeiter kommt zu solchen Funden.

Ein letzter Hinweis: Die Edition der bayerischen Ministerratsprotokolle der Weimarer Zeit vermag nicht nur eine zentrale Quelle in der Forschungspraxis zu verbreiten, die Aktenmassen der staatlichen Überlieferung zu hierarchisieren und zu erschließen. Diese Edition gibt über die nüchternen Sachinformationen hinaus auch einen Einblick in die Dynamik der zentralen politischen Entscheidungsprozesse: in die Art und Weise, wie Beschlüsse zustandekamen, ob ein Ministerpräsident politisch stark war, wer sich als sein Gegenspieler oder Mitstreiter profilierte, wie die Verhandlungsführung sich auf Entscheidungen auswirkte.[21] In der Frühzeit der Weimarer Republik, als eine Geschäftsordnung für den nachrevolutionären Ministerrat noch nicht existierte und der Einfluß verschiedener außerparlamentarischer Kräfte sehr groß war, stellte sich die Position des sozialdemokratischen Ministerpräsidenten Hoffmann teilweise als sehr schwach heraus. Bei der bereits angesprochenen Frage des Zentralwirtschaftsamtes, das Hoffmann scharf bekämpfte, unterlag er in den Abstimmungen über die Einrichtung, das Personal und den Etat in zahlreichen Punkten gegen die große Mehrheit des Ministerrats; aus heutiger Sicht, in der man dem Ministerpräsidenten die Richtlinienkompetenz für die Regierungspolitik zuerkennt, wäre dies ein untragbarer Zustand und Anlaß für seinen Rücktritt.

*

Sowenig es also eine ideale oder objektive Geschichtsschreibung gibt, sowenig gibt es eine ideale Edition. Die Edition der bayerischen Ministerratsprotokolle der Weimarer Zeit ist nicht geeignet, die Geschichtsbetrachtung vollständig zu objektivieren. Zuviele Lebensbereiche gibt es, die durch die Regierungstätigkeit nicht erfaßt wurden. Die Formulierung der Protokolltexte ist selbst wiederum zeitgebunden, sicherlich zuweilen verfälschend oder nur unzureichend geeignet, die damaligen Sachverhalte und Entscheidungen für uns heute transparent zu machen.[22] Dennoch eröffnen die Ministerratsprotokolle und ihre Erschließung durch die Edition einen Zugang zur Weimarer Zeit in Bayern, der in seiner thematischen Breite, in der Vielfalt der Informationen und im Blick auf die Träger und Inhalte der Politik nur wenig Vergleichbares findet. Als Einstieg für Forschungsfragen und als Korrektiv für einseitige Forschungsentwicklungen ist diese Edition wie kaum eine andere geeignet, neue Ansätze für die Erforschung der Weimarer Zeit in Bayern zu geben und unser Wissen um diese bedeutsame Epoche zu erweitern.

[1] Brockhaus Enzyklopädie in 24 Bänden, Bd. 6, 19. Aufl. 1988, S. 108.

[2] Zu diesem wenig behandelten Fragenkomplex hat sich bisher vor allem der Arbeitskreis „Editionsprobleme des 20. Jahrhunderts" der Arbeitsgemeinschaft außeruniversitärer historischer Forschungseinrichtungen in der Bundesrepublik Deutschland geäußert: Zur Edition zeitgeschichtlicher Quellen, in: Jahrbuch der historischen Forschung 1975, S. 137-147. Vgl. dazu auch Heinz BOBERACH: Zur Edition zeitgeschichtlicher Quellen, in: Ebd. 1985, S. 61-68.

[3] Vgl. „Editionsprobleme des 20. Jahrhunderts" (wie Anm. 2), S. 138.

[4] Vgl. etwa die Übersichten bei Winfried BAUMGART (Hg.): Quellenkunde zur deutschen Geschichte der Neuzeit von 1500 bis zur Gegenwart, Darmstadt 1989ff., hier Bde. 4-6/1.

[5] Ernst Rudolf HUBER: Dokumente zur deutschen Verfassungsgeschichte. Bd. 4: Deutsche Verfassungsdokumente 1919-1933, 3. Aufl. Stuttgart u.a. 1990 (Bd. 3 in 2. Aufl. 1966 unter dem Titel: Dokumente der Novemberrevolution und der Weimarer Republik 1918-1933). Zitat aus dem Vorwort textgleich in den Auflagen 1966 und 1990, ebenso die genannten Dokumente.

[6] Dokumente zur Geschichte von Staat und Gesellschaft in Bayern. Reihe III, Bd. 2: Die bayerische Staatlichkeit, unter Mitwirkung von Werner K. Blessing bearb. von Rolf Kießling und Anton Schmid, München 1977.
[7] Vgl. etwa die umfangreiche Darstellung von Heinrich August WINKLER: Weimar 1918-1933. Die Geschichte der ersten deutschen Demokratie, München 1993, der u.a. ausführt: „Was auf Weimar folgte, war so schrecklich, daß wir das Scheitern der ersten deutschen Republik zu den großen Katastrophen der Weltgeschichte rechnen müssen. Weil dem so ist, steht im Hintergrund aller Betrachtungen über Weimar unverrückbar die Frage, warum es zu 1933 kommen konnte. Geschichtsschreibung über Weimar ist damit notwendigerweise immer auch Trauerarbeit." (S. 11).
[8] Akten der Reichskanzlei. Weimarer Republik, Boppard a.R. 1968-1990 (abgeschlossen); Folgeedition: Akten der Reichskanzlei. Regierung Hitler 1933-1938, Boppard a.R. 1983 (bisher 2 Bde. für die Jahre 1933/34). – Hierbei handelt es sich aufgrund der wenig aussagekräftigen Kabinettsprotokolle über deren Edition hinaus auch um eine Zusammenstellung einschlägiger Akten.
[9] Die Kabinettsprotokolle der Bundesregierung, hg. für das Bundesarchiv, Boppard a.R. (bzw. München) 1982ff. (bisher 8 Bde. für die Jahre 1949-1955).
[10] Die Regierung Eisner 1918/19. Ministerratsprotokolle und Dokumente, eingel. und bearb. von Franz J. Bauer, Düsseldorf 1987. Die Edition ist erschienen in der Reihe „Quellen zur Geschichte des Parlamentarismus und der politischen Parteien" (Reihe 1, Bd. 10).
[11] Die Kabinettsprotokolle der Landesregierung von Nordrhein-Westfalen, Siegburg 1992ff. (bisher 2 Bde. für die Jahre 1946-1954). Die Edition ist erschienen in der Reihe „Veröffentlichungen der Staatlichen Archive des Landes Nordrhein-Westfalen" (Reihe K).
[12] Die Protokolle des Bayerischen Ministerrats 1945-1954, hg. von der Historischen Kommission bei der Bayerischen Akademie der Wissenschaften und der Generaldirektion der Staatlichen Archive Bayerns, München 1995ff. (bisher 2 Bde. für die Jahre 1945/46).
[13] Die Sitzungsprotokolle des Magistrats der Stadt Berlin 1945/46. Bd. 1: 1945, Berlin 1995. Die Edition ist erschienen in der „Schriftenreihe des Landesarchivs Berlin" (Bd. 2).
[14] Die Ministerratsprotokolle Österreichs und der Österreichisch-Ungarischen Monarchie, 1848-1918, Wien 1966ff.; Protokolle des Ministerrates der Ersten Republik, 1918-1938, Wien 1980ff.; Protokolle des Kabinettsrates der Provisorischen Regierung Karl Renner 1945, hg. von der Österreichischen Gesellschaft für Historische Quellenstudien, Horn u.a. 1995ff.
[15] Vgl. Hermann RUMSCHÖTTEL/Erich STAHLEDER (Hgg.): Bewahren und Umgestalten. Aus der Arbeit der Staatlichen Archive Bayerns. Walter Jaroschka zum 60. Geburtstag, München 1992; Landesgeschichte und Archive. Bayerns Verwaltung in historischer und archivwissenschaftlicher Forschung, München 1998, darin bes. der Beitrag von Bodo UHL: Die Bedeutung des Provenienzprinzips für Archivwissenschaft und Geschichtsforschung, S. 97-121.
[16] S. oben, Anm. 12.
[17] Vgl. Bernhard ZITTEL: Der bayerische Ministerrat und seine Protokolle, in: Mitteilungen für die Archivpflege in Bayern 3 (1957), S. 9-15.
[18] Vgl. etwa Diethard HENNIG: Johannes Hoffmann. Sozialdemokrat und Bayerischer Ministerpräsident, München u.a. 1990.
[19] Vgl. ebd., Kap. IX.7.

[20] Bayerisches Hauptstaatsarchiv, München, Repertorium B 36, S. 147.
[21] Vgl. Karl-Ulrich GELBERG: Die Protokolle des Bayerischen Ministerrats 1945-1954 als zentrale Quelle für die politische, wirtschaftliche und soziale Entwicklung Bayerns, in: Maximilian LANZINNER/Michael HENKER (Hgg.): Landesgeschichte und Zeitgeschichte. Forschungsperspektiven zur Geschichte Bayerns nach 1945, Augsburg 1997, S. 89-101, hier S. 94.
[22] Vgl. Michael Alfred KANTHER: Kabinettsprotokolle, in: Bernd-A. RUSINEK/Volker ACKERMANN/Jörg ENGELBRECHT (Hgg.): Einführung in die Interpretation historischer Quellen. Schwerpunkt: Neuzeit, Paderborn u.a. 1992, S. 171-184; Bernd-A. RUSINEK: Gremienprotokolle, in: Ebd., S. 185-198.

Zeitgeschichte im lokalen Zugriff

Die Münchner NSDAP 1925-1933

Von Mathias Rösch

Die folgenden Überlegungen diskutieren aus der Sicht der neueren historischen Forschung die facettenreiche Entwicklung der NSDAP von ihrer Wiedergründung 1925 bis zum Antritt Hitlers als Reichskanzler im Januar 1933. Der Blick gilt hierbei einer der bedeutendsten lokalen NS-Organisationen dieser Weimarer Jahre, der Münchner NSDAP.[1]

Die Münchner NSDAP agierte in der viertgrößten deutschen Stadt nach Berlin, Hamburg und Köln, die mit 81 Prozent noch vor Köln den mit Abstand höchsten Prozentsatz an Katholiken unter den deutschen Großstädten aufwies.[2] In den Jahren 1925-1933 lassen sich nur 30 bis 40 Prozent der Bevölkerung als Arbeiter bezeichnen oder lebten in Arbeiterfamilien, also weit weniger als der Durchschnitt vergleichbarer Großstädte. Demnach war München keine Industriestadt.[3] Entsprechend stärker war dagegen das kleine und mittlere Bürgertum vertreten, 15 Prozent aller Beschäftigten zählten zu den Selbständigen, 18 Prozent zu den Rentnern und Pensionisten. Gerade letztere traf die Inflation stark – folglich wuchs 1922/1923 die politische Radikalität in der Stadt besonders stark an. Aufgrund der wenigen Großbetriebe war die Masse der Beschäftigten in Klein- und Mittelbetrieben tätig. München zeichnete sich durch eine überdurchschnittlich hohe Dichte an Qualitäts- und Veredelungsindustrien aus, dazu zählten insbesondere die Brauereien und die Betriebe aus den Bereichen Graphik, Metallverarbeitung, Bekleidung und Konfektion sowie

Holzverarbeitung. Das zweite wirtschaftliche Standbein der Stadt war der Dienstleistungssektor, an erster Stelle das hauptsächlich vom Fremdenverkehr profitierende vielseitige Hotel-, Gast- und Schankgewerbe. Diese große Vielfalt der Industrie- und Gewerbezweige verzögerte den Durchbruch der Weltwirtschaftskrise bis 1931 und dämpfte deren Auswirkungen. Damit reduzierte sich in diesen Jahren auch die Offenheit der Bevölkerung für die radikale Systemkritik, wie sie die NSDAP bot.

Noch in den Jahren 1919 bis 1923 hatte sich die NSDAP im wesentlichen nur in Bayern und hier besonders in München als einflußreiche politische Größe erwiesen.[4] Trotz numerischer Unterlegenheit gegenüber den bedeutendsten politischen Gegnern, der katholisch-konservativen Bayerischen Volkspartei (BVP) und der SPD, konnte Hitler am 9. November 1923 einen Putsch gegen die bayerische Regierung wagen. Die fünfzehn Monate des NSDAP-Verbots brachten der Partei schließlich den vorläufigen Niedergang. Die Nachfolgeorganisationen verloren sich in internen Auseinandersetzungen und sahen sich durch die 1924 beginnende wirtschaftliche und politische Stabilisierung ihrer Agitationsbasis beraubt. Deshalb verminderte sich ihr Potential in München, das sich, an Wählerstimmen für den Völkischen Block gemessen, noch bei der Reichstagswahl im April 1924 auf 26 Prozent belaufen hatte. Im Februar 1925 rief Hitler die NSDAP wieder ins Leben. Jetzt breitete sich die Organisation flächendeckend in Deutschland aus und der Partei gelang innerhalb von neun Jahren jener Aufstieg, der schließlich in der Reichskanzlei enden sollte.

Die Entwicklung der Münchner NSDAP folgte nach 1925, wenn auch in einer spezifischen Ausprägung, im Grunde derselben Wellenbewegung wie die Entwicklung der Partei im reichsweiten Durchschnitt[5]: Etwa bis zum Frühjahr 1928 verharrte die Münchner Ortsgruppe in Stagnation, sie durchlief nicht nur mehrere existenzgefährdende Krisen, sondern war auch weit schwächer als ihre wichtigsten Konkurrenten, SPD und BVP. Wie im Reich begann auch in München der entscheidende Aufstieg 1929 bzw. 1930. Herbe Stimmenverluste bei der Reichstagswahl im November 1932 dämpften zunächst den Erfolg, so daß die Partei ihre höchsten Stimmengewinne erst bei der letzten halbwegs freien Reichstagswahl der Weimarer Republik am 5. März 1933 erreichte.

Auch die Binnenstrukturen der Münchner NSDAP besaßen manche Parallelen zur Entwicklung im Reich.[6] So stand etwa in den Jahren bis 1928 in München wie im Reich anstelle einer aktivistischen Propaganda eher das parteiinterne Vereinsleben im Vordergrund. Zwischen 1927 und 1929 reformierte die NSDAP schrittweise ihre Organisation und Propaganda. Ab 1930 entfalteten nahezu alle Lokalorganisationen im Reich einen zunehmend größeren Fächer an Unterorganisationen, die wiederum mit ihren Beratungsstellen, Versammlungen, ihren Flugschriften und Mitteilungsorganen eine beachtliche Eigendynamik entwickelten: In München entstanden davon circa 100, einschließlich der etwa 30 Stadtteilorganisationen. Jetzt geriet das Vereinsleben in den Hintergrund. Dafür vervielfachten sich sämtliche propagandistischen Aktivitäten geradezu explosionsartig und verschafften der Münchner NSDAP bzw. ihrer Ideologie im Vergleich zu den Vorjahren und zu allen anderen Parteien ein überdurchschnittlich hohes Maß an öffentlicher Präsenz und Breitenwirkung.

In einigen Punkten wich die Münchner Entwicklung jedoch deutlich von der anderer NS-Lokalorganisationen und zugleich vom Durchschnitt der Gesamtpartei ab: Es gelang in München zwischen 1925 und 1928 wesentlich schneller als anderswo, einen ersten Teil des möglichen Anhängerpotentials zu mobilisieren. Dadurch etablierte sich die Münchner NSDAP unter den NS-Lokalorganisationen im Reich, die ebenfalls alle von der Stagnation ergriffen waren, bis 1928/1929 als eine der stärksten und zwar sowohl hinsichtlich ihrer Mitgliederstärke als auch hinsichtlich ihrer Wahlergebnisse. Unter den NS-Organisationen in Großstädten mit ähnlichen soziostrukturellen Merkmalen befand sich die Münchner Ortsgruppe bezüglich der Wählerstimmen sogar noch bis 1930 stets in der Spitzengruppe. Erst ab 1931 verlor sie diese Position und fiel auf den Durchschnitt der genannten Großstädte zurück. Die Gründe für diese raschere Mobilisierung sind vielfältig und markieren einige weitere herausstechende Charakteristika der Münchner NSDAP. Die Münchner Organisation konnte erstens auf ihre Strukturen und Anhänger der Jahre 1919-1924 zurückgreifen; mancherorts in Deutschland existierte derartiges im Jahre 1925 noch gar nicht oder nur rudimentär. Sie profitierte zweitens von einem gewichtigen Standortvorteil: Die Reichsleitung und die Leitungsgremien etlicher Unterorganisationen der NSDAP sowie der bayerischen Landtagsfraktion hatten ihren Sitz in der Stadt. Damit besaß man nicht nur einen in der Parteiöffentlichkeit wirksamen Nimbus, sondern auch eine Reihe zugkräftiger Redner, allen voran Hitler selbst. Die Münchner NSDAP war überdies bis 1928/1929 mit der Reichsleitung organisatorisch, personell, finanziell und – betrachtet man speziell Hitler – emotional aufs engste verbunden. Denn die städtische Organisation unterstand von 1925 bis zum November 1929 unmittelbar der Parteiführung und damit Hitler. Erst 1929, nunmehr zum Untergau „Groß-München" ernannt, erhielt sie einen eigenen Leiter, den vormaligen Gauleiter der Oberpfalz, Adolf Wagner. Auch saßen Münchner Funktionäre in vielen einflußreichen Positionen der Reichsleitung, denkt man etwa an den Reichsorganisationsleiter und Vorsitzenden des Parteigerichtes bis 1928, Bruno Heinemann, oder an den Schriftführer Hermann Schneider und seinen Nachfolger Karl Fiehler. Bis 1930 hatte beinahe die Hälfte aller Abteilungs- und Unterabteilungsleiter der Parteizentrale ihre Parteikarriere in München begonnen, manche davon engagierten sich gleichzeitig in der Münchner Ortsgruppe. Nachdem die Parteiorganisationen von München und Oberbayern im November 1930 zum Gau „München-Oberbayern" fusioniert waren, stellten Münchner Parteiaktivisten 70 Prozent der Funktionäre der Gauleitung; ein ähnliches Bild ergab sich bei SA, SS und einigen anderen Unterorganisationen. Diese Ortsgruppe war bis 1926 Hitlers Hausmacht und bis 1927/1928 die wichtigste finanzielle Stütze der Parteiführung. Hitler fühlte sich darüber hinaus durch die Jahre seines politischen Aufstieges, durch die Ereignisse des Jahres 1923, aber auch durch die Klimabedingungen und die Bevölkerungsmentalität zu München hingezogen.

Trotz der Standortvorteile zerschlugen sich jedoch, wie schon angedeutet, bereits 1925 binnen kurzem die Hoffnungen der NSDAP, in München am Erfolg der Jahre bis 1923 anknüpfen zu können, d.h. erneut in der Stadt dominierenden politischen Einfluß zu gewinnen. Trotz ihrer Spitzenposition unter den NS-Lokalorganisationen war sie dennoch in der Stadt immer noch weit von einem wahlpolitischen Durchbruch entfernt. Die Ortsgruppe verharrte, wie erwähnt, bis zum Frühjahr 1928 in Stagnation. Ihre öffentliche Artikulation besaß weit weniger spektakuläres Ausmaß als vor dem November 1923; Propagandamärsche, Flugschriften und Großveranstaltungen zählten kaum mehr zum Repertoire. Die Großveranstaltungen wie auch die kleineren Mitgliederversammlungen fanden meist nur mäßigen Besuch. Die Wähler- und Mitgliederzahlen standen weit hinter denjenigen der BVP und SPD zurück und reichten keineswegs an die Wahlergebnisse vom April 1924 bzw. an den Mitgliederstand des Jahres 1923 heran. Die Mitgliederzahlen des sozialdemokratischen „Reichsbanners" etwa übertrafen die der SA nahezu um das Zwanzigfache. Orientierung und Methoden der NS-Parteipropaganda blieben, selbst als sich die Partei ab 1927 in München nicht mehr nahezu ausschließlich auf die Arbeiterschaft konzentrierte, sondern auch um den Mittelstand und später um die Wehrverbände warb, im Vergleich zu den hochgesteckten Erwartungen weitgehend erfolglos.

Einige Zahlen zur Münchner Entwicklung: Von 1926 bis zum Frühjahr 1928 stagnierte die Mitgliederzahl bei etwa 2500 und wuchs dann zunächst langsam, ab 1931 schließlich rapide bis zum Januar 1933 auf 10.000 an. Die Sozialstruktur der Parteimitgliedschaft in der zweiten Hälfte der zwanziger Jahre entsprach etwa derjenigen der Gesamtbevölkerung. Damit zeigte sich die NSDAP als echte „Volkspartei" und keineswegs als Außenseitergruppierung. 1925 stimmten bei der Reichspräsidentenwahl nur 4,8 Prozent der Wahlberechtigten für den nationalsozialistischen Kandidaten Ludendorff. Bei der Reichstagswahl 1928 gewann die NSDAP knapp 8 Prozent der Wahlberechtigten, bei der Reichstagswahl 1930 18 Prozent, im Juli 1932 steigerte sie sich auf etwa 22 Prozent, verlor hiervon im November dieses Jahres vier Prozent und erzielte im März 1933 rund 33 Prozent. Hinsichtlich ihrer Mitgliederzahlen verharrte die NSDAP in München bis 1933 an dritter Stelle hinter BVP und SPD, hinsichtlich ihrer Wählerstimmen errang sie ab 1929 die dritte Position und ab 1932 die erste.[7]

Angesichts dieser Entwicklung entsprach der Titel „Hauptstadt der Bewegung", den Hitler 1935 an München verliehen hatte[8], nicht der Realität der Jahre 1925 bis 1933. Die Münchner Ortsgruppe besaß, trotz ihrer Spitzenposition innerhalb der reichsweiten NSDAP in den Jahren 1925 bis 1929, in der Stadt im selben Zeitraum keine große Bedeutung. Nach 1930 zählte sie nicht mehr zu den stärksten NS-Lokalorganisationen. Und München hatte, entgegen Hitlers vollmundigen Ankündigungen in „Mein Kampf", zu keinem Zeitpunkt die Protagonisten-Rolle als Experimentierfeld oder Ideenschmiede der NSDAP inne. Zudem trug die Parteileitung an der – für die Münchner NSDAP – negativen Entwicklung wesentliche Mitschuld. Vermutlich hatte Hitler den besagten Titel hauptsächlich in Erinnerung an die Jahre bis

1923 und mit Blick auf die in der Stadt anwesenden Spitzengremien der Parteiorganisationen bzw. die wachsende Zahl von Parteibauten verliehen.

Der genannte Standortfaktor wirkte sich bis 1928/1929 nicht nur positiv aus, denn verschiedene Fehlentscheidungen der Reichsleitung bzw. Hitlers schadeten der Münchner NSDAP massiv. Dadurch ergab sich eine paradoxe Situation. Einerseits trug der Standortfaktor „Reichsleitung" wesentlich zur Stagnation in München bei, andererseits hielt er diese auf einem – im Vergleich zu den NS-Organisationen im Reich – hohen Niveau. Durch die Fehlentscheidungen unterschied sich die Münchner Ausgangslage ein weiteres Mal deutlich von derjenigen anderer NS-Lokalorganisationen. Die Reichsleitung und Hitler leiteten die Münchner NSDAP bis 1929 sozusagen „nebenher". Es gab weder einen Ortsgruppenführer noch war eine Persönlichkeit innerhalb der Parteileitung hierfür eindeutig zuständig. Nachdem überdies Nahziele wie etwa eine unmittelbar bevorstehende Wahl fehlten, hatte dieser Führungsstil zum einen zur Folge, daß sich die Stadtteilorganisationen hauptsächlich auf ihr Binnenleben konzentrierten und weniger auf aktive bzw. spektakuläre Propagandaaktionen, und zum anderen, daß parteiinterne Auseinandersetzungen breiten Raum erhielten – eine Situation, die 1925/1926 freilich in vielen Regionalorganisationen der NSDAP zu beobachten war.[9] Der rigorose Zugriff der Parteileitung auf die Geldmittel der Münchner Ortsgruppe nahm dieser ohnehin fast jeden Anreiz für aufwendigere Propaganda. Schon 1925 entwickelte sich ein dichtes, spezifisch nationalsozialistisches Milieu, das einigen Sektionen – vor allem in den eher bürgerlich dominierten Stadtvierteln Schwabing, Innenstadt, Laim und Nymphenburg-Gern – in den ersten beiden Jahren nach 1925 einen langsamen Mitgliederzuwachs oder zumindest relative Stabilität sicherte. Doch selbst diese Stabilität erwies sich als fragil. 1927 verursachte die Reichsleitung nicht nur, wie an späterer Stelle noch ausführlicher zu schildern sein wird, den vollkommenen Zusammenbruch der Finanzen der Stadtteilorganisationen, sondern auch die Zerstörung ihres Vereinslebens. Der Standortfaktor „Reichsleitung" schadete letztendlich also mehr, denn daß er nützte.

Neben diesen Defiziten sah sich die Ortsgruppe überdies mit – aus NS-Sicht – ungünstigen Rahmenbedingungen konfrontiert. Die wirtschaftliche und politische Stabilität der „goldenen zwanziger Jahre" der Weimarer Republik, die die Krisenjahre 1922-1924 ablöste, prägte auch München[10], entzog der radikalen Systemkritik der Partei den Boden, reduzierte somit die Klientel, die sich politisch radikalisieren ließ, und rückte damit fürs erste den Erfolg der NSDAP in weite Ferne. Daran konnte die Ortsgruppe auch dann nichts ändern, als sie mit anderen Mitteln versuchte, ihre Defizite zu kompensieren. So brach die Münchner NSDAP einen verbissenen Kleinkrieg gegen einen unbedeutenden rechtsradikalen Konkurrenten, den vom Gründer der DAP/NSDAP, Anton Drexler, geführten „Nationalsozialen Volksbund", vom Zaun. Ähnlich suchte sich auch die SA gelegentlich mit demonstrativer Aggressivität zu profilieren.

Diese spezifischen Charakteristika der Münchner NSDAP umreißen einerseits die wesentlichen Ursachen der Parteikrise, andererseits die Gründe dafür, daß die Ortsgruppe die vier Jahre währende Stagnation im Vergleich zu anderen NS-Organisationen im Reich besser überstand. Auch der Aufstieg der gesamten NSDAP ab 1929/1930 basierte auf dem Ineinandergreifen von gesellschaftspolitischen und parteiinternen Entwicklungen. Die 1929 beginnende tiefe Krise von Wirtschaft, Gesellschaft und Politik in Deutschland, die angesichts der strukturellen Defizite der Republik in die Agonie des politischen Systems mündete, lieferte der Fundamentalopposition der NSDAP die passende Munition und förderte die Bereitschaft in weiten Teilen der Bevölkerung, sich im Sinne dieser Partei radikalisieren zu lassen. In einem solchen

Umfeld entfalteten die NS-Propaganda und Hitlers demagogische Fähigkeiten ihre höchste Wirksamkeit. Ein zusätzlicher wesentlicher Grund für den Aufstieg der NSDAP in vielen Regionen sowie auf Reichsebene, nämlich die Schwäche der politischen und staatlichen Gegenkräfte, ließ sich allerdings in München nicht beobachten. Die genannten Faktoren sind der Forschung im Hinblick auf die allgemeine Entwicklung der NSDAP im Reich seit langem bekannt.[11] Die unterschiedlichen Phasen 1925 bis 1928 und 1929/1930 bis 1933 wurden jedoch von weiteren Faktoren beeinflußt, ohne die insbesondere in München der Aufstieg der Partei nicht denkbar gewesen wäre. Ein Blick auf die fünf Wirkungsbereiche der Münchner NSDAP erhellt im folgenden ihre Bedeutung.

Beobachtet man erstens den Wirkungsbereich „Propaganda", d.h. den Aufwand zur Vermittlung der nationalsozialistischen Ideologie in der Stadt, genauer etwa die Stückzahlen der Flugblätter bzw. Plakate, die Zahl der Lastwagenfahrten, die Organisation der Parteiredner oder auch das Engagement der Parteimitglieder, dann wird die große Bedeutung der massiven Intensivierung der Propaganda ab 1928 und schließlich ab 1930 deutlich. Der aufwendige Wahlkampf einte und mobilisierte die Mitglieder, drängte Streit in den Hintergrund, vermittelte das Gefühl von Aktivismus, verstärkte die öffentliche Präsenz der Partei und damit auch ihre Zugkraft.

Auf diese Weise trug z.B. der Reichstagswahlkampf 1928, in Verbindung mit dem damals für die NSDAP im Reichsvergleich beachtlichen Wahlergebnis von 8 Prozent[12], entscheidend zum Aufbruch aus der Stagnation in München bei. Die sektionsinternen Auseinandersetzungen und auch die Fluktuation in den Sektionsführungen gingen stark zurück. Die jetzt intensiver eingesetzte SA überwand ihre lähmende Krise und setzte ihre Propagandamärsche auch nach der Wahl fort. Die Münchner NSDAP erregte nun größere Aufmerksamkeit und entwickelte neue Anziehungskraft, wie dies die allmählich steigenden Mitgliederzahlen belegen. Dadurch fühlten sich wiederum die Münchner Parteiaktivisten angespornt. Dieser Zugeffekt erfaßte vorerst besonders das rechtsradikale Spektrum in der Stadt. Hier machte sich jetzt die nationalsozialistische Wende in der Orientierung gegenüber den Wehrverbänden bezahlt. Die Konsolidierung gelang, obwohl die Republik noch weit von einer für die NS-Agitation „günstigen" politischen oder wirtschaftlichen Krise entfernt war. Denn die reichsweit zu beobachtende langsame Zunahme der Arbeitslosigkeit war in München noch kaum zu spüren.[13]

Der Zuwachs an Mitgliedern und Wählern in den Jahre ab 1929/1930 basierte wesentlich auf dem zweiten großen Intensivierungsschub der Parteipropaganda. Dem ging eine tiefgreifende Reform der Münchner Parteiorganisation im Herbst 1929 voraus. München erhielt mit dem Gauleiter Wagner erstmals eine zentrale und energische Leitung, die sofort die propagandistischen Wirkungsfelder ausweitete und die Selbstbezogenheit der städtischen Organisation beendete. Im Frühjahr 1930 verdreifachte sich die Zahl der in den Stadtteilen tätigen Parteiorganisationen, die nun ihrerseits für nahezu jede Straße eigene Einrichtungen aufbauten. Auch der Apparat der Gauleitung in München entwickelte sich zunehmend komplexer, um möglichst viele Berufs- und Interessengruppen anzusprechen. Im Frühsommer 1932 waren in der Stadt alleine rund 20 Werbeorganisationen für die unterschiedlichsten Handwerkszweige tätig. Mit ihrem Netz an Einrichtungen, das alles Vergleichbare bei BVP und SPD weit übertraf, wollte die Partei ihre Propaganda verstärken und zugleich die Einbindung bzw. Mobilisierung ihrer Mitglieder verbessern. Die Organisationen suchten in einer Mischung aus Vereinsleben und Lobbyarbeit die Protestthemen möglichst vieler Berufs- und Gesellschaftsschichten zu instrumentalisieren, um neue Anhänger zu gewinnen und zugleich die berufsständischen Verbände in der

Stadt zu unterwandern. Entsprechend stark vervielfachte sich auch die Zahl der Versammlungen in der Stadt. Nun lieferten erstmals Redner- und Funktionärsschulen eine wachsende Zahl zumindest rudimentär geschulter Parteiredner und Funktionäre, die das Organisationsnetz verdichteten und den Versammlungen Zugkraft verliehen. In Verbindung mit dem Mitgliederzulauf erzielte die Propaganda nun eine weit größere Reichweite als noch 1929. Dazu trug auch der Einsatz von Filmvorführungen und Theaterbühnen sowie die drastische Vervielfachung der nationalsozialistischen Presseerzeugnisse bei; fast jede Unterorganisation pochte auf ein eigenes Mitteilungsblatt. Die Münchner NS-Propaganda der dreißiger Jahre übertraf durch ihre effiziente Organisation und den extrem hohen Aufwand jegliche Bemühungen des politischen Gegners. Trotz mancher Defizite trug die Parteipropaganda dadurch wesentlich zu den hohen Stimmengewinnen jener Jahre bei. Allerdings waren diesem Erfolg bis Anfang 1933 Grenzen gesetzt, die die maximale Entfaltung der Propaganda und damit den Durchbruch zu einer absoluten Mehrheit bei den Wählerstimmen verhinderten. Dies gilt es jedoch an späterer Stelle zu erläutern.

Damit die Propaganda in ihren vielen, von den Parteifunktionären oft sehr unterschiedlich interpretierten Variationen Zugkraft entwickeln konnte, mußte die NS-Ideologie erst ihren Adressatenkreis erreichen. Es galt, dieser Ideologie angesichts der Konkurrenz anderer Parteien möglichst viel Raum in der öffentlichen Wahrnehmung zu verschaffen. Auch wenn die Werbung mancherorts hauptsächlich vom Streueffekt der Mundpropaganda lebte, so mußte der „Mundpropagandist" zuvor in Kontakt mit NS-Propaganda gekommen sein. Die eingesetzten Propagandamittel zeigten sich in der Summe als wirksam genug, um noch in den entlegensten Straßen und Vierteln auf die NSDAP und ihre Lösungsvorschläge für die Krise von Staat und Wirtschaft aufmerksam zu machen und die Partei somit als Alternative in das Blickfeld des Wählers zu rücken, selbst wenn sich hierbei oft nur ein

„diffuses Image“[14] greifen ließ. Das Münchner Beispiel belegt deutlich den von Teilen der historischen Forschung bislang bestrittenen Kausalzusammenhang zwischen Wahlerfolg und Propagandaaufwand[15], der – unter Berücksichtigung regionaler Sonderentwicklungen – wohl auch für das Reich gelten dürfte.[16]

Die Reichstagswahl im Frühjahr 1933 verdeutlicht dieses Phänomen besonders. Zweifellos hatten die Reichskanzlerschaft Hitlers und der Reichstagsbrand bzw. dessen politische Instrumentalisierung durch die NSDAP ihre Wirkung. Der nationalsozialistische Innenminister Frick bekämpfte den politischen Gegner nicht zuletzt mit Hilfe der Pressezensur und setzte erhebliche Finanzmittel sowie erstmals den Rundfunk systematisch im Sinne der NSDAP ein[17]. Nicht ohne Folgen konnte es außerdem bleiben, daß die bayerische katholische Kirchenführung ihre noch in den Vorjahren praktizierte Ablehnung der NSDAP abschwächte.[18] Doch entscheidend war, daß sich die Parteipropaganda in München jetzt erstmals frei von allen bisherigen Hindernissen[19] maximal entfalten konnte. Auf einen Schlag gewann die NSDAP beinahe 15 Prozent – hauptsächlich aus der Gruppe der Nichtwähler – zu ihrem bisherigen Sockel an Wählerstimmen hinzu.[20]

Die entscheidende Basis für den Propagandaaufwand und den vielfältigen Ausbau der Parteiorganisation seit 1930 lieferte das Finanzierungssystem – der zweite hier zu erörternde Wirkungsbereich der Münchner NSDAP. Eine detaillierte Untersuchung dieses Systems erscheint für NS-Regionalorganisationen als sehr lohnend, lassen sich doch auf diesem Wege die Zusammenhänge von Organisation, Propaganda und Erfolg besser greifen. Um dies am Beispiel der Münchner NSDAP zu präzisieren: Als die Reichsleitung 1927 die Stadtteilorganisationen zwang, ihre Mitgliederversammlungen zugunsten spezieller, stadtteilübergreifender „Zentralsprechabende“ aufzugeben, nahm sie ihnen nicht nur den Mittelpunkt ihres Vereinslebens, sondern auch die einzige

Gelegenheit, Spenden zu sammeln und damit zugleich ihre entscheidende Einnahmequelle. Denn die Münchner Ortsgruppe war nahezu die einzige nationalsozialistische Lokalorganisation in den Jahren von 1925 bis 1929, die sämtliche Mitgliedsbeiträge und sonstige Einnahmen, außer den in Mitgliederversammlungen gespendeten Geldern, direkt an die Parteileitung abzuliefern hatte. Die Reichsleitung sah sich zu diesen Maßnahmen gezwungen, um ihre chronische Finanzkrise zu lindern.

Durch die Einführung der „Zentralsprechabende" allerdings ruinierte die Parteileitung 1927 die Sektionsfinanzen und in der Folge auch das Vereinsleben der Münchner Ortsgruppe. Zugleich nahm sie den Sektionen damit endgültig jede Basis für eine aktivere Propaganda. Doch auch das Interesse der Parteibasis an den „Zentralsprechabenden" versiegte bald, die Mitgliederwerbung blieb wiederum erfolglos. Daran änderte selbst die Aufhebung des zweijährigen bayerischen Redeverbotes für Hitler im Frühjahr 1927[21] nichts.

Seit Herbst 1929 reformierte nun der Reichsschatzmeister der NSDAP, Franz Xaver Schwarz, sukzessive das Finanzierungssystem der NSDAP in München und im Reich. Während die Anteile der Ortsgruppen an jedem einzelnen Mitgliedsbeitrag stiegen, wurden die Anteile der Parteileitung und aller anderen NS-Unterorganisationen herabgesetzt. Damit vergrößerte sich das Finanzvolumen der Münchner Stadtteilorganisationen, nunmehr zu Ortsgruppen ernannt, erheblich. Darüber hinaus entwickelte der Reichsschatzmeister im Zusammenspiel mit der Münchner Gauleitung ein effizientes System der Geldbeschaffung, womit sich die beachtliche finanzielle Potenz der Mitglieder wesentlich besser nutzen ließ. Daher ermöglichte es diese Reform, nachdem die Stadtteilorganisationen die Hauptlast an jeder Expansion von Vereinsleben und Propaganda trugen, letztere in einem bis dahin unvorstellbaren Ausmaß auszuweiten. Die Expansion hätte sogar einen noch weit größeren Umfang erreichen können, wenn nicht die Münchner Polizei die Parteifinanzierung stellenweise wirkungsvoll blockiert hätte. Unter den gegebenen Umständen jedoch war das Finanzierungssystem der NSDAP in seinen Grundzügen, das zeigt die Analyse der Münchner Strukturen, demjenigen anderer Parteien weit überlegen und damit ein entscheidender Faktor für den Aufstieg der NSDAP in ganz Deutschland.

Der dritte signifikante Faktor für die Entwicklung der Münchner NSDAP war das spezifisch nationalsozialistische Milieu.[22] Es basierte auf einem feingesponnenen Netz aus vielfältigen Binnenorganisationen, sozialem Engagement, Unterhaltungsaktivitäten und der persönlichen Einbindung des einzelnen Mitglieds, sofern es an den Versammlungen teilnahm. All dies vermittelte den Beteiligten das Gefühl einer Art „Großfamilie". Zu den wesentlichen Strukturdimensionen des NS-Milieus gehörten das „gemeinsame Leben", die gemeinsame weltanschauliche „Deutungskultur"[23], die Fixierung auf Hitler und das Selbstverständnis als einer angeblich von Staat und Gesellschaft verfolgten und zur „Rettung" des Landes bestimmten Elite.

Das Münchner NS-Milieu unterschied sich deutlich von den vergleichbaren Strukturen innerhalb des Katholizismus oder der Arbeiterbewegung[24], die der Partei stellenweise als Vorbild dienten: Das nationalsozialistische Phänomen erreichte nie deren Ausmaß und entbehrte überdies der Strukturdimensionen einer gemeinsamen Religion bzw. kulturellen Orientierung, einer gemeinsamen wirtschaftlich-sozialen Lage und der Konzentration auf bestimmte Bevölkerungsschichten. In der Münchner NSDAP waren beide Konfessionen und sämtliche Berufsgruppen bzw. Bevölkerungsschichten ohne einseitige Dominanz vertreten.

Dichte und Wirkungskraft des NS-Milieus waren abhängig von der Finanzkraft der Mitglieder, aber auch vom Charisma und Engagement der Führungsgruppe der jeweiligen Stadtteilorganisation. Daher zerstörten Geldmangel, interne Auseinandersetzungen oder das Desinteresse der Führungskräfte dieses Milieu in einigen Fällen. So zerbrach 1927 das Münchner NS-Milieu infolge der Fehler der Parteileitung weitgehend und wurde erst 1930/1931 reaktiviert. Die große Bedeutung des Milieus lag jeweils im wesentlichen darin, die Kadergruppen zu formieren und zu stabilisieren, die die Hauptlast der Wahlkämpfe und Parteipropaganda trugen, die inneren Strukturen erhielten bzw. ausbauten und damit den Mitgliederzuwachs auffingen. Dagegen dürfte das Milieu jedoch nie so starke Zugkraft entwickelt haben, um im großen Stil neue Anhänger zu werben, wenngleich es natürlich die Anziehungskraft der NSDAP verstärkte. Denn es verschaffte der Partei ein Bild von Seriosität, familiärer Gemütlichkeit, menschlicher Gemütsart, d.h. ein durchaus positives Image. Dieses Image spiegelte den für die Weimarer Republik typischen Hang zum Vereinsleben und profitierte zugleich davon. Dennoch überzogen die Münchner Nationalsozialisten vor allem in den zwanziger Jahren die völkischen Verbände und gegnerischen Parteien wegen deren „Vereinsmeierei“ mit Spott, und übersahen das sehr ähnliche Phänomen in ihren eigenen Reihen geflissentlich. Die NSDAP entsprach keineswegs dem von ihr beharrlich gepflegten Selbstbild einer aktivistischen „Kampfpartei“. Doch gerade ihre Milieustrukturen hielten die genannten Kadergruppen zusammen und trugen somit dazu bei, daß die Partei während ihrer Stagnationsjahre, als die NSDAP von einem zeitgenössischen Nachschlagewerk bereits als bloße „Erinnerung der Inflationsperiode“[25] charakterisiert wurde, nicht in die völlige Bedeutungslosigkeit abrutschte.

Der vierte prägende Faktor für die Entwicklung der Münchner NSDAP war die Aggressivität ihrer Parteianhänger und Funktionäre. Dieses für die NSDAP allgemein charakteristische Phänomen[26] hing zum einen mit der nationalsozialistischen Ideologie zusammen, die vielfältige Aggressionen anpries und förderte und somit entsprechend veranlagte Persönlichkeiten in die Partei zog. Die Aggressivität als solche war gegen den weltanschaulichen Gegner gerichtet, war jedoch auch ohne allzu große Hemmungen gegen innerparteiliche Kontrahenten einzusetzen. Zum anderen schuf der in der Partei, nicht zuletzt von Hitler selbst praktizierte Führungsstil ausreichend Freiraum für die Machtkämpfe der Unterführer.

Die an sich für politische Organisationen „normalen" Machtkämpfe und Streitereien erreichten in der Münchner NSDAP ein selbstschädigendes Ausmaß. Dabei schufen die in der Ortsgruppe nach wie vor virulenten Fronten des Jahres 1924, als sich die Nachfolgeparteien der damals verbotenen NSDAP erbittert bekämpft hatten, zusätzlichen Zündstoff. Unabhängig davon schwelte innerhalb der SA der Grundkonflikt einerseits um die als unzureichend empfundene Finanzierung der Verbände und andererseits um den der SA eigenen Drang nach putschistischem Aktionismus. Je länger der politische Erfolg während der zwanziger Jahre ausblieb, um so mehr verschärfte sich das ohnehin hohe Spannungspotential innerhalb der Partei. Fortwährende Auseinandersetzungen, die gelegentlich selbst Hitlers Autorität beeinträchtigten, ließen seit 1925 die Sektionen nicht zur Ruhe kommen und steigerten die ohnehin ausgeprägte Fluktuation unter den Münchner Sektionsführern. Manche Sektion verlor auf diese Weise jede Anziehungskraft und verfehlte die Konsolidierung ihres Vereinslebens. Die Auseinandersetzungen innerhalb des Nationalsozialistischen Studentenbundes und der SA brachten beide Organisationen 1927 sogar an den Rand der Auflösung. Dennoch begegneten die Münchner Parteifunktionäre aller Ebenen dem Problem der innerparteilichen Aggressivität in einer Mischung aus bewußter Förderung bzw. wohlwollender Toleranz. Während diese Vorgänge bis 1928 wesentlich zur Stagnation beitrugen, absorbierte der wachsende Erfolg der Jahre ab 1929 einen Großteil – sieht man von der Röhm-Affäre 1931/1932 ab – der negativen Auswirkungen der unvermindert anhaltenden parteiinternen Kämpfe. Zeitungen und Gerichtsverfahren thematisierten damals nicht nur die Homosexualität des Führers der SA, Ernst Röhm, sondern auch die damit zusammenhängenden heftigen Angriffe innerparteilicher Gegner, die sogar in einen Attentatsversuch mündeten.[27]

Die Aggressivität der NSDAP gegen ihre politischen Gegner und das Judentum verlor in München nach dem „Hitlerputsch" 1923 infolge der jetzt nachhaltigeren polizeilichen Gegenwehr aber auch aufgrund der zurückgehenden politisch-wirtschaftlichen Krise für lange Zeit an Radikalität. Extrem aggressive Volksverhetzung – damit sind brutale Beleidigungen und der offenen oder versteckten Aufruf zu handgreiflichem Vorgehen, ja selbst zum Mord gemeint – brach in den Folgejahren nur noch gelegentlich durch die Fassade der Zurückhaltung. Ebenso wie die extremen verbalen gingen auch die handgreiflichen Formen der Aggressivität in der zweiten Hälfte der zwanziger Jahre generell deutlich zurück und wuchsen erst ab 1930 wieder stark an. Von dieser erneut gesteigerten Aggressivität gegen den politischen Gegner hatte die NSDAP jedoch keinen Nutzen, im Gegenteil, sie schadete sich selbst, denn die Münchner Polizeibehörden reagierten sofort mit einem entsprechend verschärften Gegenkurs. Der gelegentlich in der historischen Forschung proklamierte Werbeeffekt solcher Aggressivität unter der bürgerlichen Wählerschaft – nach dem Motto: nur die NSDAP schützt effektiv vor dem Kommunismus[28] – trat nicht ein. Die Erinnerung an die unverblümt in der Öffentlichkeit zur Schau gestellte nationalsozialistische Gewalttätigkeit 1922/1923 oder auch an den „Hitlerputsch" war in München und Bayern naturgemäß besonders nachhaltig. Auch Teile der konservativen Presse registrierten die Aggressivität – wenn auch nicht den Antisemitismus – bereits in den zwanziger Jahren immer wieder deutlich, reagierten mit scharfer Ablehnung und entwickelten ein eigenes Gefahrenbewußtsein.

Der Antisemitismus – als fünfter Faktor – war integraler Bestandteil nationalsozialistischer Ideologie und Aggressivität während der Weimarer Republik.[29] In der Öffentlichkeit jedoch suchten die Münchner Nationalsozialisten ab 1925 auch die Radikalität ihres Antisemitismus abzuschwächen. Um den Polizeibehörden keinen Anlaß für ein Eingreifen zu bieten, blieben handgreifliche Attacken, die noch 1923 zum „normalen" Alltag in der Stadt gehört hatten, nahezu gänzlich aus. Besonders ab 1928 wurde schließlich auch die extreme verbale Hetze sehr selten. Die Parteiöffentlichkeit beschränkte sich im wesentlichen auf eine graduell zurückhaltendere, vermutlich von den Zeitgenossen als „gemäßigter" bzw. „salonfähig" angesehene Formen des Antisemitismus. Grundsätzlich behandelte man das Thema Judentum nur in Einzelfällen in ausführlicherer Form. Dennoch zeigte sich der Antisemitismus in den unterschiedlichsten Variationen bei beinahe jeder NS-Versammlung sowie in den nationalsozialistischen Schriften, seien es Flugblätter, Zeitungen oder Bücher.

Doch selbst anhand der „gemäßigten" öffentlichen Artikulation des Antisemitismus konnte ein aufmerksamer zeitgenössischer Beobachter bis 1930 zwei grundlegende nationalsozialistische Intentionen für den Fall einer „Machtergreifung" deutlich wahrnehmen: Juden mußten mit ihrer Entfernung aus allen einflußreichen Positionen in Staat, Wirtschaft und Gesellschaft rechnen, und daß die Sicherheitsgarantien eines Rechtsstaats für sie nicht mehr existieren würden, was bedeutete, daß sie den Protagonisten eines nunmehr entfesselten Antisemitismus schutzlos ausgeliefert waren.

Seit dem Sommer 1930 wurde in der reichsweiten offiziellen Propaganda der Parteileitung allmählich darauf verzichtet, den Antisemitismus deutlich zu artikulieren.[30] Von dieser Taktik wich man nur im Herbstwahlkampf 1932 noch einmal kurzzeitig ab. Allerdings ließ sich dieser neue Kurs in München, beobachtete man die Redner in den Großveranstaltungen und die von der Parteiführung für die Stadt herausgegebenen Plakate bzw. Flugschriften, erst für den Spätherbst 1930 feststellen. Vermutlich schätzte die Parteileitung die Gefahr, durch den Antisemitismus potentielle Wähler zu verschrecken, in München geringer ein und befürchtete vielmehr durch den neuen Kurs, die extrem antisemitisch orientierten Teile der Münchner Partei zu verlieren. Nicht ohne Grund galt die Stadt bis Mitte der zwanziger Jahre als süddeutsches Zentrum des Antisemitismus.[31] In den Stadtteilorganisationen der NSDAP blieb der Antisemitismus ohnehin unverändert integraler Bestandteil der Propaganda bzw. des Vereinslebens und bindendes Element der Parteikader.

Folglich konnten unsensible Versammlungsbesucher oder Betrachter eines Parteiplakates, die nicht in das Münchner Parteileben eingebunden waren, ab 1930 den Antisemitismus als ein Randphänomen unterschätzen, und nicht mehr, wie bisher, als zentrale Komponente der NS-Ideologie erkennen. Entsprechend spielte der Antisemitismus für den Massenzulauf zur Partei ab 1930 eine geringe Rolle, denn nur ein Bruchteil der neuen NSDAP-Wählerschichten partizipierte am Parteileben. Hierin widerspricht die in München zutage tretende Entwicklung des nationalsozialistischen Antisemitismus vor 1933 sowohl der „strukturalistischen" als auch der „intentionalistischen" Interpretation der Holocaust-Forschung.[32] Das Münchner Beispiel zeigt, daß Überlegungen zur Entwicklung des Antisemitismus stärkere Differenzierung benötigen als dies die pauschalen Thesen beider Forschungsrichtungen erlauben. Das öffentliche Auftreten bzw. die Propaganda der NSDAP zerfielen in verschiedene Bereiche, die in unterschiedlicher Weise den Antisemitismus artikulierten. Weder behielt die gesamte Parteipropaganda einheitlich bis 1933 den Antisemitismus unverändert im Mittelpunkt, wie von den „Intentionalisten" vertreten, noch ersetzte man diesen, so die These der „Strukturalisten", seit 1930, oder gar schon seit 1928, durch den Marxismus als neues zentrales Feindbild. In München zeigten die offizielle stadtteilübergreifende Propaganda und die aktive Parteibasis ein unterschiedliches Verhalten. Auch bei der Beobachtung der Entwicklung im Reich scheint Skepsis gegenüber beiden Deutungsmustern angebracht. Verschiedene Lokalstudien zeigen, daß der Antisemitismus im Binnenleben der Partei auch nach 1930 seine Bedeutung behielt.[33] Dagegen folgte die öffentliche Artikulation Hitlers ab 1930 der geschilderten Taktik und wich hiervon nur im Herbst 1932 und in seiner Anfang Januar 1933 in allen Parteizeitungen abgedruckten Neujahrsbotschaft ab.[34]

Welche Faktoren dämpften den Aufstieg der Münchner NSDAP seit 1930? Daß die Münchner Wahlergebnisse 1932 und 1933 um einiges unter dem Reichsdurchschnitt der NSDAP lagen, ist nicht erstaunlich, sondern, wie die Wahlforschung schon vor längerer Zeit nachweisen konnte[35], in den letzten beiden Jahren der Weimarer Republik für Regionen und Städte mit starkem katholischem Bevölkerungsanteil charakteristisch. Es bleibt allerdings offen, warum die Wahlergebnisse der Münchner NSDAP auch unter diesen Regionen und Städte nun nicht mehr zu den besten zählten, warum München aus der eingangs genannten Spitzengruppe dieser Städte herausfiel. Bei der im gesamten Reich als „Erdrutsch" für die NSDAP kommentierten Reichstagswahl von 1930 verdoppelte die Münchner Partei ihren Anteil an den Wahlberechtigten gegenüber 1928 auf rund 18 Prozent und mobilisierte im Vergleich zur Kommunalwahl des Vorjahres ein Drittel mehr Wähler.[36] Der erste Schritt der Parteireform und der im Vergleich zu 1929 rapide gesteigerte Propagandaaufwand hatten sich bezahlt gemacht. Doch trotz einer zweijährigen Vorbereitungs- und Ausbauphase der Partei und einem Wahlkampfaufwand, der den aller anderen Parteien weit in den Schatten stellte, ließ sich bei den Wahlen von 1932 das Ergebnis von 1930 nur um maximal vier Prozent (der Wahlberechtigten) steigern. Und bei der Reichstagswahl im November 1932 verlor die Partei auch diesen Zugewinn wieder; die NSDAP konnte in München nicht einmal das Landtagswahlergebnis des völkischen Blocks von 1924 erreichen. Erst die gänzlich veränderten Bedingungen der Reichstagswahl im März 1933 brachten mit rund 33 Prozent der Wahlberechtigten den Durchbruch, wenngleich auch dieser Wahlerfolg von einer absoluten Mehrheit noch weit entfernt war.

Hier gilt es, einen weiteren Wirkungsbereich der Münchner NSDAP näher zu betrachten, ihr Verhältnis zu Kirche und Staat. Denn das entscheidende Hindernis für den Durchbruch bei den Wahlen war der heftige „Gegenwind" des Münchner Katholizismus und des bayerischen Staates. In München bot sich eine besondere Situation, denn die katholischen Kräfte engagierten sich hier möglicherweise aktiver gegen die Partei als in manchen anderen katholisch dominierten Großstädten. Die NSDAP wurde, seit die katholische Kirche in Bayern 1930/1931 offen Front gegen die Partei bezog[37], in München nicht nur mit den Aktivitäten des Kardinals Faulhaber sowie zahlreicher lokaler und überregionaler Kirchenverbände und auch der Pfarrgemeinden konfrontiert, sondern überdies mit mehreren wortgewaltigen, weit über München hinaus angesehenen und aktiven Predigern und Publizisten. Es seien hier nur der Männerseelsorger und Prediger Pater Rupert Mayer, der Publizist Fritz Michael Gerlich mit seiner Zeitung „Der Gerade Weg" oder auch Georg Moenius mit seiner Wochenschrift „Allgemeine Rundschau" genannt. Vor allem Gerlich und Moenius bekämpften den Nationalsozialismus mit aufsehenerregender Vehemenz und Offenheit.[38]

Diese offene Gegnerschaft der Kirche verhinderte 1932 einen gravierenderen nationalsozialistischen Einbruch in die Wählerschaft der BVP und der katholischen Studentenverbindungen wie die Unterwanderung der häufig katholisch geprägten Handwerkerverbindungen, des Kerns des mittelständischen Organisationsnetzes in München. Nachdem alle Okkupationsversuche auch in den anderen Führungsgremien dieses Netzes weitgehend gescheitert waren, entstand hier ein, angesichts der dominierenden mittelständischen Wirtschaftsstruktur der Stadt, gewichtiges Hindernis für die NSDAP. Der Partei blieb auch der Durchbruch an der Ludwig-Maximilians-Universität verwehrt, da hier, anders als an der Technischen Hochschule, die katholischen Studentenverbindungen eine Schlüsselstellung innehatten.

Gemeinsam mit den Sozialdemokraten, der zweiten starken politischen Gegenkraft in der Stadt, besaß die BVP im Vergleich zur NSDAP ein Vielfaches an Mitgliedern und band bis 1933 drei Fünftel der politisch organisierten Münchner, die NSDAP band dagegen nur ein Fünftel. Selbst der 1929 einsetzende dramatische Fusionsprozeß innerhalb des rechtsradikalen Verbandswesens in München, der auch reichsweit zu beobachten war, half der Partei nicht, diese Grenze zu übersteigen. Immerhin gewann die NSDAP durch diesen Prozeß vorübergehend regen Zulauf an Mitgliedern und Führungspersönlichkeiten und etablierte sich innerhalb der Münchner rechtsradikalen Szene als mit Abstand stärkste Kraft. Bei der Reichstagswahl von 1928, die in ganz Deutschland die republikbejahenden Parteien stärkte und deren Gegner schwächte, lag die SPD in München über ihrem Durchschnitt in Bayern und im Reich. Wie im Falle der BVP erwies sich der SPD-Wählerblock in München bis 1933 als weitaus stabiler denn im restlichen Bayern.[39] Damit blieb der Münchner NSDAP für eine Steigerung ihrer Stimmengewinne nur noch die Wählerschaft der Kleinstparteien und der DNVP sowie die Nichtwähler. Doch selbst als die Partei im März 1933 dieses Potential ausschöpfen konnte, erreichte sie nicht die absolute Mehrheit.

Bislang weniger bekannt ist der zweite entscheidende Faktor, der dem NS-Erfolg entgegenstand, nämlich das Vorgehen des bayerischen Staates bzw. seines Ausführungsorgans, der Münchner Polizei. Durch den „Hitlerputsch“ 1923 wandelte sich die Einstellung des bayerischen Staates gegenüber dem rechtsradikalen Verbandswesen. Die bis dahin staatlicherseits gezeigte wohlwollende Toleranz hatte dazu geführt, daß diese Verbände durch die schrankenlose Verhetzung der Bevölkerung, durch ihr wachsendes militärisches Potential und durch ihr entsprechend vehementes politisches Auftreten schließlich sogar die Regierungspolitik dominierten. Der Putsch signalisierte den Höhepunkt dieser Entwicklung. In den Jahren 1925 bis 1932 sah sich die NSDAP nun mit einer neuen Politik konfrontiert. Polizei und Innenministerium verhinderten in München, besonders seit 1931, durch Verbote und wirkungsvolle Blockaden des Finanzierungssystems die maximale Entfaltung der NS-Propaganda.

Damit hatte die bayerische Regierung den ab 1930 stetig schrumpfenden Spielraum zur Bekämpfung der NSDAP weitgehend ausgeschöpft. Denn ein rigoroses, konsequentes Verbot der bayerischen NSDAP und jeder Nachfolgeorganisation war zu diesem Zeitpunkt längst sinnlos. Selbst in den Jahren der Stagnation hätte höchstens ein reichsweites Verbot Aussicht darauf gehabt, die NSDAP zu zerstören. Doch für ein entsprechend einheitliches Vorgehen der Länder im Reich fehlte nicht nur der politische Willen, sondern auch vor und nach 1930 jede Grundlage. In den Jahren des NS-Aufstiegs war ein Verbot gänzlich aussichtslos, vergegenwärtigt man sich die numerische Stärke der Partei und ihres gewaltigen Apparates, der für seine Aktivisten mittlerweile hohe Bindekraft besaß. Dies offenbarte die Wirkungslosigkeit des SA-Verbotes im Frühsommer 1932, das die Verbände keineswegs von der Fortsetzung ihre Aktivitäten abhielt. Doch die Maßnahmen der Münchner Polizei genügten vollauf, dem Aufstieg der NSDAP in der Stadt in den Jahren von 1930 bis 1932 einen entscheidenden Dämpfer zu versetzen. Dies gilt wohl auch für die gesamte bayerische Situation. Solange die BVP in Bayern die Schlüsselpositionen von Regierung und Polizei effektiv gegen die NSDAP einsetzen konnte, erschwerte sie es dieser nachhaltig, sich in den Wahlen durchzusetzen. Welche Folgen die Beseitigung dieses Hindernisses hatte, zeigte, wie gesagt, die Reichstagswahl im März 1933, als unter dem Druck der nationalsozialistisch dominierten Reichsregierung beinahe sämtliche polizeiliche Einschränkungen wegfielen. Es war angesichts des sich bereits 1932 abzeichnenden Endes der Wirtschaftskrise unwahrscheinlich, daß die NSDAP in München, und in Bayern, ohne Hitlers Ernennung zum Reichskanzler und ohne die Reichstagswahl im März 1933 mit all ihren Folgen jemals an die Macht gelangt wäre.

Zusammenfassende Bemerkungen:

1. Die Entwicklung der NSDAP wurde nicht alleine durch drei oder vier spezielle Faktoren wie etwa Hitlers Persönlichkeit, die NS-Propaganda oder die Krise der Republik geprägt, sondern war ein höchst komplexer und störungsempfindlicher Prozeß mit einer Vielzahl von Einflußfaktoren, die nur in ganz bestimmter Kombination ihre Wirksamkeit entfalteten, d.h. der Partei zu Wahlerfolgen und Mitgliederzulauf verhalfen. Diese Komplexität läßt sich gut am Beispiel der Parteipropaganda und des Finanzierungssystems beobachten. Beide Handlungsbereiche erwiesen sich als so effizient, daß sie der NSDAP zwischen 1929 und 1932 einen gewaltigen Zuwachs an Mitgliedern und an Stimmen verschafften. Doch die Münchner Polizei und der aktive Katholizismus in der Stadt blockierten bis 1932 die maximale Entfaltung der Propagandawirksamkeit, der Mitgliederwerbung usw. und damit den letzten Durchbruch zu absoluten Mehrheiten.

2. Eine solche Komplexität erfordert die Analyse möglichst aller Wirkungsbereiche der NSDAP. Dazu gehört nicht nur – so der Themenkanon der meisten Publikationen zur nationalsozialistischen Regionalentwicklung – Organisation, Propaganda und Wähler- bzw. Mitgliederschichten. Für einen tieferen Blick auf das Wirkungsgefüge, das der NSDAP zum Aufstieg verhalf oder eben diesen Aufstieg verhinderte, ist die Untersuchung der natio-

nalsozialistischen Aggressivität, der Parteifinanzierung, des Parteimilieus sowie des Verhaltens der staatlichen, politischen und gesellschaftlichen Kräfte unumgänglich. Gerade hinsichtlich des Milieus und der Finanzierung – Themengebiete, die bislang in der Forschung erstaunlich wenig beachtet wurden – betritt der Historiker weitgehend Neuland.

3. Hier wird der besondere Wert der Mikrohistorie, in diesem Fall der Untersuchung einzelner kleinräumiger politischer Gebilde wie etwa einer lokalen Organisation, erkennbar. Die Analyse beobachtet sozusagen mit der Lupe und widmet sich in sehr viel größerem Maße den Details, als dies in einer regionenübergreifenden Untersuchung möglich ist. Dadurch lassen sich manche Wirkungsmechanismen der Entwicklung der NSDAP besser verstehen.

4. Unabhängig von den besonderen, stellenweise singulären Bedingungen für die Münchner NSDAP können die Ergebnisse hinsichtlich der Funktionsweise bzw. Bedeutung des Finanzierungssystems und hinsichtlich des NS-Milieus durchaus für die Entwicklung der NSDAP in ganz Deutschland verallgemeinert werden.

5. Der Aufstieg der NSDAP in München beginnt nicht, wie die innere Parteientwicklung und die Reichstagswahl von 1928 suggerieren, im Jahre 1928. Für die Ortsgruppe hatte die signifikante Vermehrung der Propagandaaktivitäten zwar die größte Bedeutung, von der für die Partei im Reich entscheidenden Organisationsreform Anfang September 1928 war sie dagegen nur am Rande betroffen. Allerdings verschaffte der NSDAP die Konsolidierung 1928/1929 allenfalls eine kurze Ruhepause. Ohne die zwei wesentlichen Voraussetzungen, das Ende der stabilen wirtschaftlichen Lage und die Überwindung ihrer gravierenden strukturellen Defizite, hätte die Münchner NSDAP auf Dauer das Gros ihrer Anhänger nicht halten können. Dies gilt, betrachtet man die Zusammenhänge zwischen Finanzierung und Propa-

ganda, für die Parteiorganisation im gesamten Reich. Beide Voraussetzungen für den Aufstieg erfüllten sich ab Herbst 1929. Somit bildeten erst die Reformen der Jahre 1929/1930 in den Bereichen Finanzierung, Organisation und Propaganda die entscheidende Zäsur für die Münchner NSDAP. Sie markieren den Beginn des Aufstieg der folgenden Jahre bzw. ermöglichten ihn überhaupt erst. Dieser Erfolg war noch 1928 oder 1929 in seiner Brisanz nicht vorherzusehen – unumkehrbar oder gar beliebig linear fortsetzbar war er auch in den Folgejahren nicht, wie die Parteikrisen des Jahres 1932, d.h. die Wahlniederlage im November und der Rücktritt von Gregor Strasser, dem Parteiorganisationsleiters, im Dezember, zeigen.

[1] Ausführlicher nachzuschlagen sind die hier vorgetragenen Ergebnisse in: Mathias RÖSCH: Die Münchner NSDAP 1925-1933. Eine Untersuchung zur inneren Struktur der NSDAP in der Weimarer Republik (im Druck).

[2] Vgl. Heinrich HILLMAYR: München und die Revolution von 1918/1919. Ein Beitrag zur Strukturanalyse von München am Ende des Ersten Weltkrieges und seiner Funktion bei Entstehung und Ablauf der Revolution, in: Karl BOSL (Hg.): Bayern im Umbruch. Die Revolution von 1918, ihre Voraussetzungen, ihr Verlauf und ihre Folgen, München, Wien 1969, S. 453-504, hier S. 481; Detlef SCHMIECHEN-ACKERMANN: Großstädte und Nationalsozialismus 1930-1945, in: Horst MÖLLER/Andreas WIRSCHING/Walter ZIEGLER (Hgg.): Nationalsozialismus in der Region. Beiträge zur regionalen und lokalen Forschung und zum internationalen Vergleich, München 1996, S. 253-270, hier S. 270 (Diagramm 8).

[3] Vgl. hierzu Wilfried RUDLOFF: Notjahre – Stadtpolitik in Krieg, Inflation und Weltwirtschaftskrise 1914 bis 1933, in: Richard BAUER (Hg.): Geschichte der Stadt München, München 1992, S. 336-368, hier S. 356; Claudia BRUNNER: Arbeitslosigkeit in München 1927 bis 1933. Kommunalpolitik in der Krise, München 1992, S. 72-75; Peter STEINBORN: Grundlagen und Grundzüge Münchner Kommunalpolitik in den Jahren der Weimarer Republik. Zur Geschichte der bayerischen Landeshauptstadt im 20. Jahrhundert, München 1968, S. 17f.; HILLMAYR (wie Anm. 2), S. 454-504; Quellen des Münchner Wirtschaftslebens. Untersuchung über die Wirtschaftsverhältnisse der Stadt München und ihre Beziehungen zur allgemeinen Volkswirtschaft. Im Auftrage des Stadtrates hg. vom Statistischen Amt der Stadt München, München 1930, S. 193-308; Münchner Wirtschafts- und Verwaltungsblatt 10/1926, 11/1926, 1/1934, 2/1934, 3/1934.

[4] Eine Auswahl der wichtigsten Publikationen, die die Münchner NSDAP-Frühgeschichte 1919-1925 behandeln: Herbert SPECKNER: Die Ordnungszelle Bayern. Studien zur Politik des bayerischen Bürgertums, insbesondere der Bayerischen

Volkspartei von der Revolution bis zum Ende des Kabinetts Dr. von Kahr, Erlangen 1955; Georg FRANZ-WILLING: Die Hitlerbewegung. Bd. 1: Der Ursprung 1919 bis 1922, Hamburg, Berlin 1962; Ernst DEUERLEIN (Hg.): Hitlerputsch. Bayerische Dokumente zum 8./9. November 1923, Stuttgart 1962; Werner MASER: Die Frühgeschichte der NSDAP. Hitlers Weg bis 1924, Frankfurt a.M. 1965; Albrecht TYRELL (Hg.): Führer befiehl. Selbstzeugnisse aus der „Kampfzeit" der NSDAP. Dokumentation und Analyse, Düsseldorf 1969; Dietrich ORLOW: The History of the Nazi Party. Bd. 1: 1919-1933, Newton Abbot 1971; Geoffrey PRIDHAM: Hitler's Rise to Power. The Nazi Movement in Bavaria 1923-1933, London 1973; Donald DOUGLAS: The Parent Cell. Some Computer Notes on the Composition of the First Nazi Party Group in Munich 1919-21, in: Central European History 10 (1977), S. 55-72; Bruno THOSS: Der Ludendorff-Kreis 1919-1923. München als Zentrum der mitteleuropäischen Gegenrevolution zwischen Revolution und Hitler-Putsch, München 1978; Eberhard JÄCKEL/Axel KUHN (Hgg.): Hitler. Sämtliche Aufzeichnungen 1905-1924, Stuttgart 1980; Martin BROSZAT: Die Machtergreifung. Der Aufstieg der NSDAP und die Zerstörung der Weimarer Republik, München 1984; Peter LONGERICH: Die Braunen Bataillone. Geschichte der SA, München 1989; Peter MANSTEIN: Die Mitglieder und Wähler der NSDAP 1919-1933. Untersuchungen zu ihrer schichtmäßigen Zusammensetzung, Frankfurt a.M. u.a. 1990; Paul HOSER: Die politischen, wirtschaftlichen und sozialen Hintergründe der Münchner Tagespresse zwischen 1914 und 1934, Bde. 1-2, Frankfurt a.M. 1990; Helmut AUERBACH: Vom Trommler zum Führer. Hitler und das nationale Münchner Bürgertum, in: Björn MENSING/Friedrich PRINZ (Hgg.): Irrlicht im leuchtenden München? Der Nationalsozialismus in der „Hauptstadt der Bewegung", Regensburg 1991, S. 67-91. Zum „Hitler-Putsch" und zu den Jahren 1924/1925 vgl. v.a. Hans Hubert HOFMANN: Der Hitlerputsch. Krisenjahre deutscher Geschichte 1920-1924, München 1961; Harold J. GORDON: Hitlerputsch 1923. Machtkampf in Bayern 1923-1924, München 1978; John DORNBERG: Der Hitlerputsch. München, 8. und 9. November 1923, Frankfurt a.M., Berlin 1989; David JABLONSKY: The Nazi Party in Dissolution. Hitler and the Verbotszeit 1923-1925, London 1989; Donald WATT: Die bayerischen Bemühungen um Ausweisung Hitlers 1924, in: Vierteljahrshefte für Zeitgeschichte 6 (1958), S. 270-280; Bernd STEGER: Der Hitlerprozeß und Bayerns Verhältnis zum Reich, in: Vierteljahrshefte für Zeitgeschichte 25 (1977), S. 441-466; Lothar GRUCHMANN/Reinhard WEBER (Hgg.): Der Hitler-Prozeß 1924, Bde. 1-3, München 1997/1998.

[5] Vgl. zur reichsweiten Stagnation der NSDAP 1925-1928 einige Studien zur regionalen bzw. lokalen Entwicklung der Partei: PRIDHAM (wie Anm. 4), S. 43, 63, 77, 201; Rainer HAMBRECHT: Der Aufstieg der NSDAP in Mittelfranken und Oberfranken (1925-1933), Nürnberg 1976, S. 96; Ingrid BUCHLOH: Die nationalsozialistische Machtergreifung in Duisburg. Eine Fallstudie, Duisburg 1980, S. 44f.; Volker FRANKE: Der Aufstieg der NSDAP in Düsseldorf. Die nationalsozialistische Basis in einer katholischen Großstadt, Essen 1987, S. 145 und S. 152; Adolf KLEIN: Köln im Dritten Reich. Stadtgeschichte der Jahre 1933-1945, Köln 1983, S. 29 und S. 31; Ernst Otto BRÄUNCHE: Die NSDAP in Baden 1928-1933. Der Weg zur Macht, in: Thomas SCHNABEL (Hg.): Die Machtergreifung in Südwestdeutschland. Das Ende der Weimarer Republik in Baden und Württemberg 1928-1933, Stuttgart u.a. 1982, S. 15-48, hier S. 27 und S. 38;

DERS.: Die NSDAP in Württemberg 1928-1933. Die Schwäche einer regionalen Parteienorganisation, in: Ebd., S. 49-81, hier S. 52 und S. 54ff.; Jeremy NOAKES: The Nazi Party in Lower Saxony 1921-1933, London 1971, S. 141; Hanna BEHREND: Die Beziehungen zwischen der NSDAP-Zentrale und dem Gauverband Süd-Hannover-Braunschweig 1921-1933. Ein Beitrag zur Führungsstruktur der nationalsozialistischen Partei, Frankfurt a.M. 1981, S. 257; Wilfried BÖHNKE: Die NSDAP im Ruhrgebiet 1920-1933, Bonn-Bad Godesberg 1974, S. 153; Thomas KRAUSE: Hamburg wird braun. Der Aufstieg der NSDAP von 1921-1933, Hamburg 1987, S. 97, 122, 143; Gerhard PAUL: Aufstand der Bilder. Die NS-Propaganda vor 1933, Bonn 1990, S. 46; Bernd KRUPPA: Rechtsradikalismus in Berlin 1918-1928, Berlin 1988, S. 343; TYRELL (wie Anm. 4), S. 266, Anm. 41. Zu SA und SS vgl. LONGERICH (wie Anm. 4), S. 60; Heinz HÖHNE: Der Orden unter dem Totenkopf. Die Geschichte der SS, Gütersloh 1967, S. 57. Generell: ORLOW (wie Anm. 4), u.a. S. 125.

[6] Vgl. ORLOW (wie Anm. 4), u.a. S. 104 und S. 199; Oded HEILBRONNER: Der verlassene Stammtisch. Vom Verfall der bürgerlichen Infrastruktur und dem Aufstieg der NSDAP am Beispiel der Region Schwarzwald, in: Geschichte und Gesellschaft 19 (1993), S. 178-200, hier S. 198f.

[7] Zu Mitgliedschaft und Wahlergebnissen in München und reichsweit vgl.: Jürgen W. FALTER: Die Wähler der NSDAP 1928-1933: Sozialstruktur und parteipolitische Herkunft, in: Wolfgang MICHALKA (Hg.): Die nationalsozialistische Machtergreifung, Paderborn u.a. 1984, S. 47-59, hier S. 57; Jürgen W. FALTER: Hitlers Wähler, München 1991, S. 284-289; DERS./Thomas LINDENBERGER/Siegfried SCHUMANN: Wahlen und Abstimmungen in der Weimarer Republik. Materialien zum Wahlverhalten 1919-1933, München 1986, S. 200 (Kontrastgruppe); MANSTEIN (wie Anm. 4), S. 138ff.; SCHMIECHEN-ACKERMANN (wie Anm. 2), S. 266 (Diagramm 1); Peter D. STACHURA: Der kritische Wendepunkt? Die NSDAP und die Reichstagswahlen vom 20. Mai 1928, in: Vierteljahrshefte für Zeitgeschichte 28 (1978), S. 66-99, hier S. 86ff. Zu München vgl. Zeitschrift des Bayerischen Statistischen Landesamtes 56 (1924), 57 (1925), 60 (1928), 62 (1930), 63 (1931), 64 (1932), 65 (1933); Gerhard WIDMANN: Entwicklung der Wahlergebnisse in München zwischen 1919 und 1933/38 (unveröffentlichte Arbeit anläßlich des Hauptseminars „München und der Nationalsozialismus", Ludwig-Maximilians-Universität München im WS 1991/92), S. 9 und S. 22ff.; Helmut K. ANHEIER/Friedhelm NEIDHARDT: Soziographische Entwicklung der NSDAP in München 1925 bis 1930, in: München – „Hauptstadt der Bewegung". Katalog zur Ausstellung im Münchner Stadtmuseum Oktober 1993 bis März 1994, hg. vom Stadtmuseum München, München 1993, S. 179-186.

[8] Vgl. Hans Günther HOCKERTS: „Hauptstadt der Bewegung", in: Ebd., S. 355.

[9] Vgl. ORLOW (wie Anm. 4), S. 104.

[10] Vgl. RUDLOFF (wie Anm. 3), S. 344-360; BRUNNER (wie Anm. 3), S. 91f.

[11] Generell zu den Folgen der Wirtschaftskrise in München vgl.: Wilfried RUDLOFF: Stadt und Armut in der Zwischenkriegszeit: Das Beispiel München, in: Oberbayerisches Archiv 119 (1995), S. 305-317, hier S. 313ff.; BRUNNER (wie Anm. 3), S. 73, 77, 55-59, 128, 152-172; SCHMIECHEN-ACKERMANN (wie Anm. 2), S. 270 (Diagramm 9).

[12] Vgl. Zeitschrift des Bayerischen Statistischen Landesamtes 60 (1928), S. 429, 437ff., 478-579, 580-630.

[13] Vgl. oben, Anm. 11.
[14] PAUL (wie Anm. 5), S. 113.
[15] Vgl. ebd.
[16] Vgl. u.a. Dieter OHR: Nationalsozialistische Versammlungspropaganda und Wahlerfolg der NSDAP: Eine kausale Beziehung?, in: Historical Social Research 22 (1997), S. 106-127.
[17] Vgl. PAUL (wie Anm. 5), S. 111f.
[18] Der am 10. Februar 1933 veröffentlichte Fastenhirtenbrief Kardinal Faulhabers rief dazu auf, die „göttliche Einsetzung" aller Gewalt zu akzeptieren, „auch wenn ein Pilatus oder ein Nero auf dem Throne sitzt." Ein Christ schulde der Obrigkeit „Ehrfurcht und Gehorsam", so lange die Gesetze und Verordnungen den Geboten Gottes und der Kirche nicht widersprächen. Gedruckt in: Bayerische Staatszeitung, 3.3.1933, „Ein zeitgemäßer Hirtenbrief." Vgl. auch Ludwig VOLK: Der Bayerische Episkopat und der Nationalsozialismus 1930-1934, Mainz 1965, S. 51. Allerdings ließ Faulhaber noch am 4. März, am Tag vor der Wahl, durch seinen Sekretär Weißthanner öffentlich erklären, daß der Nationalsozialismus für den Kardinal in seiner jetzigen Gestalt nach wie vor unannehmbar sei. Vgl. ebd., S. 53.
[19] Vgl. Martin FAATZ: Vom Staatsschutz zum Gestapo-Terror. Politische Polizei in Bayern in der Endphase der Weimarer Republik und der Anfangsphase der nationalsozialistischen Diktatur, Würzburg 1995, S. 367f.
[20] Vgl. Zeitschrift des Bayerischen Statistischen Landesamtes 65 (1933), S. 62-104 und S. 288-328.
[21] Vgl. TYRELL (wie Anm. 4), S. 102f.; PRIDHAM (wie Anm. 4), S. 41f. und S. 73.
[22] Vgl. u.a. Adelheid von SALDERN: Sozialmilieus und der Aufstieg des Nationalsozialismus in Norddeutschland (1930-1933), in: Frank BAJOHR (Hg.): Norddeutschland im Nationalsozialismus, Hamburg 1993, S. 20-52. Zur Subkultur der SA vgl.: LONGERICH (wie Anm. 4), S. 127-143.
[23] Der von Lepsius für das Kaiserreich definierte Milieubegriff umfaßt die „Strukturdimensionen" Religion, regionale Tradition, wirtschaftliche Lage, kulturelle Orientierung und schichtspezifische Zusammensetzung der „intermediaren Gruppen". Vgl. M. Rainer LEPSIUS: Parteiensystem und Sozialstruktur: zum Problem der Demokratisierung der deutschen Gesellschaft, in: Gerhard A. RITTER (Hg.): Deutsche Parteien vor 1918, Köln 1973, S. 56-80, hier S. 68. Karl Rohe erachtet bestimmte „gemeinsame Lebensweise" und eine „institutionalisierte Deutungskultur" als für den Milieubegriff grundlegend konstitutiv. Vgl. Karl ROHE: Wahlen und Wählertraditionen in Deutschland. Kulturelle Grundlagen deutscher Parteien und Parteiensysteme im 19. und 20. Jahrhundert, Frankfurt a.M. 1992, S. 19ff.
[24] Das katholische, politisch engagierte Milieu spiegelt sich in dem Mitteilungsblatt der Münchner BVP, „Treu zur Fahne" 1924-1931. Vgl. auch Helmut WITETSCHEK: Die katholische Kirche seit 1800, in: Max SPINDLER (Hg.): Handbuch der bayerischen Geschichte. Bd. 4: Das neue Bayern 1800-1970, München 1975, S. 914-945; Cornelia RAUH-KÜHNE: Katholisches Sozialmilieu, Region und Nationalsozialismus, in: MÖLLER/WIRSCHING/ZIEGLER (wie Anm. 2), S. 213-234. Zum sozialdemokratischen „Milieu" vgl.: SPD. Hundert Jahre Sozialdemokraten in München. Festschrift des SPD-Unterbezirkes München, München 1969; Empor zum Licht. Arbeitersänger und Arbeitersportler in München vor 1933. Begleitbuch zur Ausstellung vom 11. April bis 5. Juni 1987 in der Kassenhalle des Münchner Rathauses, hg. vom Kulturreferat der Landeshauptstadt München, München 1987;

100 Jahre SPD im Münchner Rathaus, hg. von der SPD-Stadtratsfraktion, München 1994; Günther GERSTENBERG: Freiheit. Sozialdemokratischer Selbstschutz im München der zwanziger und frühen dreißiger Jahre, Bde. 1-2, München 1997; Peter LÖSCHE/Franz WALTER: Zwischen Expansion und Krise. Das sozialdemokratische Arbeitermilieu, in: Detlef LEHNERT/Klaus MEGERLE (Hgg.): Politische Teilkulturen zwischen Integration und Polarisierung. Zur politischen Kultur der Weimarer Republik, Opladen 1990, S. 161-187.

[25] Theodor HEUSS: Politik. Ein Nachschlagebuch für Theorie und Praxis, Halberstadt 1927, S. 138.

[26] Vgl. Donald M. MCKALE: The Nazi Party Courts. Hitlers Management of Conflict in His Movement 1921-1945, Lawrence u.a. 1974, S. 30-224.

[27] Vgl. Burkhard JELLONNEK: Homosexuelle unter dem Hakenkreuz. Die Verfolgung von Homosexuellen im Dritten Reich, Paderborn 1990, S. 56ff., 62ff., 68ff.; Hans-Günther RICHARDI/Klaus SCHUHMANN: Geheimakte Gerlich/Bell. Röhms Pläne für ein Reich ohne Hitler, München 1993, S. 52-74; die Fragwürdigkeit der benutzten Quellen läßt allerdings die These von Richardi/Schuhmann, Röhm habe 1931 ein Attentat auf Hitler geplant, wenig glaubhaft erscheinen. Vgl. MCKALE (wie Anm. 26), S. 203-224.

[28] Vgl. PAUL (wie Anm. 5), S. 133-139; Dee R. WERNETTE: Political Violence and German Elections: 1930 and July 1932, Michigan 1974, u.a. S. 166-172. Vgl. auch Peter H. MERKL: Formen der nationalsozialistischen Gewaltanwendung: Die SA der Jahre 1925-1933, in: Wolfgang J. MOMMSEN/Gerhard HIRSCHFELD (Hgg.): Sozialprotest, Gewalt, Terror. Gewaltanwendung durch politische und gesellschaftliche Randgruppen im 19. und 20. Jahrhundert, Stuttgart 1982, S. 422-440, hier S. 428-431.

[29] Vgl. Hermann GRAML: Reichskristallnacht. Antisemitismus und Judenverfolgung im Dritten Reich, München 1988, S. 91-99 und S. 104-107; Ludolf HERBST: Das nationalistische Deutschland 1933-1945. Die Entfesselung der Gewalt: Rassismus und Krieg, Frankfurt a.M. 1996, S. 53-58.

[30] Vgl. David SCHONBAUM: Hitlers social revolution, London 1980, S. 29; NOAKES (wie Anm. 5), S. 209; Hans MOMMSEN: The Breakthrough of the National Socialists as a Mass Movement in the Late Weimar Republic, in: Michael LAFFAN (Hg.): The Burden of German History 1919-1945, London 1988, S. 103-115, hier S. 107f.; Ian KERSHAW: The „Hitler Myth", Oxford 1989, S. 331ff. Paul zufolge verfolgte die NSDAP diese Zurückhaltung schon ab 1928. Vgl. PAUL (wie Anm. 5), S. 92 und S. 105.

[31] Vgl. zum Antisemitismus in München u.a.: Helmut AUERBACH: Regionale Wurzeln und Differenzen der NSDAP 1919-1923, in: MÖLLER/WIRSCHING/ZIEGLER (wie Anm. 2), S. 65-85, hier S. 65-68; Peter HANKE: Zur Geschichte der Juden in München 1933-1945, München 1967, S. 10-73; Uwe LOHALM: Völkischer Radikalismus. Die Geschichte des Deutschvölkischen Schutz- und Trutz-Bundes 1919-1923, Hamburg 1970, u.a. S. 32-56, 68, 290-294; HOSER (wie Anm. 4), S. 697-702; Dirk HALFBRODT: Materialien zur Rezeptionsgeschichte der Münchener Revolution und Räterepublik, in: DERS./Wolfgang KEHR (Hgg.): München 1919. Bildende Kunst/Fotografie der Revolutions- und Rätezeit, München 1979, S. 197-262, hier u.a. S. 219-226; Zum Beispiel Neuhausen 1918-1933. Die nationalsozialistische „Kampfzeit" in einem Stadtteil der ehemaligen „Hauptstadt der Bewegung", hg. von der Geschichtswerkstätte Neuhausen, München 1993, S. 122-

138; Spuren jüdischen Lebens in Neuhausen. Der Antisemitismus und seine Folgen, hg. von der Geschichtswerkstätte Neuhausen, München 1995; Reiner POMMERIN: Die Ausweisung von „Ostjuden" aus Bayern 1923, in: Vierteljahrshefte für Zeitgeschichte 34 (1986), S. 311-340; Hermann GILBHARD: Thule-Gesellschaft. Vom okkulten Mummenschanz zum Hakenkreuz, München 1994, S. 48-113; Hermann WILHELM: Dichter, Denker, Fememörder. Rechtsradikalismus und Antisemitismus in München von der Jahrhundertwende bis 1921, Fulda 1989, S. 39-45; Dirk WALTER: Antisemitische Kriminalität und Gewalt. Judenfeindschaft in der Weimarer Republik, Frankfurt a.M. 1999.

[32] Vgl. die Zusammenfassung der Forschungslage bei Oded HEILBRONNER: Wohin verschwand der nationalsozialistische Antisemitismus? Zum Charakter des Antisemitismus der NSDAP vor 1933 und seinem Bild in der Geschichtswissenschaft, in: Menora. Jahrbuch für deutsch-jüdische Geschichte 1995, S. 15-44, hier S. 17ff.

[33] Vgl. u.a. PRIDHAM (wie Anm. 4), S. 237-244.

[34] Vgl. hierzu Hitlers öffentliche Reden, gedruckt in: Adolf HITLER: Reden, Schriften, Anordnungen: Februar 1925 bis Januar 1933, Bde. 1-11, hg. vom Institut für Zeitgeschichte, München u.a. 1992-1998.

[35] Vgl. VOLK (wie Anm. 18), S. 44; WIDMANN (wie Anm. 7), S. 22; FALTER, Wähler (wie Anm. 7), S. 52; DERS./LINDENBERGER/SCHUMANN (wie Anm. 7), S. 200.

[36] Vgl. zu den Münchner Wahlergebnissen oben, Anm. 7.

[37] Vgl. VOLK (wie Anm. 18), S. 23f. und S. 27-37.

[38] Vgl. u.a. Roman BLEISTEIN (Hg.): Rupert Mayer. Leben im Widerspruch: Autobiographische Texte, Prozeß vor dem Sondergericht, Reden und Briefe, Frankfurt a.M. 1991; Wilhelm SANDFUCHS: Pater Rupert Mayer. Verteidiger der Wahrheit, Apostel der Nächstenliebe, Wegbereiter moderner Seelsorge, Würzburg 1981; HOSER (wie Anm. 4), u.a. S. 603, 638f., 696f., 1096; VOLK (wie Anm. 18), S. 40ff.; Karl Otmar von ARETIN: Fritz Gerlich, in: Georg SCHWAIGER (Hg.): Das Erzbistum München und Freising in der Zeit der nationalsozialistischen Herrschaft, Bd. 2, München 1984, S. 157-172; Gregory MUNRO: Georg Moenius and the „Allgemeine Rundschau" of Munich 1929-1933, Queensland 1989.

[39] Vgl. oben, Anm. 7; WIDMANN (wie Anm. 7), S. 6 (Tabelle) und S. 8 (Tabelle Nichtwähler); FALTER/LINDENBERGER/SCHUMANN (wie Anm. 7), S. 44 (Tabelle 1.3.1.2.).

FRAUEN- UND GESCHLECHTERGESCHICHTE

Lebenswelten und Lebensläufe von Frauen im Bayern des 19. und beginnenden 20. Jahrhunderts. Überlegungen zur Beziehung von Geschlechtergeschichte und Landesgeschichte

VON SABINE REHM

Als sich im Oktober 1899 Vertreterinnen der bürgerlichen Frauenbewegung Bayerns auf dem ersten Bayerischen Frauentag in München versammelten, um im Rahmen einer Großveranstaltung nachdrücklich auf ihre Ziele aufmerksam zu machen, da stand im Mittelpunkt einer „zu Ehren der auswärtigen Teilnehmerinnen des Frauentages" stattfindenden abendlichen Festivität ein eigens für diesen Anlaß verfaßtes Schauspiel mit dem Titel „Zwölf Culturbilder aus dem Frauenleben" aus der Feder der Malerin und Kopistin Marie Haushofer (1871-1940).[1] In einem Dialog zwischen Klio, der Muse der Geschichte, und „Mutter Erde" wurden zwölf historische Szenen heraufbeschworen und kommentiert, in denen der Anteil der Frauen an der Geschichte bestimmt werden sollte.[2] Zu Beginn des Festspiels räsoniert Klio über die Rolle der Frauen in der Geschichte:

„Doch was auch Großes hier mein Griffel zeigt,
Eins ist, von dem mir die Geschichte schweigt;
Sie spricht von *einer* Menschheitshälfte nur –
Und von der andern fehlt mir oft die Spur!
Es ist der *Mann*, der kämpft, erfindet,
Der Mann ist's, der den Staat gegründet

> Und fügte der Kulturwelt Bau;
> Was that in all' der Zeit die Frau?
> [...]
> Hat sie [die Frauen] wohl je der Strom der Zeit durchbebt
> Und haben sie nicht ganz umsonst gelebt?
> Was sie in zwei Jahrtausenden getrieben –
> Soll ich als Einziges immer schreiben: Lieben?"

Und Klio setzt an die Mutter Erde gewandt hinzu:

> „O laß mich in's Vergangene schauen
> Und in das Leben all der Frauen,
> Die hier im Loos des Daseins sind gegangen,
> Was war ihr Wünschen, Kämpfen und Verlangen?" [3]

Geradezu modern klingen diese vor rund 100 Jahren geäußerten Worte angesichts der anhaltenden Diskussion um die Frauengeschichtsschreibung. Die Suche nach der Geschichte der Frauen entsprang damals wie heute einer von aktuellen frauenpolitischen Fragen aufgeworfenen Debatte um die Stellung der Frau in Vergangenheit, Gegenwart und Zukunft. Hierbei ging es zuallererst um ganz grundsätzliche Fragen, um die Geschlechterbeziehungen als solche, um Machtverhältnisse und um die Forderung nach Gleichberechtigung von Männern und Frauen. In ihren Versen formulierte Marie Haushofer bereits Ziele und Inhalte von Frauengeschichte: Es soll um Frauen in der Geschichte gehen, um die Geschichte von Frauen, um die Erfahrungen von Frauen aller Stände in ihrer Gegenwart und im Umgang mit Geschichte. Und es klingt bereits ein Postulat der aktuellen Frauen- und Geschlechtergeschichte an, wenn Klio in dem Festspiel das Rollenverständnis der Frau im 19. Jahrhundert, das sich fast ausschließlich über die Aufgaben der liebenden Gattin, Mutter und Hausfrau definierte, im Hinblick auf das tatsächliche Leben, das Handeln und Wirken der Frauen hinterfragt.

Frauen- und Geschlechtergeschichte – ein historiographischer Überblick

Frauengeschichts- und Geschlechterforschung haben sich in den letzten Jahren einen festen Platz in der Geschichtswissenschaft erworben – davon zeugt nicht zuletzt die kaum noch übersehbare Zahl von Publikationen auf diesem Gebiet. Freilich kann diese Flut von Arbeiten nicht darüber hinwegtäuschen, daß noch zahlreiche Themen der Bearbeitung harren, daß mancher Forschungsbereich erst in Ansätzen erarbeitet oder gar erst als ein solcher erkannt ist. So sind auch bislang die Perspektiven der Frauen- bzw. Geschlechtergeschichte kaum mit denen der Landesgeschichte verbunden worden. Bevor jedoch mögliche Beziehungen zwischen diesen historischen Teildisziplinen umrissen werden, soll in einem ersten Schritt auf die Entstehung der Frauen- bzw. Geschlechtergeschichte eingegangen werden, um deren Ziele und Inhalte deutlicher werden zu lassen.[4]

Frauen seien von der Geschichtsschreibung lange Zeit vergessen worden, die herkömmliche Geschichtsschreibung, wie sie auch in Geschichtsbüchern und im Geschichtsunterricht vermittelt wird, sei etwas, was Männer machten, was Männer erfuhren, worüber Männer schrieben – so lautet die oft geäußerte, dabei deutlich vorwurfsvolle Überlegung, die vielen frauengeschichtlichen Arbeiten zugrundeliegt. Die Geschichtswissenschaft war auch tatsächlich, solange sie unter dem Primat der politischen Geschichte stand, zwangsläufig männerorientiert. Im Geschichtsbewußtsein schienen Frauen, ihre historische Bedeutung und ihr Stellenwert in der Gesellschaft kaum auf. Freilich waren von jeher auch Frauen in der Geschichtsschreibung durchaus präsent, etwa in dynastischen Geschichten oder in Werken über berühmte, gelehrte und „starke“ Frauen.[5] Da den Handlungsspielräumen von Frauen, abgesehen von den eben genannten „Ausnahmefrauen“, im politisch-öffentlichen Bereich enge Grenzen gesetzt waren, gerieten sie in aller Regel erst gar nicht in das Blickfeld der Geschichtsschreiber. Die Verwissenschaftlichung und Institutionalisierung der Geschichtsschreibung im 19. Jahrhundert geschah schließlich zu einer Zeit, in der die Rolle der Frau fast ausschließlich im privaten Bereich[6] gesehen wurde. Da die moderne Geschichtswissenschaft im letzten Jahrhundert in großen Teilen nationalstaatlich und politisch-militärisch ausgerichtet war, fehlte ihr der Zugriff zur Geschichte der Frauen. Lediglich in der neu entstehenden Kulturgeschichte wurde den Frauen – dem gängigen Rollenverständnis folgend – im Rahmen der Familiengeschichte Aufmerksamkeit geschenkt. Und es entstanden bereits, initiiert durch die Frauenbewegung, vor allem in den ersten Jahrzehnten des 20. Jahrhunderts auch erste wissenschaftlich erarbeitete Monographien zu Frauenthemen, häufig Dissertationen von Frauen[7], denen sich die Tore der Universitäten erst vor kurzem geöffnet hatten.

Die heutige Frauengeschichtsforschung, die sich als selbständige historische Teildisziplin versteht, hat allerdings ihre Wurzeln erst in den 1960er und 1970er Jahren. Unter dem Einfluß der sich in diesen Jahren formierenden „Neuen Frauenbewegung“ und auch im Zusammenhang mit der etwa gleichzeitigen Neuorientierung der Sozialgeschichte setzte eine Geschichtsschreibung von Frauen über Frauen ein. Mit dieser war die Absicht verbunden, nicht nur den traditionellen Kanon durch „Frauenthemen“ zu erweitern, sondern vor allem einen Perspektivenwechsel, einen grundlegend neuen Ansatz in der Geschichte insgesamt einzuleiten.

Zunächst galt es, überhaupt darauf aufmerksam zu machen, daß es auch Frauen gab, die ihren Beitrag in der Geschichte geleistet hatten. Erste Arbeiten handelten – durchaus im Rahmen herkömmlicher Wert- und Relevanzkriterien – von berühmten, von großen Frauen, etwa Künstlerinnen, Wissenschaftlerinnen oder Politikerinnen, und sollten vor allem das Vorurteil beseitigen, es gebe keine bedeutenden Frauen in der Geschichte. Gleichzeitig suchte man durch die Erforschung der Geschichte der Frauenbewegung die Bedeutung, Vorgehensweise und Erfolge der organisierten Frauenpolitik herauszustellen, dabei den historischen Ort von Frauen in der Öffentlichkeit zu definieren und Anregungen, Motivationen und nicht zuletzt auch historische Argumente für die eigene Arbeit zu gewinnen. Allmählich weitete sich – vergleichbar der Entdeckung der Alltagsgeschichte und der Unterschichten-Historiographie in der allgemeinen Geschichtswissenschaft – der Blick auf die große Masse der Frauen, etwa auf das Leben von Dienstmädchen oder Arbeiterinnen. Eine solche Themenwahl ist den kritischen Stimmen unter den Frauenforscherinnen allerdings noch zu sehr durch „die ‚männliche' Welt der Erwerbstätigkeit und ihrer Organisationen"[8] bestimmt. Ein weiterer Themenschwerpunkt widmete sich schließlich speziell weiblichen Erfahrungsräumen, etwa der Familienökonomie, Hausarbeit und Geburtenkontrolle.

Der anfangs stark feministisch ausgerichteten Frauengeschichtsforschung[9] galt die Unterdrückung der Frau als eine für alle Zeiten und in allen Gesellschaften gültige Grundvoraussetzung. Sie suchte daher primär die Hindernisse und Grenzen für Frauen in der Vergangenheit aufzuzeigen; Frauen waren für sie generell die Verlierer in der Geschichte, die Unterdrückten, die Opfer männlicher Herrschaft. Zum Teil hat sich die Frauengeschichtsforschung bis heute nicht von dieser Vorstellung gelöst. Dies mündete in unzulängliche Versuche, Frauen als „Klasse", „Minderheit" oder „Randgruppe" zu definieren.

Berechtigte Kritik an dieser im Grunde ahistorischen Prämisse ließ die einseitig feministische Sichtweise dann einer differenzierteren Geschichtsschreibung weichen. Es galt nun nicht mehr nur das Anders-Sein und die Ungleichheiten zwischen Männern und Frauen, sondern auch zwischen Frauen selbst zu berücksichtigen, beispielsweise das Verhältnis zwischen Hausfrauen und Dienstboten, oder die Geschichte von Frauen, die nicht der Norm des Weiblichen entsprechen, wie lesbische Frauen oder Prostituierte. Um die Komplexität weiblichen Lebens und die Mannigfaltigkeit von Frauenexistenzen zu verschiedenen Zeiten in verschiedenen Gesellschaften fassen zu können, bezieht man seitdem den Wandel der Geschlechterrollen wie auch die Zugehörigkeit zu verschiedenen sozialen Schichten oder verschiedenen Familienstrukturen mit ein.

Die Erkenntnis, daß es geschlechterbestimmte Bereiche, Verhaltensweisen und Tätigkeiten in allen Gesellschaften gab und gibt, führte seit der Mitte der siebziger Jahre dazu, das Geschlecht als grundlegende Kategorie sozialer, kultureller, historischer Realität und Wahrnehmung in die Forschung einzuführen. In der universitären Forschung bildete sich infolgedessen als neuer Zweig die über die Frauengeschichte hinausgehende Geschlechtergeschichte („Gender-Studies") aus, die sich im letzten Jahrzehnt in der Geschichtswissenschaft auch etablieren konnte. Ihr zugrunde liegt die Unterscheidung von „sex", dem biologischen Geschlecht, und „gender", dem sozialen Geschlecht. Im Mittelpunkt stehen hier Prozesse und Definitionen, die Frauen zu Frauen und Männer zu Männern machen, da Handlungsspielräume und gesellschaftliche Möglichkeiten von Frauen und Männern nachhaltig von den jeweiligen Rollenerwartungen bestimmt wurden und werden. Dabei gilt es freilich das Verhältnis der Geschlechterbeziehungen zu anderen historischen Kategorien, wie beispielsweise zu Unterschieden der Lebensform, des Alters, der Schichten- oder Standeszugehörigkeit bzw. des nationalen Herkommens, immer im Auge zu behalten. Die Geschlechtergeschichte, aus der Frauengeschichte hervorgegangen, wendet sich dabei nun verstärkt auch männerspezifischen Fragestellungen zu. Die Entstehung der Geschlechtergeschichte aus der Frauengeschichte hat zu einer gewissen begrifflichen Unschärfe in diesem Bereich geführt. Im folgenden werden daher – wenn es um die Rolle der Frauen in der Geschichte geht – die Begriffe „Frauengeschichte“ und „Geschlechtergeschichte“ parallel verwendet.

Frauen-, Geschlechter- und Landesgeschichte – Perspektiven zwischen den Disziplinen

Geschlechtergeschichte, d.h. also Frauen- und Männergeschichte, richtet sich auf alle Bereiche von Geschichte und Gesellschaft. Sie vereinigt in sich daher zum Beispiel ebenso biographische wie politik-, sozial-, wirtschafts-, alltags-, kultur-, mentalitäts- oder ideengeschichtliche Ansätze. Vor dem Hintergrund langfristiger Entwicklungen in der gesellschaftlichen Stellung von Frauen und Männern – zu denken wäre etwa an die Herausbildung eines geschlechterspezifisch segregierten Arbeitsmarktes oder an eine Analyse der politischen Partizipation von Frauen und Männern – hinterfragt sie dabei kritisch die traditionelle Periodisierung von Geschichte und bemüht sich um epochenübergreifende Untersuchungen. Frauen- und Geschlechtergeschichte, um zusammenzufassen, zeichnet sich aus durch eine große Methodenvielfalt, durch interdisziplinäres Arbeiten und durch epochenübergreifende Ansätze.

Gewisse Parallelen zum methodologischen Selbstverständnis der Landesgeschichte könnten hier gesehen werden. Freilich ist der Bezugsrahmen jeweils ein ganz anderer, auf der einen Seite das Geschlecht als historische Kategorie, auf der anderen Seite das Land oder Territorium als historische Größe. Die in der Frauen- und Geschlechtergeschichte geforderte differenzierte Betrachtungsweise der unterschiedlichen Lebensbedingungen und Lebenswelten von Frauen bzw. der Geschlechter ist dabei sicherlich am ehesten an überschaubaren Räumen zu untersuchen und dann vergleichend miteinander in Beziehung zu setzen, um zu allgemeingültigen Aussagen über die Rolle der Frau bzw. der Geschlechter in der Geschichte zu kommen. Ein direkter Anknüpfungspunkt an die Landes- oder Regionalgeschichte scheint hier gegeben. Zwar finden sich in Arbeiten zur Frauen- und Geschlechtergeschichte immer wieder Hinweise auf regionale Disparitäten. Die einem Herrschaftsraum eigenen politischen, rechtlichen, wirtschaftlichen oder gesellschaftlichen Charakteristika bestimmen schließlich nicht zu einem Geringen die Lebensbedingungen seiner Bewohner, seien es Frauen oder Männer, mit. Trotzdem wird man sich schwer tun, in der Frauen- und Geschlechtergeschichte einen als solchen definierten landesgeschichtlichen Ansatz auszumachen. Vielmehr ist ihr vor allem daran gelegen, kleinräumig gewonnene Erkenntnisse als mit Quellen gut belegte und abgesicherte Fallbeispiele dem vielfältig schillernden Mosaik der Frauen- und Geschlechtergeschichte hinzuzufügen.

In der Landesgeschichte wiederum werden die Anregungen der Frauen- und Geschlechtergeschichte aufgegriffen, um die Erkenntnisse über die Geschichte eines ganz speziellen Raumes oder Territoriums zu erweitern. Freilich kann dabei der Ansatz der Frauen- und Geschlechtergeschichte nur als einer neben anderen stehen, so daß mancher Frauenforscherin die Landesgeschichte hier nicht schnell und vehement genug auf diesen Zug aufgesprungen ist. Ein Grund hierfür mag in dem universellen Anspruch liegen, mit dem die Frauen- und Geschlechtergeschichte häufig auftritt. Dessenungeachtet vermag jedoch der bewußte Perspektivenwechsel sowohl auf frauenspezifische wie auf männerspezifische historische Entwicklungen unzweifelhaft zu neuen Erkenntnissen für die bayerische Landesgeschichte führen. Allein die Feststellung, daß es auch Frauen in der bayerischen Geschichte gibt, mag wichtig sein für einen ersten Schritt der Sichtbarmachung, wird jedoch den durch die Ansätze der Frauen- und Geschlechtergeschichte grundgelegten Erkenntnismöglichkeiten nicht gerecht. Vielfältige Wechselbeziehungen eröffnen sich zwischen den Disziplinen; die theoretischen und methodologischen Überlegungen zum Verhältnis zwischen Frauen- und Geschlechtergeschichte und Landesgeschichte, sowie die jeweiligen Bezüge zur allgemeinen Geschichte stehen freilich noch ganz am Anfang.[10] Entsprechende Vorarbeiten fehlen, und auch eine „bayerische Frauengeschichtsschreibung" steckt noch in den Kinderschuhen, so daß man es hier mit diesen knappen Andeutungen belassen muß.

Interdisziplinäre Erkenntnismöglichkeiten – Beispiele frauen-, geschlechter- und zugleich landesgeschichtlich relevanter Themenstellungen

Im folgenden wird versucht, anhand von fünf Beispielen verschiedene Dimensionen und Aspekte dieses Themenkomplexes in der bayerischen Geschichte anzusprechen und Fragestellungen aufzuwerfen. Einige wichtige Bereiche des Lebens von Frauen in Bayern sollen so sichtbar werden und dabei vergegenwärtigen, wie fließend die Übergänge zwischen den scheinbar getrennten privaten und öffentlichen Handlungsfeldern von Frauen sind. Wenn dabei Beispiele des 19. und beginnenden 20. Jahrhunderts gewählt wurden[11], so hat dies mehrere Gründe. Die Stellung der Frau hat sich gerade im Verlauf des vergangenen Jahrhunderts im Zuge der politischen, wirtschaftlichen und gesellschaftlichen Umwälzungen entscheidend verändert – eine Entwicklung, die in der Erringung der politischen und bildungsmäßigen Gleichberechtigung der Frau gipfelt. An diesem Wandel läßt sich Frauen- und Geschlechtergeschichte besonders deutlich exemplifizieren. Einen festen Bezugsrahmen kann dabei der zu Beginn des 19.

Jahrhunderts entstandene moderne bayerische Staat geben, innerhalb dessen politischen, verfassungsmäßigen, rechtlichen, wirtschaftlichen und sozialen Grundkonstanten bzw. Entwicklungen sich „Frauenleben" abspielte. Schließlich führt die Betrachtung frauen- und geschlechtergeschichtlicher Themen des 19. und 20. Jahrhunderts vor Augen, wie weit noch unsere heutige Wahrnehmung der Geschlechter, unsere Rollenverständnisse und unsere Begrifflichkeit ein Produkt der Kultur-, Wissenschafts- und Geschlechtergeschichte eben jener Epoche sind. Eine solche Betrachtung eignet sich daher – wie ich meine gerade auch im Unterricht an der Schule –, die Zeit- und Ortbedingtheit von Werten, Normen und Begriffen bewußt zu machen und zu hinterfragen. In diesem Zusammenhang sei nochmals auf die Begriffspaare „privat" und „öffentlich", „häuslich" und „außerhäuslich" verwiesen, deren Bedeutungsinhalte wesentlich auf den Grundkonzeptionen der bürgerlichen Gesellschaft des 19. Jahrhunderts basieren, dabei aber den Blick auf die historischen Geschlechterverhältnisse beispielsweise des Mittelalters oder der Frühen Neuzeit unscharf geraten lassen, wenn nicht gar verstellen.[12]

1. Der Auftakt zu möglichen frauen- bzw. geschlechtergeschichtlichen Ansätzen innerhalb der bayerischen Landesgeschichte ist aus dem Bereich der Bildungsgeschichte gewählt.[13] Die Frauenbewegung des 19. und frühen 20. Jahrhunderts erklärte die Verbesserung der Bildungsmöglichkeiten von Mädchen und Frauen zu einem ihrer vornehmsten Ziele. Nur auf der Basis von gleichen Bildungsmöglichkeiten schien es möglich, allgemein die Gleichberechtigung von Frauen und Männern zu erlangen. Durch eine Reform des höheren Mädchenschulwesens, die Einrichtung von Mädchengymnasien mit Abiturberechtigung und schließlich die Öffnung der Universitäten für Frauen sollten Berufsmöglichkeiten in öffentlichen Ämtern und im wissenschaftlichen Bereich eröffnet werden. Vor allem die Frage des Frauenstudiums erhitzte die

Gemüter – die polemisch geführte Debatte ging soweit, daß Frauen die Befähigung zur Wissenschaft generell abgesprochen wurde, da sie ein kleineres Gehirn hätten als Männer.[14] Erst nach der Jahrhundertwende öffneten sich in Deutschland für Frauen die Tore der Universitäten. Das häufig der Rückständigkeit geziehene Bayern[15] tritt dennoch im Bereich des Bildungswesens mit Glanzlichtern auf die Bühne der Frauengeschichte: Nach Baden war es der zweite Staat im deutschen Kaiserreich[16], in dem – im Jahre 1903 – die volle Immatrikulation von Frauen an den Landesuniversitäten genehmigt wurde. An einer bayerischen Universität (nämlich in München) habilitierte sich dann 1918 die erste Frau in Deutschland, die Medizinerin Adele Hartmann.[17] Und es war eine Juristin aus Bayern, Maria Otto, die 1922 erste zugelassene Rechtsanwältin in Deutschland wurde.[18]

Superlative zum Selbstlob Bayerns oder nur einzelne, wenn auch wichtige Daten der deutschen Frauengeschichte? Weder der bayerischen Landesgeschichte noch der Frauengeschichte wird eine solch enge Sichtweise gerecht. Über die reine Erkenntnis von Fakten hinaus wäre hier zu fragen nach möglicherweise typischen bayerischen Koordinaten für solch eine fortschrittliche Entwicklung im Vergleich mit den anderen deutschen Ländern. Immerhin wird heute in der weiblichen Wissenschaftsgeschichte so etwas wie ein bayerischer Sonderweg konstatiert: Bis zum Ersten Weltkrieg lagen die Hürden niedriger als anderswo; nach 1919 schlug das Klima dann jedoch um: Restaurative, bremsende Kräfte gewannen die Oberhand, selbst wo gesetzliche Regelungen nun Zugänge formell öffneten.[19] Begründete etwa ein durch das Wirken der weiblichen Schulorden im katholischen Bayern auf eine längere Tradition zurückblickendes Mädchenschulwesen die anfängliche Vorreiterschaft? Waren es spezifisch bayerische Entwicklungen, politische Konstellationen, Bevölkerungsstrukturen und Konfessionsverteilungen, die hier maßgeblich mitwirkten?

2. In der bisherigen bayerischen Frauengeschichtsforschung finden sich solche komplexen Ansätze allerdings noch selten. Vergleichbar den ersten Frauenstudien in den 1970er Jahren scheint erst noch ein Nachholbedarf zu bestehen, die „vergessene oder verborgene Geschichte" der Frauen in Bayern sichtbar zu machen, aufzuzeigen, daß es auch Frauen in der bayerischen Geschichte gab. In Form von Biographien werden „Bavarias Töchter"[20] ins Licht der Geschichte gerückt, Lebensläufe und Lebensentwürfe von Frauen in Bayern vorgestellt. Der angesichts einer zeitlichen Verzögerung von etwa 20 Jahren zwischen allgemeiner und bayerischer Frauengeschichtsforschung naheliegende Schluß auf eine besonders reservierte Haltung der Landesgeschichte gegenüber der Frauen- und Geschlechtergeschichte bedarf freilich erst genauerer Überprüfung. Zu berücksichtigen ist in diesem Zusammenhang, daß in der bayerischen Landesgeschichte das 19. und 20. Jahrhundert lange Zeit kaum bearbeitete Epochen waren, während im Gegenzug die Frauengeschichte aufgrund ihres emanzipatorischen Ansatzes von Anfang an einen Schwerpunkt gerade in diesen beiden Jahrhunderten setzte. Andererseits kann diese zeitliche Verschiebung auch einen Vorteil für die bayerische Frauen- und Geschlechtergeschichtsforschung bedeuten, zumal diese so bereits in ihrem Anfangsstadium auf die bisherigen Erfahrungen und Erkenntnisse sowie auf ein erprobtes methodisches Instrumentarium zurückgreifen konnte.

Wie der rein biographische Ansatz erweitert werden kann, soll an einem Thema, das gleichermaßen politikgeschichtlich wie frauen- und geschlechtergeschichtlich interessant erscheint, nämlich an der Entwicklung der politischen Partizipation von Frauen in Bayern, aufgezeigt werden.[21] Daß es eine spezifisch bayerische Frauenbewegung, bayerische Frauenvereine und -organisationen gab, ist bereits mit dem eingangs erwähnten Bayerischen Frauentag angesprochen worden. Eines der großen Ziele der Frauenbewegung war die politische Gleichberechtigung der Frau und die

Erlangung des Stimmrechts; in Bayern setzte sich hierfür insbesondere der Bayerische Landesverein für Frauenstimmrecht ein. Mit der Ausrufung der Räterepublik am 8. November 1918 hatte die Frauenstimmrechtsbewegung ihr Ziel, das freie, gleiche, direkte und geheime Wahlrecht für Männer und Frauen, endlich erreicht. Im Provisorischen Nationalrat der Bayerischen Räterepublik wirkten acht Frauen mit, allerdings konnten sie in dem kurzen Zeitraum vom Dezember 1918 bis Januar 1919 kaum politische Wirksamkeit erlangen. Die ersten Wahlen mit weiblicher Beteiligung fanden in Bayern dann am 12. Januar 1919 statt. Acht weibliche Abgeordnete zogen in der Folge in den Bayerischen Landtag ein, davon waren drei auch schon Mitglied im Provisorischen Nationalrat gewesen, nämlich Aloisia Eberle, Verbandssekretärin der süddeutschen Katholischen Arbeiterinnenvereine (BVP), Emilie Mauerer vom Sozialdemokratischen Frauenverein (SPD) und Dr. Rosa Kempf, Nationalökonomin (DDP). Des weiteren gehörten 1919/20 dem Bayerischen Landtag an: Ellen Amman, Vorsitzende des Katholischen Frauenbundes (BVP), Maria Freiin von Gebsattel (BVP), Therese Schmitt, Vorsitzende des pfälzischen Kreisausschusses des Katholischen Frauenbundes (BVP), Aurelie Deffner, Textilarbeiterin (SPD), sowie Käthe Günther, Bezirksoberlehrerin (DDP).[22]

Diesen ersten demokratisch legitimierten Politikerinnen Bayerns, die 1918/19 das Bild des Parlaments veränderten, gebührt zweifellos Beachtung, sowohl in der Frauengeschichte wie in der bayerischen Geschichte. Über Einzelbiographien dieser „Pionierinnen" hinausgehend, die deren Leben und Wirken würdigen, wären jedoch vergleichende Analysen von Lebensläufen, und zwar sowohl der weiblichen wie der männlichen Abgeordneten, wünschenswert.[23] Dann würde beispielsweise erkennbar, ob es spezifisch weibliche (oder männliche) Karrieremuster gab, ob die Politikerinnen vor allem frauenspezifische Themen und Bereiche anpackten, welche Einflußmöglichkeiten sie hatten, welches politische Selbstverständnis sie vertraten und ob sie letztendlich als neues Element in der bayerischen Politik nicht auch auf das Profil der Parteien, auf das Wählerverhalten, auf Themen der Politik und deren Behandlung im Landtag Einfluß ausübten. Analoge Untersuchungen wären denkbar beispielsweise für die Protagonistinnen der Frauenbewegung, für Wissenschaftlerinnen und Lehrerinnen, für Schriftstellerinnen und Künstlerinnen oder für Königinnen[24] und Ministerpräsidentengattinnen. Die hier gewonnenen Erkenntnisse müßte man im Idealfall in der Zusammenschau mit entsprechenden männlichen Lebensentwürfen einordnen und bewerten, um zu fundierten Schlüssen über Unterschiede oder Gemeinsamkeiten von weiblichen und männlichen Lebensverhältnissen und Handlungsspielräumen zu gelangen.

3. Die vergleichende Betrachtung von weiblichen Lebensläufen führt also weg vom rein biographischen Ansatz hin zur prosopographischen Analyse von Frauengruppen, die sich durch Gemeinsamkeiten etwa in Beruf, sozialer Stellung, politischem Engagement oder dem Familienstand definieren lassen. Mit dem Begriff der „Frauenräume"[25] sind schließlich die konkreten Lebensumstände von Frauen angesprochen.

In einem bis in die jüngste Vergangenheit agrarisch strukturierten Land wie Bayern[26] könnte man in dieser Hinsicht zuerst fragen nach den Lebenswelten von Frauen im ländlichen Raum.[27] Bis weit in unser Jahrhundert hinein lebte und arbeitete die Mehrheit der bayerischen Frauen auf dem Land, ein Teil als Bäuerinnen, ein größerer Teil als Mägde, Tagelöhnerinnen und auch als Gewerbetreibende. Die Aufgabenfelder der Bäuerin – um die Bevölkerungsgruppe herauszugreifen, die bisher die meiste Beachtung fand – hingen dabei wesentlich ab von der Größe des Hofes oder Anwesens. Nur auf großen Höfen gab es eine klare geschlechtsspezifische Arbeitsteilung. Während dem Bauern die Äcker, Wiesen und Wald umfassende Außenwirtschaft des Hofes unterstand, war die Bäuerin für die Innenwirtschaft, den Arbeitsbereich in und um das Haus zuständig. Ihr oblagen auch Teile der Viehwirtschaft, daneben die Milchwirtschaft sowie die Versorgung, Pflege und Aufzucht des Kleinviehs. Auf die Arbeitswelt der Bäuerinnen hatte beispielsweise die Intensivierung der Landwirtschaft im 19. Jahrhundert gravierende Auswirkungen. Die damals eingeführte Sommerstallfütterung und Fruchtwechselwirtschaft bedeuteten einen enormen Arbeitszuwachs für die Frauen: Die Stallarbeit potenzierte sich, die Milchwirtschaft nahm mit steigenden Viehzahlen zu; der arbeitsintensive Anbau von Zukkerrüben und Kartoffeln wurde schnell zur Frauensache, so wie auch handarbeitsaufwendige Spezialkulturen wie Wein, Hopfen und Tabak weitgehend in die Hände von Frauen gelegt wurden – und dies alles ohne Entlastung von angestammten Tätigkeitsfeldern. Weitere tiefgreifende Veränderungsprozesse setzten in den ländlichen Regionen insbesondere mit den fünfziger Jahren dieses Jahrhunderts ein.[28] Durch die Mechanisierung der Landwirtschaft, durch die Zunahme der Nebenerwerbslandwirtschaft und vieles mehr war und ist die Lebenswelt der Bäuerin einem steten Wandel unterworfen. Heute beträgt der Frauenanteil an Erwerbstätigen in der Landwirtschaft rund 54 Prozent und übersteigt damit die Frauenbeschäftigung in anderen Bereichen.

Durch die Veränderungen der Lebensverhältnisse wandelten sich die verschiedenen „Frauenräume“ in ländlichen Regionen, der Arbeitsort ebenso wie der gesellschaftliche Ort. Hierbei galt es für die Frauen nicht nur, sich beispielsweise technische und betriebswirtschaftliche Fertigkeiten anzueignen, sondern sich auch mit identitätsstiftenden alten und neuen Denk- sowie Handlungsmustern auseinanderzusetzen und sich in neuen „Räumen“ zurechtzufinden.

4. Besonders gut zu greifen ist die Relevanz von Frauengeschichte und Geschlechtergeschichte für die „allgemeine“ Landesge-

schichte, wenn das Wirken von Frauen in der Öffentlichkeit, in Vereinen, Organisationen und Institutionen, betrachtet wird. Die Teilhabe von Frauen an geschichtlichen Entwicklungen war dabei nicht unbedingt abhängig von der Erfüllung emanzipatorischer Forderungen – eine Einsicht übrigens, die sich erst allmählich auch in einer stärker feministisch ausgerichteten Frauengeschichtsschreibung durchsetzt –, sie fand auch im Rahmen traditioneller Rollenbilder statt.

Theresia von Jesu Gerhardinger begründete 1833 den Orden der Armen Schulschwestern von Unserer Lieben Frau, der sich ausschließlich der theoretischen und praktischen Unterweisung der weiblichen Jugend widmen sollte. Schnell entstanden zahlreiche Filialklöster, so daß man noch zu Lebzeiten von Theresia Gerhardinger – sie verstarb 1879 – in Bayern bereits 127 Niederlassungen zählte, die sich rasch auf über 200 vermehren sollten. Als einziger Orden bayerischen Ursprungs entfalteten die Armen Schulschwestern eine weltumspannende Wirksamkeit; in der Blütezeit der beiden Jahrzehnte nach 1945 strebten über 11.000 Schwestern auf vier Kontinenten dem Vorbild ihrer Gründerin nach.[29]

Für die bayerische Geschichte bedeutsam ist hier neben dem kirchenhistorischen und kirchenpolitischen Aspekt vor allem auch die Rolle der Armen Schulschwestern im Bildungswesen und im sozialen Bereich. Die Armen Schulschwestern prägten Generationen von Schülerinnen und Schülern in Bayern. Sie wirkten im sozial-karitativen Sektor, betreuten Kindergärten und Waisenhäuser. Angesichts der drängenden sozialen Frage nahm in der zweiten Hälfte des 19. Jahrhunderts das vielfältige sozial-karitative Engagement von Frauen auch politische Dimensionen an. Der Ausbau der sozialen Dienstleistungen konnte nur mit Hilfe der Frauen geschehen; der Betrieb von Kindergärten, Kinderhorten, Krankenhäusern und Altersheimen war ohne ihre Arbeit nicht möglich. Die historische Bedeutsamkeit weiblichen Engagements wird besonders deutlich nach seinem Wegfall infolge sich neu definierender Geschlechterrollen und mit ihnen einhergehender neuer Tätigkeitsbereiche von Frauen, der nicht nur die Politik in Bayern vor kaum zu bewältigende sozialpolitische Probleme stellt. Der Wandel von Frauenräumen und Frauenbildern konnte und kann somit zum Movens staatlichen Handelns werden.

5. Abschließend soll von der Ereignisgeschichte weg der Blick hin auf die Geistes- und Ideengeschichte gelenkt werden. Frauen- und Geschlechtergeschichte ist nachhaltig geprägt von den zu einer bestimmten Zeit in einem bestimmten Raum geltenden Rollenerwartungen und Geschlechterstereotypen. Diese sind freilich zuallererst Erscheinungen der allgemeinen Geistesgeschichte. Zu fragen wäre in diesem Zusammenhang, ob es typisch bayerische Modifikationen der zeitbedingten Weiblichkeitsideale gab, ob in Bayern zu bestimmten Zeiten ein besonders frauenfreundliches oder frauenfeindliches Klima herrschte (im Sinne der emanzipatorischen Bestrebungen der Frauen, etwa im Zusammenhang mit der Öffnung der Universitäten für Frauen), ob von Bayern etwa gar Impulse ausgingen für die Um- oder Neubewertung der Frau. Zu untersuchen wäre ferner das Frauenbild in den bayerischen Landeskunden und Landesbeschreibungen[30], welches Denken über die Frauen, die Geschlechter, Sexualität und Familie sich hier niederschlägt und welche spezifisch bayerischen Elemente sich daraus möglicherweise präparieren lassen.

Und wenn hier spezifisch bayerische Elemente angesprochen werden, so wäre in anderer Hinsicht auch zu fragen nach den Vorstellungen von der typisch „bayerischen Frau“, nach Klischees, die sowohl im Selbstbild der Bayern wie im Fremdbild von außen gelten, und das Selbstverständnis, die Erwartungen, das Erscheinungsbild und die Handlungen von Frauen in und aus Bayern prägen konnten und können.[31]

Schließlich wäre zu fragen nach dem Grad, in dem Frauen im historischen Gedächtnis Bayerns durch die Zeiten präsent sind, in Geschichtswerken, in der Literatur, in Theaterstücken oder auch in historischen Festen. Besondere Bedeutung kommt dabei den Frauen und den Geschichten über Frauen zu, die Eingang fanden in den Geschichtsunterricht und in die Geschichtsbücher bayerischer Schulen. Daß das Bewußtsein über Frauen in der Geschichte in Bayern weiter zurückreicht als gemeinhin angenommen, dafür stehen etwa die Prüfungsfragen des Jahresexamens 1784, mit dem die Schülerinnen des Straubinger Ursulinenklosters im Fach Geschichte geprüft wurden: „Wer war Theodelinda? und mit was erwarb sie sich einen sonderbaren Ruhm? Was erzehlt die Geschichte von Gundeberga der Tochter der Theodelinda? Was von der unglückseligen Prinzeßinn Uta, Tochter des baierischen Herzogens Theodo des Vierten? Von der heiligen baierischen Kaiserinn Kunegund? Welche Ehre ist den zwo Töchtern des baierischen Grafens Berengarius, dortmaligen Herrn von Sulzbach widerfahren? Was erzehlt die Geschichte von der Ludmilla Gräfinn von Bogenn? Von Maria der Gemahlinn Ludwigs des Strengen, Herzogs in Baiern? Von der Herzoginn Mechtild Mutter des Herzogs Rudolph, und Ludwigs, nachmaligen Kaisers? Von der zu Straubing sonderbar berühmten Agnes Bernauerinn?“[32]

Weit entfernt von den Ansprüchen der modernen Frauen- und Geschlechtergeschichte sollten diese historischen Exempla die Mädchenerziehung im Sinne des damals gültigen Rollenverständnisses stützen und beispielhaft christliche Frömmigkeit und tugendsames Leben vor Augen führen. Dennoch – die Geschichte von Frauen in Bayern fand auf diese Weise, wenn auch sehr selektiv, Eingang in Geschichtsbewußtsein und Geschichtswissen: selektiv nicht nur in der Auswahl der Frauengestalten aus der Geschichte Bayerns, sondern auch im Hinblick auf den Rezipientenkreis. Ein weiterer Themenkomplex ist hiermit angesprochen, der nach geschlechterspezifischem Wissen über die bayerische Geschichte fragt, nach geschlechterspezifischer Vermittlung und Aneignung dieses Wissens und geschlechterspezifischem Umgang mit der Geschichte. Eine Historiographie bayerischer Frauen- und Geschlechtergeschichte, die solche Fragestellungen zu berücksichtigen hätte, steht freilich noch aus, dafür ist dieser Forschungsansatz noch zu jung. Erst wenn sich dieser in der bayerischen Landesgeschichte weiter etablieren wird, werden entsprechende Darstellungen möglich sein.

[1] Marie HAUSHOFER: Festspiel. Zum bayerischen Frauentag, 21. Oktober 1899, München 1899 (Exemplar in: Bayerische Staatsbibliothek, München – im folgenden BSB –, Bavar. 848 i-I,3). Vgl. hierzu Christa ELFERICH: „Zwölf Culturbilder aus dem Leben der Frau"; Szenenfotografien, in: Agnete von SPECHT (Hg.): Geschichte der Frauen in Bayern. Von der Völkerwanderung bis heute, Augsburg 1998, S. 307f. sowie die Abb., S. 8.

[2] Das Festspiel zeigte in „zwölf Gruppendarstellungen" nach einem einleitenden Gespräch zwischen der Muse der Geschichte und der Mutter Erde folgende „Culturbilder aus dem Frauenleben": „1. Die klugen und die thörichten Jungfrauen; 2. Amazonen; 3. Haremsfrauen; 4. Germanen, eine Velleda; 5. Benediktinerinnen (X. Jahrhundert); 6. Deutsche Frauen, den Sänger Frauenlob zu Grabe tragend; 7. Zwei Frauen der italienischen Renaissance im Gespräche mit Ariost; 8. Eine deutsche Bürgersfamilie nach dem dreissigjährigen Kriege; 9. Französische Damen der Rococozeit; 10. Königin Luise von Preussen; 11. Rote Kreuz Schwestern, einen Verwundeten geleitend; 12. Frauen der Gegenwart, dem Genius der Arbeit folgend". Programm zum Festabend am Samstag, den 21. Oktober 1899, im katholischen Casino, Barerstr. 7 (Exemplar in: BSB, Bavar. 848 i-I,2), S. 3.

[3] HAUSHOFER (wie Anm. 1), S. 4.

[4] Folgender Überblick nach: Gisela BOCK: Geschichte, Frauengeschichte, Geschlechtergeschichte, in: Geschichte und Gesellschaft 14 (1988), S. 364-391; DIES.: Historische Frauenforschung: Fragestellungen und Perspektiven, in: Karin HAUSEN (Hg.): Frauen suchen ihre Geschichte. Historische Studien zum 19. und 20. Jahrhundert, 2. Aufl. München 1987, S. 24-62; Christiane HARZIG: Männliche Wissenschaft gegen den Strich gebürstet. Historische Frauenforschung in den USA, in: Beate FIESELER/Birgit SCHULZE (Hgg.): Frauengeschichte: gesucht – gefunden? Auskünfte zum Stand der historischen Frauenforschung, Köln 1991, S. 128-145; Karin HAUSEN: Einleitung, in: DIES., Frauen (wie Anm. 4), S. 9-22; DIES.: Die Nicht-Einheit der Geschichte als historiographische Herausforderung. Zur historischen Relevanz und Anstößigkeit der Geschlechtergeschichte, in: Hans MEDICK/Anne-Charlott TREPP (Hgg.): Geschlechtergeschichte und Allgemeine Geschichte. Herausforderungen und Perspektiven, Göttingen 1998, S. 15-55; Renate HOF: Die Entwicklung der Gender Studies, in: Hadumod BUSSMANN/Renate WOLF (Hgg.): Genus – zur Geschlechterdifferenz in den Kulturwissenschaften,

Stuttgart 1995, S. 2-33; Elisabeth KUPPLER: Weiblichkeitsmythen zwischen gender, race und class: True Womanhood im Spiegel der Geschichtsschreibung, in: Ebd., S. 262-291; Eve ROSENHAFT: Zwei Geschlechter – eine Geschichte? Frauengeschichte, Männergeschichte, Geschlechtergeschichte und ihre Folgen für unsere Geschichtswahrnehmung, in: Christiane EIFERT/Angelika EPPLE/Martina KESSEL/Marlies MICHAELIS/Claudia NOWAK/Katharina SCHICKE/Dorothea WELTECKE (Hgg.): Was sind Frauen? Was sind Männer? Geschlechterkonstruktionen im historischen Wandel, Frankfurt a.M. 1996, S. 257-274; Hanna SCHISSLER: Einleitung. Soziale Ungleichheit und historisches Wissen. Der Beitrag der Geschlechtergeschichte, in: DIES. (Hg.): Geschlechterverhältnisse im historischen Wandel, Frankfurt a.M. 1993, S. 9-36; Joan W. SCOTT: Von der Frauen- zur Geschlechtergeschichte, in: Ebd., S. 37-58.

[5] Vgl. Bettina BAUMGÄRTEL/Silvia NEYSTERS (Bearb.): Die Galerie der Starken Frauen. La Galerie des Femmes Fortes. Die Heldin in der französischen und italienischen Kunst des 17. Jahrhunderts, Düsseldorf 1995; Giovanni BOCCACCIO: De claris mulieribus. Die großen Frauen, ausgewählt, übersetzt und kommentiert von Irene Erfen und Peter Schmitt, Stuttgart 1995; Hannelore CYRUS: „Schön zugleich und schrecklich anzusehen" – die Heldenjungfrau. Gedanken zur Gestaltung eines Mythos, in: Jutta DALHOFF/Uschi FREY/Ingrid SCHÖLL (Hgg.): Frauenmacht in der Geschichte. Beiträge des Historikerinnentreffens 1985 zur Frauengeschichtsforschung, Düsseldorf 1986, S. 218-228; Frauen im Licht der Geschichte, in: SPECHT (wie Anm. 1), S. 86-150.

[6] Zur Auswirkung der Scheidung von „privat" und „öffentlich" auf die Geschlechterbeziehungen vgl. Karin HAUSEN: Öffentlichkeit und Privatheit. Gesellschaftspolitische Konstruktionen und die Geschichte der Geschlechterbeziehungen, in: DIES./Heide WUNDER (Hgg.): Frauengeschichte – Geschlechtergeschichte, Frankfurt a.M. 1992, S. 81-88.

[7] Für die Universität München sind in diesem Zusammenhang zu nennen die von Lujo Brentano betreuten ersten Dissertationen von Nationalökonominnen, mit denen eine kurze Blüte sozialwissenschaftlicher Frauenforschung einsetzte: Rose OTTO: Über Fabrikarbeit verheirateter Frauen, Stuttgart 1910; Käthe MENDE: Münchner jugendliche Ladnerinnen zu Hause und im Beruf, auf Grund einer Erhebung geschildert, Stuttgart 1912; Elisabeth HELL: Jugendliche Schneiderinnen und Näherinnen in München, Stuttgart 1911; Rosa KEMPF: Das Leben der jungen Fabrikmädchen in München, Leipzig 1911. Vgl. hierzu Monika BERGMEIER: „Vom Lebenswunsch, sozial zu arbeiten". Nationalökonominnen in München bis 1933, in: Hiltrud HÄNTZSCHEL/Hadumod BUSSMANN (Hgg.): Bedrohlich gescheit. Ein Jahrhundert Frauen und Wissenschaft in Bayern, München 1997, S. 178-193, hier S. 186ff.

[8] BOCK, Frauenforschung (wie Anm. 4), S. 29.

[9] Zur Problematik des feministischen Ansatzes in der Frauen- und Geschlechtergeschichte vgl. Jörn RÜSEN: „Schöne" Parteilichkeit. Feminismus und Objektivität in der Geschichtswissenschaft, in: Ursula A. J. BECHER/Jörn RÜSEN (Hgg.): Weiblichkeit in geschichtlicher Perspektive. Fallstudien und Reflexionen zu Grundproblemen der historischen Frauenforschung, Frankfurt a.M. 1988, S. 517-542; Uta C. SCHMIDT: Wohin mit „Unserer gemeinsamen Betroffenheit" im Blick auf die Geschichte? Eine kritische Auseinandersetzung mit methodischen Postulaten der feministischen Wissenschaftsperspektive, in: Ebd., S. 502-516.

[10] Das Verhältnis von Frauen- und Geschlechtergeschichte zur Sozialgeschichte und allgemeinen Geschichte ist dagegen Bestandteil der theoretischen und methodischen Diskussionen in diesen Disziplinen. Vgl. zuletzt: MEDICK/TREPP (wie Anm. 4).
[11] Vgl. hierzu Georges DUBY (Hg.): Geschichte der Frauen, Bde. 1-5, Frankfurt a.M. 1993-1995; Andrea van DÜLMEN (Hg.): Frauen. Ein historisches Lesebuch, 6. Aufl. München 1995; Frauen in Deutschland. Auf dem Weg zur Gleichstellung, hg. von der Bundeszentrale für politische Bildung, Bonn 1997; Ute FREVERT: Frauen-Geschichte. Zwischen Bürgerlicher Verbesserung und Neuer Weiblichkeit, Frankfurt a.M. 1986; DIES.: „Mann und Weib, und Weib und Mann". Geschlechter-Differenzen in der Moderne, München 1995; Ute GERHARD (Hg.): Frauen in der Geschichte des Rechts. Von der Frühen Neuzeit bis zur Gegenwart, München 1997; DIES.: Gleichheit ohne Angleichung. Frauen im Recht, München 1990; Ingeborg WEBER-KELLERMANN: Frauenleben im 19. Jahrhundert. Empire und Romantik, Biedermeier, Gründerzeit, 3. Aufl. München 1991.
[12] Anregungen, wie das Thema „Frauen in der Geschichte" in den Schulunterricht eingebracht werden kann, geben, freilich ohne regionale oder landesgeschichtliche Bezüge herauszustellen, Bodo von BORRIES/Annette KUHN/Jörn RÜSEN (Hgg.): Sammelband Geschichtsdidaktik: Frau in der Geschichte, Teile 1-3, Düsseldorf 1984, mit Unterrichtsmaterialien, Unterrichtsbeispielen und Bibliographien.
[13] Vgl. zum folgenden den knappen Überblick mit weiterführenden Literaturhinweisen bei: Sabine REHM: Verbesserung der Bildungsmöglichkeiten, in: SPECHT (wie Anm. 1), S. 278ff.; s. ferner ebd., S. 280-299.
[14] Aus anatomischen Erkenntnissen leitete beispielsweise der Münchner Professor für Anatomie und Physiologie, Theodor Ludwig Wilhelm von Bischoff (1807-1882), die körperliche und geistige Unterlegenheit der Frau gegenüber dem Mann und somit ihre Unfähigkeit zum akademischen Studium ab. Vgl. Theodor L.W. von BISCHOFF: Das Studium und die Ausübung der Medicin durch Frauen, München 1872; Friedrich MATTICK: Bischoff, Theodor Ludwig Wilhelm v., in: Neue Deutsche Biographie 2, 1955, S. 264ff.; Thomas PARINGER: „Das Studium und die Ausübung der Medicin durch Frauen", in: SPECHT (wie Anm. 1), S. 289f.
[15] Vgl. etwa die diesbezüglichen Debatten im Bayerischen Landtag. Das Thema „Frauenstudium" sprach hier erstmals der sozialdemokratische Abgeordnete Georg von Vollmar (1850-1922) am 7.3.1894 in der Kammer der Abgeordneten an. Es folgten bis zur Genehmigung des Frauenstudiums 1903 immer wieder heftige Diskussionen um die Frage der Zulassung von Frauen zum Studium an den bayerischen Landesuniversitäten. Vgl. Verhandlungen der Kammer der Abgeordneten des bayerischen Landtags im Jahre 1893/94, 92. Sitzung am 7.3.1894, Stenographische Berichte III, S. 132f.; im Jahre 1895/96, 241. Sitzung am 2.3.1896, Stenographische Berichte VII, S. 258f.; 242. Sitzung am 3.3.1896, Stenographische Berichte VII, S. 267f., 274, 282; 243. Sitzung am 4.3.1896, Stenographische Berichte VII, S. 312; im Jahre 1897/98, 408. Sitzung am 23.3.1898, Stenographische Berichte XI, S. 723, 726ff., 731f.; im Jahre 1899/1900, 121. Sitzung am 23.4.1900, Stenographische Berichte IV, S. 88f., 94ff., 100ff.; im Jahre 1901/02, 332. Sitzung am 19.6.1902, Stenographische Berichte IX, S. 804-807; 333. Sitzung am 20.6.1902, Stenographische Berichte IX, S. 840-843; 334. Sitzung am 21.6.1902, Stenographische Berichte IX, S. 854f.; 335. Sitzung am 23.6.1902, Stenographische Berichte IX, S. 890, 899. Vgl. hierzu auch Monika MEISTER: Über die Anfänge des Frauenstudiums in Bayern, in: HÄNTZSCHEL/BUSSMANN (wie Anm. 7),

S. 35-56, hier S. 51-54; Thomas PARINGER: Debatten im Bayerischen Landtag zum Thema Frauenstudium, in: SPECHT (wie Anm. 1), S. 290f.

[16] In Baden war dies 1900 geschehen; 1909 waren dann Frauen in ganz Deutschland zum Studium zugelassen.

[17] Vgl. Hiltrud HÄNTZSCHEL: Zur Geschichte der Habilitation von Frauen in Deutschland, in: HÄNTZSCHEL/BUSSMANN (wie Anm. 7), S. 84-104, hier S. 94ff.; Ludwig UTSCHNEIDER: Adele Hartmann, in: SPECHT (wie Anm. 1), S. 296.

[18] Vgl. Hiltrud HÄNTZSCHEL: Justitia – eine Frau? Bayerische Positionen einer Geschlechterdebatte, in: HÄNTZSCHEL/BUSSMANN (wie Anm. 7), S. 194-213, hier S. 197 (Abb.), 200, 202, 207-210; Ludwig UTSCHNEIDER: Maria Otto, in: SPECHT (wie Anm. 1), S. 297.

[19] Vgl. Vorwort, in: HÄNTZSCHEL/BUSSMANN (wie Anm. 7), S. 9-12, hier S. 10.

[20] Vgl. Marita A. PANZER/Elisabeth PLÖSSL: Bavarias Töchter. Frauenporträts aus fünf Jahrhunderten, Regensburg 1997.

[21] Zur politischen Aktivität von Frauen in Bayern im 19. und beginnenden 20. Jahrhundert vgl.: Marita A. PANZER: „Zwischen Küche und Katheder". Bürgerliche Frauen um die Jahrhundertwende 1890-1915, in: Sybille KRAFFT (Koord.): Frauenleben in Bayern von der Jahrhundertwende bis zur Trümmerzeit, München 1993, S. 86-118, hier zur bürgerlichen Frauenbewegung in Bayern S. 106-118; Karin SOMMER: „Zwischen Aufbruch und Anpassung". Frauen in der Weimarer Republik 1918-1933, in: Ebd., S. 171-233; Der Weg zur Gleichberechtigung – Anfänge der Frauenbewegung, in: SPECHT (wie Anm. 1), S. 299-314. Christiane STERNSDORF-HAUCK: Brotmarken und rote Fahnen. Frauen in der bayerischen Revolution und Räterepublik 1918/19, Frankfurt a.M. 1989. – Zum Problemkreis allgemein vgl.: Thomas KÜHNE: Staatspolitik, Frauenpolitik, Männerpolitik: Politikgeschichte als Geschlechtergeschichte, in: MEDICK/TREPP (wie Anm. 4), S. 171-231.

[22] Vgl. Amtliches Handbuch des Bayerischen Landtags, hg. vom Landtagsamte, München 1920, S. 27, 28f., 37, 39, 49f., 63f., 71, 90f.

[23] Eine entsprechende Untersuchung liegt für den Bayerischen Landtag der Nachkriegszeit vor: Elisabeth FLESCHHUT: „Ich als Frau und Abgeordnete ...!" Untersuchung der politischen Karriere, der parlamentarischen Arbeit und des politischen Selbstverständnisses der weiblichen Abgeordneten im Bayerischen Landtag der Nachkriegszeit (1946-1958), München 1997.

[24] Vgl. Martha SCHAD: Bayerns Königinnen, 2. Aufl. Regensburg 1993.

[25] Zur Terminologie siehe auch Karin HAUSEN: Frauenräume, in: DIES./WUNDER (wie Anm. 6), S. 21-24.

[26] Freilich ist der Anteil der in der Landwirtschaft Erwerbstätigen heute prozentual zur Gesamtzahl der Erwerbstätigen eher gering. Vgl. Statistisches Jahrbuch für Bayern 1998, hg. vom Bayerischen Landesamt für Statistik und Datenverarbeitung, München 1998, S. 147. Insgesamt waren demnach im April 1997 222.300 Personen, d.i. 3,9 % aller Erwerbstätigen Bayerns, in Land- und Forstwirtschaft sowie Fischerei tätig.

[27] Der folgende Überblick nach: Eva HABEL: Auf Hof und Feld, in: SPECHT (wie Anm. 1), S. 204f.; Elisabeth PLÖSSL: „Ich gehe Tag für Tag an meine Arbeit". Frauen in Landwirtschaft, Industrie und häuslichen Diensten um die Jahrhundertwende 1890-1914, in: KRAFFT (wie Anm. 21), S. 9-85, hier S. 9-32. Grundlegend für die Darstellung der Lebenswelten von Frauen in der Landwirtschaft in den ersten Jahrzehnten des 20. Jahrhunderts in Bayern sind nach wie vor die Erhebungen

und Untersuchungen der Nationalökonomin Rosa Kempf, insbesondere die Schrift: Rosa KEMPF: Arbeits- und Lebensverhältnisse der Frauen in der Landwirtschaft Bayerns. Auf Grund einer vom ständigen Ausschuß zur Förderung der Arbeiterinnen-Interessen veranstalteten Erhebung dargestellt, Jena 1918. – Als eine gelungene Darstellung individueller Lebensbedingungen von Bauersfrauen, Taglöhner- und Handwerkerfrauen auf dem Lande mit regionalem Bezug kann der Katalog zur gleichnamigen Ausstellung des Hohenloher Freilandmuseums gelten: Ulrike MARSKI (Hg.): Aus ihrem Schicksal das Beste gemacht. Frauen im Dorf, Rothenburg o.d.T. 1996.

[28] Vgl. Andreas EICHMÜLLER: Landwirtschaft und bäuerliche Bevölkerung in Bayern. Ökonomischer und sozialer Wandel 1948-1970. Eine vergleichende Untersuchung der Landkreise Erding, Kötzting und Obernburg, München 1997, bes. das Kapitel über Landarbeit und Bauernfamilie, S. 148-253; s. außerdem zu aktuellen Fragestellungen den Sammelband: Sabine HEBENSTREIT-MÜLLER/Ingrid HELBRECHT-JORDAN (Hgg.): Frauenleben in ländlichen Regionen. Individuelle und strukturelle Wandlungsprozesse in der weiblichen Lebenswelt, Bielefeld 1990.

[29] Vgl. zuletzt: Selige Theresia von Jesu Gerhardinger (1797-1879). Ein Leben für Kirche und Schule. Zum 200. Geburtstag, Regensburg 1997 (mit Angabe der älteren Literatur).

[30] Beispielsweise in: Joseph HAZZI: Statistische Aufschlüsse über das Herzogthum Baiern, aus ächten Quellen geschöpft. Ein allgemeiner Beitrag zur Länder- und Menschenkunde, Bde. 1-2, Nürnberg 1801-1802; Bavaria. Landes- und Volkskunde des Königreichs Bayern, Bde. 1-5, München 1860-1868.

[31] Vgl. Nina GOCKERELL: Das Bayernbild in der literarischen und wissenschaftlichen Wertung durch fünf Jahrhunderte, München 1974; DIES.: Die Bayern. Land und Leute in Reisebeschreibungen aus vier Jahrhunderten, Zürich 1980; Sabine REHM: Bilder von bayerischen Frauen – Das Image der Werbung, in: SPECHT (wie Anm. 1), S. 30ff.

[32] Verschiedene Gegenstände zur öffentlichen Prüfung der hochen kurfürstlichen Schulkommission vorgelegt von Fräule M. Xaveria Freyinn von Gugl, Mademoiselle M. Theresia Ellerstorfer, Demoiselle M. Theresia Räblinn, Jungfr. M. Barbara Oswaldinn. Aus dem Kosthause der Ursulinnerinnen zu Straubing im Jahre 1784, Straubing 1784 (Exemplar in: Bayerisches Hauptstaatsarchiv, München, KL Fasz. 724/10, Nr. 92), S. 5. Vgl. Gabriele HEIGL: Die Pensionatsschule, in: 300 Jahre Ursulinen in Straubing 1691-1991. Festschrift, Straubing 1991, S. 229-242, hier S. 231ff.; Guido TREFFLER: „Welchen Nutzen soll die Kenntniße dieser Dinge dem jungen Frauenzimmer bringen?“ – Mädchenerziehung vor den Reformen des 19. Jahrhunderts, in: SPECHT (wie Anm. 1), S. 280.

Biographische Geschichtsschreibung

Politische Autobiographie in Bayern nach 1945. Ein Überblick

Von Karl-Ulrich Gelberg

Am Anfang der Betrachtung sollen einige quellenkritische Überlegungen stehen. Was kann der Historiker von einer Autobiographie eigentlich erwarten? Geben wir es zu: Um die Memoiren aktiver oder gerade von der politischen Bühne abgetretener Politiker macht der seriöse Historiker eher einen großen Bogen. Man erwartet darin vor allem eitle Selbstbespiegelung, die übertriebene Darstellung des eigenen Anteils an politischen Erfolgen und ebenso, daß der Verfasser für Fehler und Mißerfolge andere verantwortlich macht, also im Grunde, daß politische Autobiographien wenig oder gar nichts zur Erhellung der Vergangenheit beitragen. Aber treffen diese Vorurteile wirklich zu?

Politische Autobiographien können und sollen nicht die Lektüre der Akten ersetzen. Die Qualität politischer Autobiographien wird variieren und ihr Quellenwert wird höher sein, wenn weitere schriftliche Zeugnisse (Kalender, Tagebücher, Handakten etc.) zu ihrer Abfassung herangezogen wurden, als wenn sie in hohem Alter mit großem Abstand zu den Ereignissen und nur aus der Erinnerung niedergeschrieben worden sind. Als Beispiel sei auf die Erinnerungen Konrad Adenauers verwiesen, die über weite Strecken aus „Zeile für Zeile zitiertem oder referiertem Primärmaterial"[1] bestehen und somit extrem hohen Quellenwert besitzen. Persönliches, Privates, Atmosphärisches, ja Anekdotenhaftes, für das der mit rheinischem Humor ausgestattete Kanzler nicht erst seit den Büchern von Walter Henkels[2] sprichwörtlich war, findet sich in seinen Erinnerungen nicht. Dem „Warum" wollen wir hier nicht nachgehen, lediglich festhalten, daß die Erinnerungen Adenauers in ihrer Art eine wichtige Quelle für die Forschung darstellen, sie jedoch durch den Verzicht auf Persönliches und Anekdotisches auch Wesentliches nicht bieten, was nur Autobiographien leisten können.

Rudolf Morsey, der in einem Aufsatz Memoiren als Quellen zur preußischen Verwaltungsgeschichte des wilhelminischen Deutschland ausgewertet hat, kommt zu dem Fazit: „Das Bild der Verwaltung in der einschlägigen Forschung in dem hier behandelten Zeitraum ist nicht in erster Linie durch die Lebenserinnerungen ihrer Angehörigen geprägt worden. Wohl aber hat es durch referierende und reflektierende Rückblicke einzelner Memoirenschreiber an 'Tiefenschärfe' und Anschaulichkeit gewonnen, auch vielfache Einzelkorrekturen ermöglicht. Das gilt vor allem für die persönliche Wertung und Bewertung von Spitzenbeamten und deren Verwaltungsführung, die aus Ressortakten allein nicht gewonnen werden kann."[3]

Autobiographisches Schriftgut, dies gilt für Politiker und Beamte gleichermaßen, bietet die Möglichkeit, aus den Sachakten gewonnene Erkenntnisse kritisch zu überprüfen. Es bestätigt diese oder ermöglicht Korrekturen. Zudem ist nur über Erinnerungen die Atmosphäre einer Zeit und ihrer Verhältnisse zu spüren und etwas über persönliche Verhältnisse in einer Regierung oder einem Ministerium zu erfahren.

Dazu ein bayerisches Beispiel: Otto Barbarino, mehrere Jahrzehnte Ministerialdirektor und Amtschef des Bayerischen Staatsministeriums der Finanzen, selbst CSU-Mitglied, beschreibt in seinen jüngst veröffentlichten Erinnerungen die Zusammenarbeit mit den beiden sozialdemokratischen Finanzministern Rudolf Zorn und Friedrich Zietsch in den fünfziger Jahren so: „Die Zusammenarbeit mit Dr. Zorn war fachlich wie menschlich stets einwandfrei und sehr erfolgreich. Er wußte, daß ich Mitglied der CSU bin, aber nie gab es zwischen uns eine parteipolitisch gefärbte Meinungsverschiedenheit". Nachfolger Zorns wurde 1951 Zietsch: „Daß er Vorbehalte gegen mich hatte, ließ er schon bald erkennen. Als ich nach der Pensionierung Emnets[4] die Leitung der Haushaltsabteilung übernahm, und aus diesem Anlaß zum Ministerialdirigenten befördert werden sollte, leistete er längeren Widerstand. Aber ich wurde es schließlich doch."[5] Man erfährt also, daß die Chemie zwischen Barbarino und Zorn stimmte, die zwischen Barbarino und Zietsch nicht. Wenn man z.B. eine Darstellung der Haushaltspolitik des Bayerischen Finanzministeriums in den fünfziger Jahren schreiben möchte, ist dieses Hintergrundwissen für das Verständnis sehr nützlich. Aus den Sachakten ließe sich dies kaum ermitteln.

Autobiographien sind jedoch nicht nur Korrektiv und Ergänzung der Sachakten. Sie lassen vielmehr, da sie häufig chronologisch die Lebensgeschichte (Kindheit, Ausbildung, Studium, Militärzeit, Mitgliedschaft bei Vereinen und studentischen Verbindungen, erste berufliche Schritte, politische Überzeugungen und Mitgliedschaft in Parteien, familiäre Lebensplanung) darstellen, auch einen Blick auf die Gesamtpersönlichkeit zu. Familiäre, freundschaftliche, gesellschaftliche, regionale und lokale Verbindungen erschließen sich, die für die Bewertung des politischen Handelns wesentlich sein können.

Auch hier ein kleines, aber markantes Beispiel: Der spätere Landesgruppenvorsitzende der CSU im Deutschen Bundestag und Bundesinnenminister (1961-1965) Hermann Höcherl (1912-1989) beschreibt auf wenigen Seiten in einem Sammelband sein Elternhaus im Bayerischen Wald, die einfachen Lebensumstände und seine als geborgen erfahrene Kindheit. Er schließt mit dem Satz: „Alles andere, was sich über Berlin, München, Bonn und Brüssel angeschlossen hat, war nur Ernte einer glücklichen Jugend"[6]. Diese eigene Bewertung macht es demjenigen, der sich mit

Höcherl befaßt, zur Aufgabe, Herkunft und Prägung in der Jugend für dessen Politik nicht außer acht zu lassen.

Die systematische Behandlung politischer Autobiographien in Bayern soll sich wesentlich auf Landespolitiker (Ministerpräsidenten, Minister, Abgeordnete) und hohe Beamte der Ministerialbürokratie beschränken. Erweitert wird dieser Kreis durch kommunale Größen sowie Vertreter der für die Jahre 1945 bis 1952 in Bayern zentralen amerikanischen Militärregierung. Nur gestreift werden im folgenden die Bereiche Kirche, Wirtschaft sowie geistiges Leben.

Beginnen wir bei den politischen Autobiographien hierarchisch, also bei den Ministerpräsidenten, so ist zu konstatieren, daß lediglich zwei bayerische Ministerpräsidenten mit einer Monographie autobiographisch hervorgetreten sind: Wilhelm Hoegner (1945/1946 und 1954-1957) und Franz Josef Strauß (1978-1988). Mit ihren Werken, Hoegners „Der schwierige Außenseiter“[7] und den „Erinnerungen“[8] von Strauß liegen zwei Beispiele vor, wie sie kaum unterschiedlicher sein könnten. So sind Hoegners Erinnerungen, konkret auf das Amt des Ministerpräsidenten bzw. des Justiz- und des Innenministers in den von Hans Ehard geführten Kabinetten (1946/1947 und 1950-1954) bezogen, detailliert, erkennbar unter Heranziehung eigener Akten gearbeitet, auch formal das Beste, was der bayerischen Landesgeschichtsschreibung in dieser Gattung zur Verfügung steht. Dagegen sind die in der Entstehung und Publikation problematischen Erinnerungen von Strauß[9] für den Landeshistoriker eher enttäuschend. Es dominieren dort die Bundes- und Weltpolitik.[10] Lediglich zwei Kapitel sind überwiegend der Landespolitik gewidmet, keines davon allerdings den Jahren von Strauß als Ministerpräsident Bayerns.[11] Ansonsten enthalten seine Memoiren nur vereinzelte landespolitische Farbtupfer, so etwa wenn Strauß schildert, wie sein energischer Auftritt in einer Ministerratssitzung des bayerischen

Kabinetts unter Vorsitz von Ministerpräsident Alfons Goppel im Jahre 1973 den Ausschlag dafür gab, daß Bayern vor dem Bundesverfassungsgericht gegen den Grundlagenvertrag Klage erhob.[12] Insgesamt werden seine Erinnerungen seiner Rolle für die Geschicke Bayerns in der Nachkriegszeit nicht gerecht. Hoegner dagegen besticht nicht nur durch zahlreiche Porträts von Kollegen sowie die detailgenaue Schilderung einer großen Zahl von Themen der Nachkriegsgeschichte. Er kann vor allem auch amüsant und anekdotisch erzählen, so etwa über die aufreibende Tätigkeit eines bayerischen Ministerpräsidenten im Bundesrat Mitte der fünfziger Jahre: „Manchen Monat mußte ich fast jede Woche in Bonn sein. Oft fuhr ich mit dem Kraftwagen in aller Herrgottsfrühe von München weg, ließ meinen Fahrer über Mittag in Bonn einige Stunden schlafen und fuhr am späten Abend nach München zurück, um dann zuhause noch die mir von der Staatskanzlei geschickten Akten zu bearbeiten. Meistens bewältigten wir die Strecke in fünf Stunden, bei geringerem Lastwagenverkehr zwischen Frankfurt und Bonn benötigten wir sogar noch weniger Zeit. Das war nur durch die Benutzung des blauen Lichtes auf der Autobahn möglich. Die württembergische Polizei wollte anfänglich wie schon bei meinem Vorgänger Dr. Ehard das blaue Licht des bayerischen Staatswagens nicht anerkennen und hielt mich wiederholt an. [...] Am Schluße drohte ich scherzhaft meinem baden-württembergischen Kollegen Dr. Gebhard Müller, sein ungastliches Land zu meiden und lieber den Umweg über Würzburg-Aschaffenburg zu fahren. Darauf stellte er mir eine Art Geleitbrief aus, in dem die Polizei seines Landes angewiesen war, in Zukunft das blaue Licht meines Wagens nicht zu beanstanden.“[13]

Nun ist das Kennzeichen des Anekdotischen nicht nur, daß es Heiterkeit auslöst, sondern die Darstellung verborgener Zusammenhänge in verknappter Form. So lassen sich aus Hoegners Beschreibung interessante Aussagen über die Verkehrsverhältnisse der damaligen Zeit entnehmen, aber auch über sein Amtsverständnis. Verdichtet wird unser Bild über die Fahrten des Ministerpräsidenten noch dadurch, daß auch Friedrich Glum, ehemals Generalsekretär der Kaiser-Wilhelm-Gesellschaft und nach dem Krieg Verfassungsreferent in der Bayerischen Staatskanzlei, in seinen Erinnerungen darüber berichtet: „Dem Ministerpräsidenten war von den Amerikanern ein großer Maybach zur Verfügung gestellt worden, mit dem die Chauffeure gewöhnlich die Speed limits, die die Amerikaner gesetzt hatten, überfuhren. Hoegner, neben dem Chauffeur sitzend, machte geradezu einen Sport daraus, aufzupassen, ob amerikanische MP zu sehen war. Das nützte allerdings nicht immer. Einmal wurde er verhaftet. Ein andermal, als ich mit im Wagen war, gelang es mir nur nach langer Verhandlung den MP davon zu überzeugen, daß der Ministerpräsident zu der Sitzung in Stuttgart müsse. Dafür mußten wir versprechen, daß sich der Ministerpräsident auf dem Rückweg auf der Militärpolizeistelle in einem württembergischen Dorf melden würde, was wir denn auch taten. Bei Ehard war es nicht sehr viel anders.“[14]

Hier erfahren wir nun, inwieweit Verordnungen der amerikanischen Besatzungsmacht in alle Lebensbereiche hineinwirkten. Ferner wird das banale Faktum deutlich, daß Hoegner kein oder nur schlecht Englisch sprach, eine Eigenschaft, die er mit der Mehrzahl deutscher Politiker am Kriegsende teilte und die sehr wesentlich für das Verhältnis zwischen Deutschen und Amerikanern war. Das Anekdotische verleiht den Erinnerungen auch ein gewisses Maß an stilistischem Glanz und enthält gleichzeitig wichtige Erkenntnisse. Darauf wird noch zurückzukommen sein.

Die Tatsache, daß die anderen bayerischen Ministerpräsidenten der Nachkriegszeit keine Autobiographien vorgelegt haben, wird teilweise durch eine Publikationsreihe ausgeglichen, die der Neue Presseclub München in den sechziger Jahren in gedruckter Form herausgegeben hat und in der Fritz Schäffer, Hans Ehard und Alfons Goppel (jedoch nicht Hanns Seidel)[15] vertreten sind.[16] Obwohl es sich hier nur um schmale Bändchen von zwanzig bis vierzig Seiten Umfang handelt, bieten sie doch teilweise interessanten Aufschluß über die Regierungsarbeit und auch das Selbstverständnis dieser Ministerpräsidenten. Erweitern wir den Blick über die Regierungschefs auf das politische Personal ihrer Kabinette, Parteivorsitzende und Oppositionsführer, so dürften die Erinnerungen des CSU-Gründers und ersten Landesvorsitzenden (1945-1949) Josef Müller, des „Ochsensepp", mit dem Titel "Bis zur letzten Konsequenz"[17] am häufigsten in Bücherregalen zu finden sein. Diese häufig unkritisch rezipierten Erinnerungen sind als Quelle allerdings problematisch. Wie an verschiedenen Stellen nachweisbar, rückt Müller seine Person z.B. 1933 in einer Weise in den Mittelpunkt, die nicht annähernd mit den Tatsachen korrespondiert.[18] Zudem behandelt seine Autobiographie nur in drei von 14 Kapiteln die Zeit nach 1945. Einige kürzere Erinnerungstexte von CSU-Mitgliedern der ersten Stunde, die über die unmittelbare Nachkriegszeit und die Gründung der Partei sowie erste parlamentarische Erfahrungen berichten, liegen in einem Sammelband von Michael Schröder „Bayern 1945: Demokratischer Neubeginn"[19] vor. Es handelt sich um den Mitgründer des CSU-Bezirksverbandes Oberbayern Karl Köhler, den streitbaren August Haußleiter, der in den achtziger Jahren noch einmal für Die Grünen in den Landtag einzog, den Münchner CSU-Mitgründer Hannes Schinagl sowie den Geschäftsführer der Münchner CSU (1946-1951) Adolf Miller.[20] Insgesamt ist jedoch zu konstatieren, daß bis zum Ende der fünfziger Jahre die Repräsentanten der größten bayerischen Nachkriegspartei, der CSU, bei den autobiographischen Quellen deutlich unterrepräsentiert sind. Selbst in diesem Sammelband kommen mehr Sozialdemokraten zu Wort, neben dem ersten Landessekretär der bayerischen SPD, Martin Albert, Volkmar Gabert und Emil Werner, die über die Arbeit der sudetendeutschen Sozialdemokraten in Bayern nach dem Kriegsende berichten, der Würzburger Landtagsabgeordnete Hannsheinz

Bauer, 1948/49 auch Mitglied des Parlamentarischen Rates in Bonn, der Nürnberger Sozialdemokrat Franz Haas und der spätere Staatssekretär im Arbeitsministerium der Viererkoalition (1954-1957) Karl Weishäupl. Damit und mit Hoegners „Außenseiter“ sieht der Befund für die SPD besser aus als für die CSU. Neben der SPD weist für die unmittelbare Nachkriegszeit die bayerische KPD die beste Quellensituation bei Autobiographien auf. Vor allem sind die einschlägigen Abschnitte von Georg Fischers „Vom aufrechten Gang eines Sozialisten“[21] zu nennen, die die Spannungen innerhalb der Partei, ihre Regierungsbeteiligung im Kabinett Hoegner I 1945/1946 und Fischers Tätigkeit an der Seite des Wirtschaftsministers Ludwig Erhard im bayerischen Wirtschaftsministerium 1945/1946 beleuchten.[22] Daneben gibt es Richard Scheringers „Das große Los unter Soldaten, Bauern und Rebellen“[23]. Scheringer, beim Ulmer Reichswehrprozeß 1930 angeklagt, Kommunist und Landwirt (Kösching), war 1945 als Staatssekretär im Landwirtschaftsministerium an der Seite Hundhammers vorgesehen gewesen. Die Militärregierung lehnte ihn jedoch infolge seiner Agitation gegen die Besatzungsmächte nach dem Ersten Weltkrieg ab.[24]

Aus chronologischen Gründen bietet es sich an dieser Stelle an, von der bayerischen Landespolitik aus einen Seitenblick auf die kommunalen Spitzenvertreter zu werfen.[25] Autobiographisches Material bayerischer Oberbürgermeister liegt auch nicht in großer Zahl vor. Im Jubiläumsjahr 1995 wurden die Erinnerungen des Augsburger Oberbürgermeisters Wilhelm Ott publiziert, der detailliert die ersten Monate nach dem Kriegsende an der Spitze der Stadt, seine Aufgaben und das mitunter schwierige Verhältnis zur Militärregierung beschreibt.[26] In diesen zeitlichen Zusammenhang gehört auch die Darstellung des gescheiterten Putschversuchs bei Kriegsende in München und Umgebung durch die Freiheitsaktion Bayern (FAB) unter Führung des Hauptmanns Rupprecht Gerngroß am 27./28. April 1945, die Gerngroß selbst 1995 publizierte.[27] Auch der Münchner Oberbürgermeister der Jahre 1924-1933 und 1945-1948, Karl Scharnagl, hat zumindest einen kurzen Text verfaßt, der über seine Tätigkeit berichtet. Dieser autobiographische Aufsatz kam jedoch nur im Freundeskreis zur Verbreitung.[28] Die beiden genannten Texte besitzen ebenso für die Landesgeschichte Bedeutung wie die Erinnerungen des sozialdemokratischen Münchner Oberbürgermeisters der Jahre 1960-1972, Hans-Jochen Vogel.[29] Um nur zwei Beispiele zu nennen: Vogel beschreibt das Zusammenwirken zwischen Stadtspitze und Staatsregierung unter Ministerpräsident Goppel bei der Bewerbung Münchens um die Austragung der Olympischen Sommerspiele 1972.[30] Weiterhin zeichnet er sehr treffende Porträts politischer Weggefährten und Gegner, darunter des damaligen Verteidigungsministers Franz Josef Strauß: „Schon damals hatte ich den Eindruck, es gebe eigentlich zwei ganz verschiedene Personen des gleichen Namens. Die eine klug, realistisch, von enormer Auffassungsgabe und unerschöpflicher Vitalität. Die andere ungezügelt, ja mitunter fanatisch, machtbesessen und in hohem Maße egozentrisch. Im Konfliktsfalle, insbesondere bei stärkeren Belastungen, behielt allerdings zumeist der zweite Strauß die Oberhand, und das machte ihn in der Tat gefährlich und unberechenbar. Dennoch habe ich die Versuche, ihn zu verteufeln und als eine Art leibhaftigen Gottseibeiuns hinzustellen, immer für verfehlt gehalten. Diese Versuche haben seine Wirkungsmöglichkeiten eher erhöht und ihm in Bayern zusätzliche emotionale Sympathien verschafft."[31]

Mit den Erinnerungen von Vogel, der daneben zahlreiche in diesen Jahren in der Landeshauptstadt begonnene Infrastrukturprojekte beschreibt, haben wir die fünfziger Jahre verlassen. Für die sechziger und siebziger Jahre, die in den letzten Jahren erst als historisches Arbeitsfeld erschlossen werden, war bislang der Befund, was die Erinnerungen von Landespolitikern betrifft, kaum positiver. Neuerdings sind jedoch einige erfreuliche Anzeichen einer Wende auszumachen. An erster Stelle sind die gerade erschienenen Lebenserinnerungen von Simon Nüssel[32] (CSU) zu nennen, 1970 bis 1990 unter den Ministerpräsidenten Alfons Goppel, Franz Josef Strauß und Max Streibl zunächst als Staatssekretär, seit dem Tod Hans Eisenmanns 1987 auch als Staatsminister für Ernährung, Landwirtschaft und Forsten Mitglied der Staatsregierung. Nüssel ist der erste bayerische Minister, der faktenreiche und gut erzählte Erinnerungen größeren Umfangs vorlegt, die einen guten Einblick in die ganze Skala der bayerischen Landwirtschaftspolitik bieten. Dies reicht von der Grenzlandpolitik über Rationalisierungsmaßnahmen und Maschinenringe, dem wichtigen Landwirtschaftsförderungsgesetz von 1970 bis zur Umstrukturierung des ländlichen Raumes und dem Kulturlandschaftsprogramm aus dem Jahre 1988.[33] Nüssel schildert ebenso in detaillierter Weise seinen familiären Hintergrund und den beruflichen und politischen Lebensweg, der ihn vom elterlichen Hof in Hohenknoden (Ofr.) in die Landespolitik führte. Die Erinnerungen zeigen weiter, welchen Einfluß er als stark kommunalpolitisch und regional verwurzelter oberfränkischer Abgeordneter bei Standort- und Personalentscheidungen in diesem Regierungsbezirk besaß. Dies war bei der Gebietsreform der siebziger Jahre ebenso der Fall wie bei der Gründung der Universität Bayreuth 1969-1972.[34] Aus der Ära des Ministerpräsidenten Goppel (1962-1978) (CSU) liegen ferner die Erinnerungssplitter des Kultusministers Ludwig Huber[35] (CSU) und eine bemerkenswerte Teilautobiographie des Innenministers Bruno Merk[36] (CSU) vor. Merk schildert zunächst Herkunft, Ausbildung und beruflichen Werdegang.[37] Dem läßt er einige ausführliche Kapitel folgen, die besonderen Ereignissen oder Schwerpunkten seiner politischen Arbeit gewidmet sind. Es handelt sich dabei etwa um den Polizeieinsatz bei den Olympischen Spielen 1972, die große Gebietsreform der siebziger Jahre, die Merk zuletzt auch gegen den Widerstand von Strauß durchsetzte, und die Aufkündigung der Fraktionsgemeinschaft mit der CDU im Bundestag, die die CSU im November

1976 in Kreuth beschlossen hatte. In einem Band, der autobiographische Vorträge schwäbischer Politiker versammelt, kommen aus der Ministerriege Goppels Wirtschaftsminister Anton Jaumann[38] und Kultusminister Hans Maier[39] zu Wort. Maier schildert sehr eindringlich seine Motivation, im Spätherbst 1970 das Angebot Goppels anzunehmen, als Professor als politischer Außenseiter an die Spitze des Kultusressorts zu treten. Interessant sind seine sentenzartigen Betrachtungen zum Politikerleben: „[...] gerade für den Wissenschaftler ist die Versuchung groß, ein Problem schon für gelöst zu halten, wenn es formuliert ist und wenn die Lösungsmöglichkeiten umrissen sind. In Wahrheit fängt dann aber die politische Arbeit erst an."[40]

Wichtig sind weiterhin die Erinnerungen Volkmar Gaberts, 1962-1976 Vorsitzender der SPD-Landtagsfraktion und 1963-1972 Landesvorsitzender der bayerischen SPD. Mit ihnen liegt für die bayerische Landespolitik der sechziger und siebziger Jahre eine zentrale Quelle aus der Perspektive der Opposition vor. Der Band ist auch formal äußerst bemerkenswert. Es ist nämlich einer wissenschaftlich ausgewiesenen Historikerin gelungen, Volkmar Gabert, einer Schlüsselfigur der bayerischen Landespolitik, in längeren Interviews so viel dichte Erzählung zu entlocken, daß daraus Erinnerungen geronnen sind, die es andernfalls nicht gäbe.[41] Breiter Raum wird in Gaberts Ausführungen der Durchsetzung der von den Sozialdemokraten propagierten Christlichen Gemeinschaftsschule anstelle der bis dahin in Bayern existierenden Bekenntnisschule eingeräumt (1967/68), wozu Gabert gemeinsam mit Strauß an der Regierung Goppel vorbei einen Kompromiß aushandelte.[42] Gaberts provokante Kernthese lautet insgesamt: „Es gab eine sozialdemokratische Gesellschaftsentwicklung, verwirklicht von der CSU."[43] Themen, wie etwa die Landesplanung oder der Naturschutz, seien von der SPD angestoßen, von der CSU-Mehrheit dann umgesetzt worden.

Aus der Riege der Minister, die unter Ministerpräsident Strauß Verantwortung trugen, ist ein knapper, aber höchst informativer und reflektierter autobiographischer Beitrag des Bayerischen Staatsministers für Bundesangelegenheiten (1978-1987) Peter M. Schmidhuber (CSU) zu erwähnen, der über seine Arbeit an der Nahtstelle zwischen Bonner und Münchner Politik berichtet.[44] Im Zusammenhang mit Autobiographischem aus der Feder bayerischer Minister ist ferner erwähnenswert, daß das Haus der Bayerischen Geschichte eine Reihe von längeren Zeitzeugeninterviews auf Video aufgenommen hat. Darunter befinden sich Gespräche mit Arbeitsminister Walter Stain (1954-1962) (GB/BHE) sowie mit Wirtschaftsminister Otto Schedl (1958-1970) (CSU). Es existieren jedoch bislang nur unveröffentlichte schriftliche Fassungen, die durchaus einer Publikation wert wären.[45]

Sehen wir uns im Kreis der Landtagsabgeordneten um und gehen auch chronologisch wieder ein Stück zurück: Landespolitisch ergiebig sind die Erinnerungen des Sudetendeutschen Walter Becher[46], der von 1950 bis 1962 dem Landtag angehörte und seit 1954 der GB/BHE Fraktion des Landtags vorstand. Wie viele andere Erinnerungen widmet auch er seiner politischen Tätigkeit nur einen Teil seines Lebensberichts, hier jedoch einen recht ausführlichen. Becher geht ins Detail, streift zahlreiche politische Entscheidungen, schildert Personen und Machtverhältnisse, kann schreiben und urteilt scharf, so z.B. über die durch Waldemar von Knoeringen, den damaligen SPD-Landesvorsitzenden, 1957 ins Leben gerufene Akademie für politische Bildung in Tutzing: „Sie sollte als überparteiliche Einrichtung das demokratische Bewußtsein aller Schichten der Bevölkerung festigen, machte aber den renommierten Akademien der evangelischen und der katholischen Kirche kaum bemerkbare Konkurrenz."[47] Falsch wäre es, das Urteil Bechers ungeprüft zu übernehmen. Jedoch sollte nach seiner Lektüre niemand unkritisch die Schaffung der Akademie als

Großtat der Viererkoalition feiern, ohne ihre Wirksamkeit zu überprüfen.

Daneben bleiben die 1996 veröffentlichten Erinnerungen Hildegard Hamm-Brüchers blaß.[48] Ihnen ist zu sehr die Entrücktheit der Autorin von den politischen Ereignissen auf der bayerischen Bühne anzumerken. Eine bemerkenswerte Abgeordnetenbiographie stellen trotz mancher Prahlereien die Lebenserinnerungen des Arztes Rudolf Soenning dar.[49] Er gehörte von 1950 bis 1970 dem Bayerischen Landtag zunächst für die FDP und anschließend für die CSU an. Als Gesundheitspolitiker (Gesundheitsämter, Krankenhausbau) hatte er z.B. Anteil an der Einführung der Röntgenreihenuntersuchungen in Bayern und an der Gründung des Bayerischen Landesgesundheitsrates (1953), dem er auch lange Jahre vorstand. Dabei kann Soenning spannend schreiben, so etwa wenn er die Abstimmung über den SPD-Antrag zur Einführung der Röntgenreihenuntersuchung sowie über den Landesgesundheitsrat schildert: „Als es zur Abstimmung kam, war der Plenarsaal, wie das leider öfters vorkam – mit nur wenigen CSU-Abgeordneten besetzt. Hundhammer hätte in dieser Situation als Sitzungspräsident nur auf die Klingel drücken zu brauchen, um die Abgeordneten in den Saal zu rufen. Da er persönlich meinem Antrag nicht ablehnend gegenüberstand, unternahm er jedoch nichts, sondern ließ sofort abstimmen."[50]

Eine willkommene Ergänzung der Autobiographien, die für die sechziger Jahre vorliegen, stellt eine zweite Reihe des Neuen Presseclubs München dar, die „Bayerischen Profile"[51]. Von den in einer Übersicht des Jahres 1972[52] angezeigten 23 memoirenartigen Beiträgen zur Geschichte und Politik in Bayern im Umfang von 20 bis 40 Seiten waren jedoch nur vier zwischen 1965 und 1972 publizierte Beiträge bibliographisch zu ermitteln[53]; mehr sind wohl auch nicht erschienen. Den Anfang machte 1965 Alois Hundhammer.[54] Es folgten sehr informative Beiträge des Innenministers des ersten Kabinetts Goppel (1962-1966) Heinrich Junker[55] (CSU), des Protokollchefs der Bayerischen Staatskanzlei Philipp Freiherr von Brand zu Neidstein[56] und des ersten Senatspräsidenten Josef Singer[57] (1947-1968).

In den Reihen von CSU und SPD gibt es zahlreiche Politiker, die ihren politischen Schwerpunkt in der Bundespolitik hatten. Da sie teilweise vorher auch auf Landesebene aktiv waren und zumindest immer in Bayern in den Bundestag gewählt wurden, sind auch ihre Erinnerungen nicht zu vernachlässigen. An erster Stelle sei Karl Theodor von und zu Guttenberg genannt (MdB 1957-1972), der als CSU-Bundestagsabgeordneter u.a. am Zustandekommen der Großen Koalition im Jahr 1966 wesentlichen Anteil hatte. Er hat für seine Erinnerungen nicht die Form einer durchkomponierten chronologischen Darstellung gewählt. Sie stellen vielmehr eine Mischung aus Tagebucheinträgen, Aphorismen und locker aneinandergereihten Episoden dar, die überwiegend bundespolitisch akzentuiert sind.[58] Landespolitisch aufschlußreich ist jedoch, wenn er beschreibt, wie er 1957 zum CSU-Bundestagskandidaten für den Wahlkreis Forchheim nominiert wurde. Seine Nominierung kam gegen den erklärten Willen Rudolf Eberhards zustande. Dabei entwickelt er ein markantes Porträt dieses langjährigen Finanzministers und Kronprinzen der CSU.[59] Landespolitisch wichtig sind auch die Erinnerungen des Journalisten, BHE-Mitgründers und späteren WAV-Bundestagsabgeordneten (1949-1953) Günter Goetzendorff (28. März 1950 Austritt aus der WAV, Gast der DRP-Fraktion).[60] Auf über hundert Seiten schildert er die politische Entwicklung der Jahre bis zu seiner Wahl zum Abgeordneten des Deutschen Bundestages. Wie bei vielen anderen Lebenserinnerungen beginnt auch er mit einer ausführlichen Schilderung des Kriegsendes in Bayern, die viele lokale Details über die ersten Wochen, auch über die Amerikaner enthält. Goetzendorff wird dann 1946 Redakteur bei der Passauer Neuen Presse, 1947 gründet er den Neubürgerbund, er wird Mitglied des Passauer Stadtrates. 1949 ist er BHE-Mitgründer und gelangt über ein Wahlbündnis mit der WAV in den Bundestag.

Autobiographisches von bayerischen Bundestagsabgeordneten findet sich auch in der seit den achtziger Jahren vom Deutschen Bundestag herausgegebenen Reihe „Abgeordnete des Deutschen Bundestages. Aufzeichnungen und Erinnerungen“. Zu nennen sind hier die CSU-Abgeordneten Hugo Karpf[61] (MdB 1949-1957) und der Vertriebenenpolitiker Hans Schütz[62] (MdB 1949-1963). Beider Erinnerungsbeiträge sind sogar ausgesprochen landespolitisch akzentuiert. Dabei schildert Schütz u.a. seine Tätigkeit an der Spitze der Union der Vertriebenen innerhalb der CSU und organisatorische sowie inhaltliche Akzente aus seiner Amtszeit als bayerischer Staatsminister für Arbeit und soziale Fürsorge (1964-1966) unter Ministerpräsident Goppel, die sich an seine Bundestagszeit anschloß. Ebenfalls in dieser Reihe kommen die bayerischen SPD-Abgeordneten Josef Felder[63] (MdB 1957-1969) und Franz Marx[64] (MdB 1949-1972) zu Wort. Marx berichtet, daß er, als er 1946 Sekretär des SPD-Unterbezirks in München wurde, zuvor von Kurt Schumacher den Auftrag erhalten habe, Plänen Wilhelm Hoegners entgegenzuwirken, eine weitgehend selbständige bayerische SPD zu schaffen.[65] 1946 war Marx zunächst auch in den Bayerischen Landtag gewählt worden.

Die Bundestagsabgeordneten und Bundesminister der CSU Theo Waigel[66] und Ignaz Kiechle[67] (MdB 1969-1994) kommen in dem bereits oben genannten Sammelband zu Wort, der autobiographische Vorträge schwäbischer Politiker enthält. Theo Waigel war, als er den Beitrag verfaßte, Landesgruppenvorsitzender der CSU in Bonn. Herausragend an seinem Beitrag ist die Skizze eines typischen politischen Wochenablaufs. In demselben Band finden sich zudem autobiographische Beiträge des FDP-Bundeslandwirtschaftsministers der sozialliberalen Koalition Josef Ertl[68] (MdB 1961-1987) sowie zweier SPD-Bundestagsabgeordneter: des Schriftstellers Dieter Lattmann[69] (MdB 1972-1980) und des

Vorsitzenden des Bundestagsinnenausschusses Axel Wernitz[70] (MdB 1972-1994). Liegt der Schwerpunkt bei Ertl auf der Darstellung seiner Herkunft sowie seines Weges in die Politik, so steht bei Wernitz seine Tätigkeit im Bundestag im Vordergrund des Beitrags. Dieter Lattmann schildert ferner in einem Buch, das seinen Abgeordnetenjahren gewidmet ist, Details seiner teilweise mühsamen Tätigkeit als SPD-Abgeordneter im Allgäu.[71] Auch die Erinnerungen von Friedrich Zimmermann müssen hier eingeordnet werden.[72] Zimmermann, in den fünfziger und sechziger Jahren Hauptgeschäftsführer bzw. Generalsekretär der CSU (1955-1963), setzt mit seiner Darstellung erst im Jahre 1976 ein, mit dem Trennungsbeschluß von Kreuth, und bleibt ausschließlich auf bundespolitischer Ebene, was schon ein Blick in das Personenregister seiner Erinnerungen zeigt, in dem Namen wie Goppel, Merk oder Hans Maier gar nicht auftauchen.[73] Teilweise landesgeschichtlich interessant sind auch die ausführlichen Zeitzeugen-Interviews mit Werner Dollinger, Franz Heubl, Richard Jaeger[74], Richard Stücklen, Senatspräsident Hans Weiß und Friedrich Zimmermann in der zum fünfzigjährigen Bestehen der CSU publizierten Festschrift.[75]

Leider viel zu wenige Erinnerungen liegen zur bayerischen Nachkriegsgeschichte aus der Feder von Beamten vor.[76] Was dennoch existiert, ist insgesamt sehr ergiebig. Am Beginn dieser Übersicht wurden bereits die Erinnerungen des langjährigen Ministerialdirektors im Staatsministerium der Finanzen Otto Barbarino zitiert[77], der darin u.a. auch schildert, wie er Herbert Quandt zum Engagement bei BMW brachte und so den Verkauf an Daimler-Benz um die Jahreswende 1959/1960 verhinderte[78], sowie die von Friedrich Glum, der nach dem Kriege in der Staatskanzlei als Verfassungsreferent tätig war.[79] Aufschluß über das in der Staatskanzlei nach 1945 gepflegte Protokoll gibt Philipp Freiherr von Brand zu Neidstein.[80] Der spätere Protokollchef des Auswärtigen Amtes in Bonn, der Diplomat Hans von Herwarth, der ebenfalls nach Kriegsende in der Bayerischen Staatskanzlei arbeitete und als Verbindungsmann zu den Amerikanern fungierte, hat im zweiten Band seiner Lebensbeschreibung der Bayerischen Staatskanzlei und ihrem Personal einen ausführlichen Abschnitt gewidmet.[81] Eine Kostprobe seines hervorragenden Stils wird in dem Abschnitt über die amerikanische Militärregierung gegeben. Zuletzt sei verwiesen auf ein Zeitzeugen-Interview des Hauses der Bayerischen Geschichte mit dem 1998 verstorbenen Beamten Johannes von Elmenau, der in der zweiten Hälfte der vierziger Jahre auch in der Staatskanzlei arbeitete und anschließend bis in die siebziger Jahre an der Spitze der Hochschulabteilung des Kultusministeriums stand. Auch davon liegt jedoch nur eine unveröffentlichte maschinenschriftliche Fassung vor.[82]

Die amerikanische Militärregierung besaß in den Jahren 1945 bis 1952 für die bayerische Nachkriegsentwicklung zentrale Bedeutung. Tatsächlich gibt es eine kleine Zahl autobiographischer Quellen von Offizieren der amerikanischen Militärregierung, in denen sie das Kriegsende in Bayern und die Zusammenarbeit zwischen Amerikanern und Deutschen beschreiben sowie Porträts bayerischer Politiker entwerfen. Beeindruckend ist etwa das kurze Manuskript, in dem der Professor für Politikwissenschaften Arthur W. Bromage, der von Mai bis Juli 1945 in leitender Funktion innerhalb des zuerst für Bayern zuständigen Regional Military Government Detachments (RMG) tätig war, seine Vorbereitungen in Amerika und England auf den „Job“ in Bayern und seine enge Zusammenarbeit in den ersten Monaten nach der Besetzung mit Ministerpräsident Fritz Schäffer in emotionaler Art schildert.[83] Wenig rezipiert wurden bislang die ausführlichen Erinnerungen von Joseph Dunner[84], jüdischer Emigrant und früheres SPD-Mitglied, der in der Press Control Branch der Militärregierung für München und Oberbayern zuständig war. Er schildert unter anderem ausführlich die verschiedenen Sondierungsgespräche vor der

Vergabe der ersten Zeitungslizenz in München, also die Gründung der Süddeutschen Zeitung. Mit Dunner arbeitete Ernst Langendorf zusammen, der nach dem Krieg in München bei Radio Free Europe blieb. Auch er hat seine Erlebnisse bei der Zeitungslizenzierung in Bayern sowie beim Aufbau des Rundfunks geschildert.[85] Zu nennen ist für Bayern weiter der Bericht von Edwin S. Costrell.[86] Er beschreibt seine Tätigkeit bis 1948, zunächst in der Armee, dann beim Military Government Detachment für die Stadt München, seit April 1946 in der Education and Religious Affairs Branch des Office of Military Government for Bavaria (OMGB) und davon die meiste Zeit als Universitätsoffizier, verantwortlich für die Universitäten Würzburg und Erlangen. Besonders aufschlußreich sind die kurzen Charakterisierungen seiner in Vorbildung, Kompetenz und Deutschlandkenntnis so unterschiedlichen amerikanischen Kollegen im Kreise der Militärregierung in Bayern, darunter des Leiters der Higher Education Section, Edward Y. Hartshorne, eines Historikers mit reichen Kenntnissen des deutschen Bildungswesens. Ferner sei Charles Lincoln erwähnt: „Auf Befehl der Militärregierung“[87]. Er war unter anderem US-Verbindungsoffizier zur 3. Algerischen Division, dann Stadtkommandant in Stuttgart und von September 1948 bis September 1949 Distriktgouverneur in Oberfranken mit Sitz in Bayreuth. Seine Erlebnisse zeichnen sich durch eine vielleicht ein wenig eitle und gewollt farbige Schilderung aus, sind aber gerade wegen der darin zum Ausdruck kommenden Haltung eines Vertreters der amerikanischen Militärverwaltung auf mittlerer Ebene von Wert. Persönlich eingefärbt ist im übrigen auch so mancher dienstliche Wochen-, Monats- oder Halbjahresbericht der in den bayerischen Städten und Landkreisen den örtlichen Detachments vorstehenden Offiziere.[88] Für Bayerns Verhältnis zum Länderrat der US-Zone, aber auch wegen der Schilderung vieler persönlicher Eindrücke über Begegnungen mit bayerischen Politikern sowie mit führenden Offizieren aus der Militärregierung jener Jahre wichtig ist (aus dem Nachlaß herausgegeben) James K. Pollock: „Besatzung und Staatsaufbau nach 1945. Occupation Diary and Private Correspondence 1945-1948“[89]. So erfahren wir unter anderem bei Pollock Details von den außergewöhnlichen Lebensbedingungen des Direktors der amerikanischen Militärregierung für Bayern (OMGB) in den Jahren 1945 bis 1947, General Walter J. Muller. Pollock, von Clay auf Inspektionsreise durch die US-Zone geschickt, um die drei Direktoren der amerikanischen Militärregierungen kennenzulernen, wurde von Muller am 28. April 1946 in München nach dem Essen mit folgenden Worten eingeladen: „You're not going to go back to Stuttgart until Monday because, I'm taking you to the Riviera in the morning.“[90] Mit dem ihm für private Zwecke zur Verfügung stehenden Flugzeug kehrten die beiden Herren dem kriegszerstörten Bayern für ein Wochenende den Rücken und genossen den ersten – allerdings regnerischen – Frühling in Nizza. Von dort berichtet Pollock ferner, daß Muller am Sonntag die Kirche besuchte. All das ist keineswegs banal: Der Hinweis belegt, daß die USA darauf achteten, daß an der Spitze des katholischen Bayern immer katholische Militärregierungsoffiziere standen, und daß Muller tatsächlich praktizierender Katholik war.[91] Zuletzt muß noch George N. Shuster genannt werden, von Juli 1950 bis 1. Dezember 1951 Landeskommissar in Bayern. Shuster, prominenter Katholik, Deutschlandexperte und befreundet mit Konrad Adenauer, berichtet in seinen Erinnerungen auch über seine Tätigkeit in Bayern und charakterisiert dabei Hoegner und Alois Hundhammer (CSU) in ausgezeichneter Weise.[92]

Die Haltung des höheren amerikanischen Militärregierungspersonals gegenüber Bayern, die sich in einer Mischung aus Strenge und Fürsorge gegenüber der Staatsregierung sowie den Nöten und Sorgen der bayerischen Bevölkerung äußerte, beleuchtet eine Anekdote, die der Diplomat Hans von Herwarth in seinen Erinnerungen berichtet: „Die amerikanischen Besatzungsoffiziere waren natürlich sehr unterschiedlich in Charakter und Typ. Manche zeigten sich uninteressiert an ihrer Aufgabe und vorwiegend darauf bedacht, wie früher manche Kolonialbeamte, ein angenehmes Leben zu führen. Einige wenige waren voller Ressentiments, die Mehrzahl aber fühlte sich verantwortlich für Bayern und Deutschland und versuchte sich auf die Verhältnisse im Land einzustellen. General Muller, der Chef der Militärverwaltung in Bayern – er war deutscher Abstammung, sprach aber nicht mehr Deutsch –, sorgte persönlich dafür, daß in den Offizierskasinos und Mannschaftsräumen keine Verschwendung betrieben wurde. Oft wurden in den Speisesälen Brot, Butter, Marmelade und Aufschnitt, die auf den Tellern liegengeblieben waren, in die Mülltonne geworfen. Muller ordnete an, daß jeder Offizier und Soldat nur soviel vom Buffet nehmen solle, wie er wirklich essen könne, damit nichts vergeudet würde. Um halb neun stand er übrigens mit der Uhr in der Hand vor dem Casino, das sich im Haus der Kunst befand, und wenn einer seiner Leute zu dieser Zeit das Casino betreten wollte, verwehrte er es ihm mit den Worten „Es ist besser, Sie gehen gleich zum Dienst."[93] In wenigen Sätzen erfahren wir, daß von „der Militärregierung" nicht die Rede sein kann. Dem individuellen Aspekt kommt auch auf Seiten von OMGB große Bedeutung zu. Ferner lernen wir kennen, wie die Besatzungssoldaten inmitten der zerstörten Landeshauptstadt München lebten und welches Selbstverständnis ihr Chef Walter J. Muller hatte. Knapper und farbiger könnte eine Zusammenfassung über die Militärregierung in Bayern kaum ausfallen.

Die Bereiche Kirche, Wirtschaft und geistiges Leben können am Ende nur gestreift werden. Besonders hervorzuheben sind die durchaus politischen Erinnerungen des Evangelischen Landesbischofs (1955-1975) Hermann Dietzfelbinger.[94] Er erwähnt die Praxis der Gespräche, die immer nach Landtagswahlen zwischen dem Landesbischof und dem Ministerpräsidenten stattfanden und in denen Fragen der Regierungsbildung erörtert wurden. Zu nennen ist weiterhin die biographische Miniatur, die Dietzfelbinger von seinem Pendant Erzbischof Julius Döpfner entwirft.[95]

Literarische Erinnerungen, die auch die Aufbruchsstimmung in den zahlreichen Zeitungs- und Zeitschriftenredaktionen Münchens nach dem Krieg schildern, liegen in größerer Zahl vor. So berichtet Erich Kästner in „Notabene '45“[96] über Gespräche mit den für Radio, Presse und Theater zuständigen Militärregierungsoffizieren in München, darunter auch mit dem schon erwähnten Joseph Dunner.[97] Ein Sammelbecken für viele Literaten stellte die Redaktion der seit 1945 in München von den Amerikanern herausgegebenen „Neuen Zeitung“ in der Schellingstraße dar. Eindringlich schildert diese Zeit der Mitgründer der „Gruppe 47“ Walter Kolbenhoff.[98] Der Entstehung der „Neuen Zeitung“ widmet sich darüber hinaus der Emigrant und ihr Chefredakteur Hans Habe.[99]

Äußerst pointierte Betrachtungen und Porträts zu den politischen Verhältnissen Bayerns nach 1945 sowie zahlreiche Beobachtungen zum kulturellen Leben (Opernaufführungen[100] etc.) enthalten die Tagebuchaufzeichnungen des Publizisten und ersten Botschafters der Bundesrepublik Deutschland in Paris, Wilhelm Hausenstein.[101] Nach seinem Besuch bei dem 1945 nach Bayern zurückgekehrten Kronprinzen Rupprecht in Schloß Leutstetten notiert Hausenstein im November 1945: „So wie er lebt, ungekrönt, abseits, in der Stille eines Privatmannes, hat er für sein Land das Gewicht des Existentiellen. Für die frommen Juden ruht die Welt auf einigen wenigen Zaddikim, einigen wenigen Gerechten – das heißt: auf ihrem bloßen, unbetonten Dasein. In vergleichbarer Weise ruht Bayern viel mehr, als es ahnt, auf der bloßen, unformulierten (verfassungsmäßig nicht formulierten) Existenz dieses abseitigen Mannes.“[102] Die Rolle Rupprechts nach 1945 harrt noch der historischen Analyse. Hausensteins Betrachtung fordert zumindest zur Auseinandersetzung heraus.

An dieser Stelle ist zu erwähnen, daß auch einige Angehörige des Hauses Wittelsbach autobiographisch hervorgetreten sind. Die Memoiren des Prinzen Adalbert von Bayern, 1946 Präsident des Bayerischen Roten Kreuzes und später Botschafter der Bundesrepublik Deutschland in Spanien (1952-1956) sind landespolitisch allerdings unergiebig.[103] Die Nachkriegsberichte seines Sohnes Konstantin von Bayern (eines Neffen des Kronprinzen Rupprecht), 1962-1965 Landtags- und 1965-1969 Bundestagsabgeordneter der CSU, sind eher literarisch angelegt und enttäuschen die Erwartungen des Historikers ebenso.[104]

Lebenserinnerungen bayerischer Wirtschaftsgrößen liegen nur in geringem Maße vor. An Monographien ist zu verweisen auf Ludwig Bölkow.[105] Über die Aktivitäten der Hoechst AG auch in Bayern berichtet Karl Winnacker in seinen Erinnerungen.[106] In einem Sammelband findet sich ein autobiographischer Text des ersten Präsidenten der IHK in Augsburg Otto A.H. Vogel, der die Jahre bis zur Währungsreform zum Inhalt hat.[107] Äußerst informativ ist allerdings ein im Jahre 1972 publizierter Sammelband des Münchner Korrespondenten Hermann Bößenecker[108], der unter anderem eine Reihe von längeren Interviews mit wichtigen Spitzen der bayerischen Wirtschaft enthält, darunter mit Rolf Rodenstock, August von Finck, dem Chef der Landesanstalt für Aufbaufinanzierung Hans Peter, den Vorstandssprechern der Vereinsbank und der Hypobank Werner Premauer und Anton Ernstberger, dem Siemens-Vorstandsvorsitzenden Bernhard Plettner und dem BMW-Vorstandsvorsitzenden Eberhard von Kuenheim sowie mit einigen anderen mehr.

Die Aufnahme und Integration von über 2 Millionen Flüchtlingen zumeist aus dem Sudetenland, viele auch aus Schlesien, ist einer der bedeutendsten Aspekte der bayerischen Nachkriegsgeschichte. Hier soll neben dem oben erwähnten Landtagsabgeordneten Walter Becher und den Bundestagsabgeordneten Hans Schütz und Günter Goetzendorff eine weitere, auch landesgeschichtlich bedeutsame autobiographische Quelle genannt werden. Herbert Hupka, Sprecher der Landsmannschaft Schlesien und vor allem bekannt wegen seiner kompromißlosen Haltung gegenüber der in den siebziger Jahren von der Regierung Brandt/Scheel verfolgten Ostpolitik, beschreibt in seiner Autobiographie die Gründung der Landsmannschaft Schlesien in Bayern. 1952 wurde er deren Landesvorsitzender. Wesentlich ausführlicher schildert Hupka jedoch zuvor seine berufliche Tätigkeit als leitender Redakteur bei Radio München und beim Bayerischen Rundfunk (1945-1957), als Herausgeber der Zeitschrift „Wir“ sowie als Angestellter der amerikanischen Militärregierung in Bayern.[109] Damit wären wir ganz am Schluß bei den Journalisten angelangt. Genannt werden müssen hier zwei leitende Redakteure der Süddeutschen Zeitung, Ernst Müller-Meiningen[110], lange Jahre auch Vorsitzender des Bayerischen Journalistenverbandes, und Herbert Riehl-Heyse[111], dessen Autobiographie gerade erst erschienen ist. Zu erwähnen ist weiterhin eine von der Historischen Kommission des Bayerischen Rundfunks herausgegebene Reihe mit autobiographischen Beiträgen bayerischer Rundfunkjournalisten.[112]

So manche Erinnerungen sind immer wieder angedacht, dann jedoch verworfen worden, das ein oder andere Manuskript liegt sicher auch noch in der Schublade.[113] Hoffentlich haben Beamte und Politiker den Mut, ihre Erlebnisse und Erfahrungen niederzuschreiben und zu veröffentlichen. Auch wenn hier einiges zusammengetragen wurde, kann letztlich kaum davon gesprochen werden, daß autobiographisches Material im Überfluß vorläge. Als Korrektiv und Ergänzung zu den Akten kann auf autobiographische Quellen zur bayerischen Landesgeschichte nicht verzichtet werden.

[1] Hans-Peter MENSING: Die Adenauer-Memoiren. Entstehung, Zielsetzung, Quellenwert, in: Historisches Jahrbuch 114 (1994), S. 396-411, hier S. 398. Vgl. Hans-Peter SCHWARZ: Adenauer. Der Staatsmann: 1952-1967, Stuttgart 1991, hier das Kapitel „Die Memoiren-Fron", S. 937-961.
[2] Vgl. z.B. Walter HENKELS: Neues vom Alten. Adenauer-Anekdoten, München 1977.
[3] Rudolf MORSEY: Memoiren als Quellen zur preußischen Verwaltungsgeschichte im Wilhelminischen Deutschland, in: DERS.: Von Windhorst bis Adenauer. Ausgewählte Aufsätze zu Politik, Verwaltung und politischem Katholizismus im 19. und 20. Jahrhundert, hg. von Ulrich von Hehl u.a., Paderborn 1997, S. 804-823, hier S. 821.
[4] Eugen Emnet. Zu seiner Person s. Die Protokolle des Bayerischen Ministerrats 1945-1954. Das Kabinett Hoegner I, 28. September 1945 bis 21. Dezember 1946, hg. von der Historischen Kommission bei der Bayerischen Akademie der Wissenschaften und der Generaldirektion der Staatlichen Archive Bayerns, bearb. von Karl-Ulrich Gelberg, Bd. 2, München 1997, S. 818, Anm. 47.
[5] Otto BARBARINO: Ein Lebenslauf im 20. Jahrhundert, Landsberg a.L. 1997, S. 35f.
[6] Hermann HÖCHERL: Ich bin der Waldbauernbub geblieben ..., in: Rudolf PÖRTNER: Mein Elternhaus. Ein deutsches Familienalbum, 10. Aufl. München 1992, S. 143-147, hier S. 147.
[7] Wilhelm HOEGNER: Der schwierige Außenseiter. Erinnerungen eines Abgeordneten, Emigranten und Ministerpräsidenten, München 1959.
[8] Franz Josef STRAUSS: Die Erinnerungen, Berlin 1989.
[9] Vgl. dazu das knappe Nachwort von Wolf Jobst Siedler am Ende der Erinnerungen von Strauß.
[10] Vgl. Adolf M. BIRKE in: Das Historisch-Politische Buch 39 (1991), S. 97ff.
[11] Vgl. STRAUSS (wie Anm. 8), hier: „Landrat in Schongau", S. 61-78 und „Bayern und die CSU", S. 528-551.
[12] Vgl. ebd., S. 451f. Vgl. ferner die Einschaltung von Strauß in die Lösung der Frage der christlichen Gemeinschaftsschule in Bayern, ebd., S. 533f.
[13] HOEGNER (wie Anm. 7), S. 324f.
[14] Friedrich GLUM: Zwischen Wissenschaft, Wirtschaft und Politik. Erlebtes und Erdachtes in vier Reichen, Bonn 1964, S. 593.
[15] Vgl. jedoch Hanns SEIDEL: Zeitprobleme. Gesammelte Aufsätze und Vorträge, Aschaffenburg 1960; DERS.: Weltanschauung und Politik. Ein Beitrag zum Verständnis der Christlich-Sozialen Union in Bayern, München 1960; DERS.: Vom Mythos der öffentlichen Meinung, Aschaffenburg 1961.
[16] Es handelte sich um die von Karl Hnilicka zwischen 1963 und 1969 herausgegebene Reihe „Die Bayerischen Ministerpräsidenten der Nachkriegszeit", in der vor dem Neuen Presseclub München gehaltene Vorträge abgedruckt wurden: Fritz SCHÄFFER: Die Zeit der ersten Ministerpräsidentschaft in Bayern nach dem Zusammenbruch im Jahre 1945. Historisch-Politische Schriftenreihe des Neuen Presseclubs München, H. 1, bearb. von Karl Hnilicka, München o.J. (1964). Teilidentisch mit den etwas ausführlicheren ungedruckten Lebenserinnerungen Schäffers (Bundesarchiv Koblenz, Nachlaß Schäffer, N 1168, 1). Wilhelm HOEGNER: Vortrag über seine Amtszeiten als Bayerischer Ministerpräsident (1945/46 und 1954/57). Historisch-Politische Schriftenreihe des Neuen Presseclubs München, H. 2, bearb. von Karl Hnilicka, München o.J. (1964); Hans EHARD: Tatsachen und

Zusammenhänge aus meiner elfjährigen Ministerpräsidentschaft. Historisch-Politische Schriftenreihe des Neuen Presseclubs München, H. 3, bearb. von Karl Hnilicka, München 1964; Alfons GOPPEL: Programmatisches – Erstrebtes – Erreichtes 1962-1969, München 1969.

[17] Josef MÜLLER: Bis zur letzten Konsequenz. Ein Leben für Frieden und Freiheit, München 1975.

[18] Vgl. Karl-Ulrich GELBERG: Josef Müller (1898-1979), in: Zeitgeschichte in Lebensbildern. Aus dem deutschen Katholizismus des 19. und 20. Jahrhunderts, Bd. 8, hg. von Jürgen Aretz, Rudolf Morsey und Anton Rauscher, Mainz 1997, S. 155-172, hier S. 157.

[19] Michael SCHRÖDER (Hg.): Bayern 1945: Demokratischer Neubeginn. Interviews mit Augenzeugen, München 1985.

[20] In diese Reihe gehören auch die Erinnerungen des Münchner CSU-Stadtrates und späteren MdB (CSU, 1953-1969) Karl WIENINGER: In München erlebte Geschichte, München 1985.

[21] Georg FISCHER: Vom aufrechten Gang eines Sozialisten. Ein Parteiarbeiter erzählt, Berlin, Bonn 1979.

[22] Vgl. ebd., S. 193. Diese Passage auch in dem auszugsweisen Abdruck der Erinnerungen Fischers bei SCHRÖDER (wie Anm. 19), S. 51-64.

[23] Richard SCHERINGER: Das große Los. Unter Soldaten, Bauern und Rebellen. Mit einem Vorwort von Ernst von Salomon, Hamburg 1959.

[24] In späteren Jahren war Scheringer ein hartnäckiger Prozeßgegner von Franz Josef Strauß. Vgl. dazu den zweiten Band seiner Lebenserinnerungen: Richard SCHERINGER: Grüner Baum auf rotem Grund, Neuss, München 1983. Vgl. auch den Erinnerungsbeitrag des kommunistischen Staatssekretärs im Landwirtschaftsministerium (1946) Ewald Thunig: Hubert SCHÜTZ: Ewald Thunig 1897 bis 1991. Ein Leben für die Arbeiterbewegung, München 1997.

[25] Aus dem Bereich der Landräte, Regierungspräsidenten und Bezirkstagspräsidenten ist zu verweisen auf den Beitrag des schwäbischen Bezirkstagspräsidenten Georg SIMNACHER: Vortrag, in: Hans-Otto MÜHLEISEN/Theo STAMMEN (Hgg.): Politik aus Bayerisch-Schwaben. Autobiographische Vorträge 1983-1988, München 1989, S. 149-163; s. ferner: Georg SIMNACHER: Sach gibt's. Schwäbische Geschichtla eines bayerischen Landrats, 3. Aufl. Augsburg 1996.

[26] Wilhelm OTT: Erinnerungen, in: Karl-Ulrich GELBERG (Bearb.): Kriegsende und Neuanfang in Augsburg 1945. Erinnerungen und Berichte, München 1995, S. 19-106. An die Erinnerungen Otts schließt sich die von den fünfziger bis in die siebziger Jahre reichende Skizze des Augsburger Oberbürgermeisters Hans Breuer (SPD) an, Hans BREUER: Vortrag, in: MÜHLEISEN/STAMMEN (wie Anm. 25), S. 165-178.

[27] Rupprecht GERNGROSS: Aufstand der Freiheitsaktion Bayern 1945. „Fasanenjagd" und wie die Münchner Freiheit ihren Namen bekam, Augsburg 1995. Vgl. aus der Vielzahl der zum fünfzigjährigen Kriegsende publizierten Bände, die die Erinnerungen ganz unterschiedlicher Menschen zusammenfassen: Münchner Nachkriegsjahre (1945-1950). Lesebuch zur Geschichte des Münchner Alltags. Geschichtswettbewerb 1995/96, München 1997.

[28] Karl SCHARNAGL: Politische Begebenheiten meines Lebens, die nicht in den Akten stehen. Meiner Familie, meinen Freunden und Mitarbeitern zur Erinnerung, o.O. 1962 (Kopie im Besitz des Verf.).

[29] Hans-Jochen VOGEL: Die Amtskette. Meine 12 Münchner Jahre, München 1972.
[30] Vgl. ebd., S. 95ff.
[31] Ebd., S. 25.
[32] Simon NÜSSEL: Lebenserinnerungen. Familientradition – Landwirtschaft – Politik, Augsburg 1998. Nüssel hatte seine politische Karriere bei der Bayernpartei (BP) begonnen und trat erst 1958 zur CSU über. Seine Erinnerungen stellen insofern auch das einzige autobiographische Zeugnis eines BP-Politikers dar.
[33] Zur bayerischen Landwirtschaft vgl. ferner die Erinnerungen des Mitarbeiters des Bayerischen Bauernverbandes, des Landwirtschaftsministeriums sowie Honorarprofessors in Weihenstephan: Heinz HAUSHOFER: Mein Leben als Agrarier. Eine Autobiographie 1924-1978, München 1982.
[34] S. im Detail die Rezension des Verf., in: Maximilianeum 9 (1998), S. 102.
[35] Karl BÖCK (Hg.): Was nicht in den Akten steht ... Für Ludwig Huber zum 65. Geburtstag, Passau 1995.
[36] Bruno MERK: Klarstellungen, Günzburg 1996.
[37] Vgl. auch Bruno MERK: Vortrag, in: MÜHLEISEN/STAMMEN (wie Anm. 25), S. 121-134.
[38] Anton JAUMANN: Vortrag, in: MÜHLEISEN/STAMMEN (wie Anm. 25), S. 49-62.
[39] Hans MAIER: Vortrag, in: MÜHLEISEN/STAMMEN (wie Anm. 25), S. 109-120.
[40] Ebd., S. 118f.
[41] Hildegard KRONAWITTER: Ein politisches Leben. Gespräche mit Volkmar Gabert, München 1996. Vgl. ferner Volkmar GABERT: Die Bedeutung der Viererkoalition und des Spielbankenuntersuchungsausschusses für die Entwicklung der politischen Verhältnisse in Bayern, in: Hans-Jochen VOGEL u.a. (Hgg.): Die Freiheit des Anderen. Festschrift für Martin Hirsch, Baden-Baden 1981, S. 187-206; s. auch den Beitrag von Volkmar GABERT/Emil WERNER, in: SCHRÖDER (wie Anm. 19), S. 37-48.
[42] S. im Detail die Rezension des Verf., in: Zeitschrift für bayerische Landesgeschichte 61 (1998), S. 582ff.
[43] KRONAWITTER (wie Anm. 41), S. 70.
[44] Peter M. SCHMIDHUBER: Vortrag, in: MÜHLEISEN/STAMMEN (wie Anm. 25), S. 75-91.
[45] Vgl. ferner die Briefe des Justizministers (1952-1954), Bundestags- und Europaabgeordneten Otto Weinkamm aus Augsburg an seine Frau: Peter EISENMANN (Hg.): Otto Weinkamm – Politiker der ersten Stunde. Aufbau und Konsolidierung eines demokratischen Europas. Berichte eines Zeitzeugen, Frankfurt a.M. 1993.
[46] Walter BECHER: Zeitzeuge. Ein Lebensbericht, München 1990.
[47] Ebd., S. 229.
[48] Hildegard HAMM-BRÜCHER: Freiheit ist mehr als ein Wort. Eine Lebensbilanz 1921-1996, München 1996.
[49] Rudolf SOENNING: Ein unbequemer Zeitgenosse, München 1979.
[50] Ebd., S. 142.
[51] Spiritus rector der Reihe war erneut (vgl. Anm. 16) Karl Hnilicka. Die Beiträge stellen wieder die schriftliche Form von Vorträgen vor dem Neuen Presseclub München dar.
[52] Vgl. Josef SINGER (Bayerische Profile 17), München 1972, S. 49.
[53] Nicht alle Beiträge der Reihe tragen autobiographischen Charakter. Einige sind auch biographische Porträts, die hier nicht berücksichtigt werden. Der Quartkata-

log der Bayerischen Staatsbibliothek in München und der Bayerische Verbundkatalog (BVB) verzeichnen nur die oben aufgeführten autobiographischen Beiträge.

[54] Alois HUNDHAMMER: Mein Beitrag zur bayerischen Politik 1945-1965 (Bayerische Profile 1), Müchen 1965.

[55] Heinrich JUNKER: Aus Bayerns Innenpolitik 1945-1965 (Bayerische Profile 9), München 1965.

[56] Philipp von BRAND ZU NEIDSTEIN: Vergangenes und Unvergängliches. Aus Bayerns Staat und Gesellschaft 1900-1966 (Bayerische Profile 14/15), München 1966.

[57] SINGER (wie Anm. 52).

[58] Karl Theodor von und zu GUTTENBERG: Fußnoten, Frankfurt a.M. 1973.

[59] Vgl. ebd., S. 50-54.

[60] Günter GOETZENDORFF: „Das Wort hat der Abgeordnete ...“. Erinnerungen eines Parlamentariers der ersten Stunde, München 1989.

[61] Hugo KARPF, in: Abgeordnete des Deutschen Bundestages. Aufzeichnungen und Erinnerungen, hg. vom Deutschen Bundestag, Bd. 3, Boppard a.R. 1985, S. 88-139.

[62] Hans SCHÜTZ (entstanden aufgrund von Interviews mit Werner K. Blessing), in: Abgeordnete (wie Anm. 61), Bd. 2, Boppard a.R. 1983, S. 189-234.

[63] Josef FELDER: Mein Weg: Buchdrucker – Journalist – SPD-Politiker, in: Abgeordnete (wie Anm. 61), Bd. 1, Boppard a.R. 1982, S. 9-79.

[64] Franz MARX (entstanden aufgrund von Interviews mit Werner K. Blessing), in: Abgeordnete (wie Anm. 61), Bd. 2, Boppard a.R. 1983, S. 81-139.

[65] Vgl. ebd., S. 99.

[66] Theo WAIGEL: Vortrag, in: MÜHLEISEN/STAMMEN (wie Anm. 25), S. 21-34.

[67] Ignaz KIECHLE: Vortrag, in: MÜHLEISEN/STAMMEN (wie Anm. 25), S. 63-74.

[68] Josef ERTL: Vortrag, in: MÜHLEISEN/STAMMEN (wie Anm. 25), S. 93-107.

[69] Dieter LATTMANN: Vortrag, in: MÜHLEISEN/STAMMEN (wie Anm. 25), S. 135-148.

[70] Wernitz war von 1970-1972 auch Landtagsabgeordneter gewesen; Axel WERNITZ: Vortrag, in: MÜHLEISEN/STAMMEN (wie Anm. 25), S. 35-48.

[71] Dieter LATTMANN: Die lieblose Republik. Aufzeichnungen aus Bonn am Rhein, Frankfurt a.M. 1984, S. 231-239.

[72] Friedrich ZIMMERMANN: Kabinettstücke. Politik mit Strauß und Kohl 1976-1991, München 1991.

[73] Allerdings erwähnt Zimmermann, daß er, falls er „Zeit und Lust und Leserinteresse finde“ (S. 9), möglicherweise einen zweiten Band anschließen werde, der seiner politischen Frühzeit gewidmet sein würde.

[74] Vgl. auch Richard JAEGER: Das Kriegsende, in: Das Ende, das ein Anfang war. Die letzten Tage des Dritten Reiches, Freiburg 1981, S. 65-75.

[75] Geschichte einer Volkspartei. 50 Jahre CSU 1945-1995, München 1995, S. 525-632. Vgl. auch das Interview mit dem ehemaligen Vorsitzenden der Jungen Union, Franz Sackmann, in: 50 Jahre Junge Union Bayern. Zukunft einer Volkspartei, München 1997, S. 45-64.

[76] Vgl. für Nordrhein-Westfalen das Projekt: Klaus MÖLTGEN (Hg.): Zeitzeugen. Erinnerungen und Dokumente zum Aufbau der Landesverwaltung in Nordrhein-Westfalen nach dem Zweiten Weltkrieg, Gelsenkirchen 1990.

[77] S. oben, Anm. 5.

[78] Vgl. BARBARINO (wie Anm. 5), S. 69-74.

[79] S. oben, Anm. 14.
[80] S. oben, Anm. 56.
[81] Hans von HERWARTH: Von Adenauer zu Brandt. Erinnerungen, Berlin, Frankfurt a.M. 1990, S. 13-74.
[82] Vgl. im weitesten Sinne auch Winfried TERHALLE: Die Landesplanung im Bayerischen Staatsministerium für Wirtschaft und Verkehr 1945 bis 1970, in: Beiträge zur Entwicklung der Landesplanung in Bayern, Hannover 1988, S. 11-62.
[83] Arthur W. BROMAGE: Training for Military Government, and its operation in Germany: Ann Arbor to Munich in Wartime, in: Michigan Alumnus. Quarterly Review 53/10, 7.12.1946, S. 15-22. Dazu s. Die Protokolle des Bayerischen Ministerrats 1945-1954. Das Kabinett Schäffer, 28. Mai bis 28. September 1945, hg. von der Historischen Kommission bei der Bayerischen Akademie der Wissenschaften und der Generaldirektion der Staatlichen Archive Bayerns, bearb. von Karl-Ulrich Gelberg, München 1995, S. 90ff.
[84] Joseph DUNNER: Zu Protokoll gegeben. Mein Leben als Deutscher und Jude, München 1971.
[85] Ernst LANGENDORF/Georg WULFFIUS: In München fing's an. Presse – Parteien – Rundfunk, München 1985.
[86] Edwin S. COSTRELL: An American University Officer in Occupied Germany: A Personal Account 36 years later, in: Manfred HEINEMANN (Hg.): Hochschuloffiziere und Wiederaufbau des Hochschulwesens in Westdeutschland 1945-1952. Teil 2: Die US-Zone, Hildesheim 1990, S. 23-33. Für München existieren lt. Rebecca L. BOEHLING: A Question of Priorities. Democratic Reforms and Economic Recovery in Postwar Germany. Frankfurt, Munich and Stuttgart under U.S. Occupation 1945-1949, New York 1996, die Erinnerungen des Stellvertretenden Münchner Stadtkommandanten Major Eugene Keller.
[87] Charles LINCOLN: Auf Befehl der Militärregierung, München 1965, S. 266-287.
[88] Vgl. als Beispiele gedruckt: Major Everett S. COFRAN: Bericht des Detachment G1H2 (Augsburg) für den Monat Juli 1945 sowie Lt. Col. Richard A. NORTON: Bericht des Detachment G1H2 (Augsburg) für September 1945, in: GELBERG (wie Anm. 26), S. 139-143 und S. 145-152.
[89] James K. POLLOCK: Besatzung und Staatsaufbau nach 1945. Occupation Diary and Private Correspondence 1945-1948, hg. von Ingrid Krüger-Bulcke, München 1994. Vgl. zu Bayern auch Walter L. DORN: Inspektionsreisen in der US-Zone. Notizen, Denkschriften und Erinnerungen, aus dem Nachlaß hg. von Lutz Niethammer, Stuttgart 1973; ferner die Erinnerungen des Münchner Generalkonsuls Charles W. THAYER: The unquiet Germans, New York 1957 (Die unruhigen Deutschen, Bern 1958) sowie mit geringen Bezügen Robert MURPHY: Diplomat unter Kriegern. Zwei Jahrzehnte Weltpolitik in besonderer Mission, Berlin 1965, und Lucian K. TRUSCOTT jr.: Command Missions. A Personal Story, New York 1954. Für Bayern unergiebig sind die Erinnerungen von Lucius D. CLAY: Entscheidung in Deutschland, Frankfurt a.M. 1950 (Originalausgabe: Decision in Germany, Garden City, New York 1950).
[90] POLLOCK (wie Anm. 89), S. 202f.
[91] Vgl. zu Walter J. Muller: Das Kabinett Hoegner I (wie Anm. 4), Bd. 1, S. LXX-LXXV.
[92] George N. SHUSTER: The Ground I walked on. Reflections of a College President, New York 1961 (In Amerika und Deutschland. Erinnerungen eines amerikanischen College-Präsidenten, Frankfurt a.M. 1965, S. 212f.). Vgl. neuerdings u.a.

zu Bad Aibling Leon C. STANDIFER: Binding up the wounds. An American Soldier in Occupied Germany 1945-1946, Baton Rouge, London 1997 (s. dazu Klaus-Dietmar HENKE, in: Historische Zeitschrift 266 (1998), S. 817f.). S. ferner Hans Peter MENSING: Das Tagebuch John J. McCloys zu seiner Europa- und Deutschlandreise im April 1945. Teil 1, in: Geschichte im Westen 12 (1997), S. 215-237, Teil 2, in: Geschichte im Westen 13 (1998), S. 84-110, dort u.a. zu Würzburg.

93 HERWARTH (wie Anm. 81), S. 22.

94 Hermann DIETZFELBINGER: Veränderung und Beständigkeit. Erinnerungen, 1. Aufl. München 1984.

95 Vgl. ebd., S. 283f.

96 Erich KÄSTNER: Notabene '45, Frankfurt a.M. 1961.

97 Vgl. ebd., S. 199. Vgl. auch oben, Anm. 84.

98 Walter KOLBENHOFF: Schellingstraße 48, München 1984.

99 Hans HABE: Ich stelle mich. Meine Lebensgeschichte, München 1987, S. 489-499.

100 Zur Münchner Oper s. auch die Erinnerungen des Intendanten Rudolf HARTMANN: Das geliebte Haus. Mein Leben mit der Oper, München 1975. S. ferner Werner EGK: Die Zeit wartet nicht. Künstlerisches, Geschichtliches, Privates aus meinem Leben, München 1981 (Originalausgabe 1973).

101 Wilhelm HAUSENSTEIN: Licht unter dem Horizont. Tagebücher von 1942 bis 1946, München 1967; DERS.: Impressionen und Analysen. Letzte Aufzeichnungen, München 1969.

102 HAUSENSTEIN, Licht (wie Anm. 101), S. 417.

103 Adalbert von BAYERN: Erinnerungen 1900-1956, München 1991.

104 Konstantin von BAYERN: Nach der Sintflut. Berichte aus einer Zeit des Umbruchs 1945-1948, München 1986 (eine kürzere Erstfassung erschien unter dem Titel „After the Flood", London 1954). Vgl. aber DERS.: Mein Weg in die Politik, in: Hanns ARENS (Hg.): Prinz und Demokrat. Konstantin von Bayern. Ein Gedenkbuch, München 1970, S. 157-163.

105 Ludwig BÖLKOW: Erinnerungen. Aufgezeichnet von Brigitte Röthlein, München, Berlin 1994.

106 Karl WINNACKER: Nie den Mut verlieren. Erinnerungen an Schicksalsjahre der Deutschen Chemie, 2. ergänzte Aufl. Düsseldorf, Wien 1974.

107 Otto A.H. VOGEL: Vom Zusammenbruch bis zur Währungsreform. Persönliche Erinnerungen, in: Wolfgang ZORN/Leonhard HILLENBRAND (Hgg.): Sechs Jahrhunderte Schwäbische Wirtschaft. Beiträge zur Geschichte der Wirtschaft im bayerischen Regierungsbezirk Schwaben, Augsburg 1969, S. 280-292.

108 Hermann BÖSSENECKER: Bayern, Bosse und Bilanzen. Hinter den Kulissen der weiß-blauen Wirtschaft, München 1972.

109 Herbert HUPKA: Unruhiges Gewissen. Ein deutscher Lebenslauf. Erinnerungen, München 1994, S. 56-67. Vgl. auch Martin KORNRUMPF: Mir langt's an „Großer Zeit" 1934-1945, o.O. o.J. (München 1995). Auf den letzten Seiten des Bandes berichtet Kornrumpf, wie er als Statistiker unter dem Staatssekretär für das Flüchtlingswesen, Wolfgang Jaenicke, im bayerischen Innenministerium anfing, vgl. ebd., S. 346ff. Zum Staatskommissariat für das Flüchtlingswesen ausführlich auch: Karl JERING: Überleben und Neubeginn. Aufzeichnungen eines Deutschen aus den Jahren 1945/46, München 1979.

[110] Ernst MÜLLER-MEININGEN jr.: Orden, Spießer, Pfeffersäcke. Ein liberaler Streiter erinnert sich, Zürich 1989.

[111] Herbert RIEHL-HEYSE: Ach, du mein Vaterland. Gemischte Erinnerungen an 50 Jahre Bundesrepublik, München 1998. Vgl. auch den Privatdruck Felix BUTTERSACK: Aller Anfang war schön. Meine Tätigkeit bei Radio München und die Gründung des Münchner Merkurs, München 1985; vgl. Rüdiger BOLZ: Rundfunk und Literatur unter amerikanischer Kontrolle. Das Programmangebot von Radio München 1945-1949, Wiesbaden 1991, S. 613.

[112] Erik MASCHAT: Erinnerung als Vermächtnis, München 1987 (Bd. 1); Katja FLICK: Eine unmögliche Person, München 1990 (Bd. 2); Georg WULFFIUS: Den Menschen kennenlernen, München 1991 (Bd. 3); Felix HEIDENBERGER: „Was wirklich geschah ...“. 40 Jahre Nachrichten-Geschichte(n) im Bayerischen Rundfunk. Biographie eines Nachrichtenjournalisten 1946-1986, München 1992 (Bd. 5).

[113] Einige Manuskripte liegen auch in Archiven. Vgl. z.B. im Archiv für Christlich-Soziale Politik der Hanns-Seidel-Stiftung das Typoskript der Lebenserinnerungen des Staatssekretärs im bayerischen Landwirtschaftsministerium Lorenz Vilgertshofer (235 Seiten) in dessen Nachlaß sowie im Bayerischen Hauptstaatsarchiv ein 30 Seiten starkes Manuskript im Nachlaß des Staatssekretärs im bayerischen Wirtschaftsministerium Lorenz Sedlmayr.

ALLTAGSGESCHICHTE

Garching: „Deutschlands modernstes Dorf“. Die Modernisierung Bayerns seit 1945 unter dem Mikroskop

VON STEPHAN DEUTINGER

„Der Kreis Oberbayern hat das Vergnügen zwei Orte mit dem Namen Garching zu besitzen. Davon ist der eine so unbekannt wie der andere. [...] Wenn nun etwa ein Münchner von der Lust befallen werden sollte, sich einmal das Garching bei München zu besehen, so wird er bei einer etwaigen Erkundigung die Entdekkung machen, daß der Ort auch in der Hauptstadt bei 99 9/10 % unbekannt ist.“[1] Man schrieb das Jahr 1909, als der langjährige Garchinger Schullehrer Hans Stieglitz diese Feststellung in der von ihm erarbeiteten ersten Garchinger Heimatgeschichte notierte. Sie ist uns heute so fern wie nur irgend denkbar. Jedem Naturwissenschaftler ist „Garching“ wegen der einmaligen Konzentration international renommierter Forschungsinstitute ein Begriff, aber auch ins Bewußtsein einer breiteren Öffentlichkeit hat sich der Ort eingeprägt, an dem im schon legendären „Atom-Ei“ 1957 die erste kontrollierte Kernspaltung in Deutschland vollzogen wurde. Der im Bau befindliche Nachfolger dieses Forschungsreaktors, die „Neutronenquelle München FRM-II“, sorgt seit Jahren für kontroverse Diskussionen und ruft den Namen Garching immer neu in Erinnerung.

Wenn im folgenden die jüngste Geschichte Garchings beleuchtet wird, so wäre dies allein schon aus dem historischen Eigenwert zu begründen, den dieser Ort, der seit beinahe fünfzig Jahren ein Synonym für bayerische Fortschrittlichkeit darstellt, beanspruchen darf. Das Ziel dieses Beitrages geht jedoch über eine klassische lokalgeschichtliche Untersuchung hinaus. Beabsichtigt ist vielmehr, dabei wesentliche Züge der Entwicklung Bayerns seit dem Zweiten Weltkrieg zu erfassen und in anschaulicher Form zu beschreiben.

Nachdem sich die Beschäftigung mit der Nachkriegsgeschichte lange Zeit auf die unmittelbaren „Trümmerjahre" beschränkte, die aufgrund der damaligen langfristigen Weichenstellungen zweifellos erhebliche Aufmerksamkeit verdienen, ist in jüngster Zeit die „Wirtschaftswunderzeit" der fünfziger und sechziger Jahre immer stärker in den Blick der Historiker gerückt. Die interessantesten Veränderungen in diesem Zeitraum liegen angesichts der beachtlichen Stabilität des bundesdeutschen politischen Systems jedoch nicht im Bereich der herkömmlichen Politikgeschichte, sondern betreffen die meist unter dem Begriff der „Modernisierung" zusammengefaßten Entwicklungen in Gesellschaft, Wirtschaft, Wissenschaft und Technik.[2]

Die Komplexität und wechselseitige Abhängigkeit der Veränderungen stellen die Historiographie dabei vor besondere methodische Schwierigkeiten. Die Tatsache, daß zur Beschreibung struktureller Wandlungen zahlreiche Faktoren, und zwar in langfristiger Perspektive zu berücksichtigen sind, birgt die Gefahr in sich, daß die historische Darstellung abstrakt und lebensfern gerät und individuelle Schicksale und Erfahrungen vernachlässigt. Mit diesem Vorwurf zumindest sehen sich seit den achtziger Jahren die Verfechter der – in den späten sechziger und den siebziger Jahren tonangebenden – strukturell arbeitenden Sozialgeschichte konfrontiert. Das Ungenügen an einer von Strukturen und Prozessen getragenen Geschichte, in der der einzelne Mensch und dessen Erleben keine Rolle mehr zu spielen scheinen, hat in den achtziger Jahren der sog. „Alltagsgeschichte" starken Auftrieb verschafft. Sie hat sich dem Anliegen verschrieben, eine möglichst umfassende Darstellung der Erfahrungswelt der Menschen im historischen Gesamtablauf zu liefern. Wird dieser Ansatz auf einzelne Individuen oder Orte ausgedehnt, so hat sich hierfür die Bezeichnung „Mikro-Historie“ eingebürgert, eine Geschichte also, die nach einem Wort des italienischen Historikers Giovanni Levi nicht „Kleines“, sondern „im Kleinen“ betrachten will, um so durch die hier mögliche „dichte Beschreibung“ zu einer vertieften Erkenntnis historischer Zustände und Vorgänge zu gelangen. Beiden Ansätzen gemeinsam ist das Ziel, durch die kleinräumige Betrachtung Aussagen von übergeordneter Bedeutung zu gewinnen. In engem Zusammenhang mit dieser Forschungsstrategie steht ein Konzept historiographischer Darstellung, bei der analytisch-strukturelle Muster zugunsten einer neuentdeckten Narrativität zurücktreten.[3]

Was will das in unserem Zusammenhang besagen? „Vom Agrarland zum Industriestaat“ – auf diese verkürzte Formel wurde der Prozeß der wirtschaftlichen und sozialen Modernisierung Bayerns seit dem Zweiten Weltkrieg häufig gebracht.[4] Anhand von Zahlenmaterial und Statistiken über Erwerbstätigkeit, Branchenstruktur, Energieverbrauch, Infrastrukturausbau oder ähnlichem ließen sich diese Etikettierungen belegen, teilweise auch differenzieren.[5] Seit den achtziger Jahren wird zudem die Rolle Bayerns als Forschungs- und High-Tech-Standort stark betont. Eine Institutionengeschichte wissenschaftlicher Einrichtungen kann politische Weichenstellungen und Zielvorgaben beleuchten.[6] Was aber bedeutete für die Menschen der signifikante soziale und wirtschaftliche Strukturwandel? Wie nahmen sie diesen Wandel wahr? Wurde er bewußt vorangetrieben oder eher passiv erlitten? Welche Kräfte trieben ihn voran? Welches waren die Konsequenzen und sozialen Kosten der Modernisierung? Solche uns heute interessierende Fragen fordern einen kleinräumigen, weil konkreten Zugriff geradezu heraus. Hatte tatsächlich die Massierung von Forschungseinrichtungen des naturwissenschaftlichen und technologischen Sektors die oft behaupteten positiven Auswirkungen auf die wirtschaftliche Entwicklung? Wurde die Expansion von Wissenschaft und Technik von der Bevölkerung begrüßt oder abgelehnt, oder stand man ihr indifferent gegenüber? Wie war der wissenschaftlich-technische Fortschritt im jeweiligen Modernitätsverständnis präsent? Auch für solche Fragen erweist sich das Zusehen „im Kleinen“ als vorteilhaft.

Anhand der Entwicklung des Ortes, dem in den sechziger Jahren der Ruhm vorauseilte, „Deutschlands modernstes Dorf“[7] zu sein, soll dem beschriebenen Problemkreis im folgenden nachgegangen werden. Einmal abgesehen davon, daß es sich bei Garching in der Tat seit geraumer Zeit um einen Brennpunkt bayerischer Forschungs- und Technologiepolitik handelt, was sich in einer selbst bundesweit wohl einmaligen Dichte natur- und technikwissenschaftlicher Einrichtungen niederschlägt, verspricht ein solcher mikroskopischer Zugriff auf den Komplex „Modernisierung“ gerade bei einem Dorf besonderen Ertrag, zumal Veränderungen auf dem Land besonders gut beobachtbar zu sein pflegen.[8] Auf der anderen Seite stehen natürlich auch spezifische Probleme eines solchen Vorgehens. Die jüngste Vergangenheit der Dörfer ist meist alles andere als gut dokumentiert. Zu der ohnehin geringen Schriftlichkeit des dörflichen Lebens kommt die Geringschätzung für die eben erst vergangene Gegenwart und deren schriftliche Überreste. Zwar wird dieses Defizit im Fall Garchings durch den schriftlichen Niederschlag einer gewissen durchgehenden Aufmerksamkeit in der überregionalen Öffentlichkeit für die Belange der Gemeinde, ferner durch die Existenz einiger älterer und damit als Quelle nutzbarer Ortschroniken zum Teil ausgeglichen, dennoch ist die Tiefenschärfe des mikroskopischen Blicks doch durch diesen Umstand leider von vornherein begrenzt.

*

Vor dem Ersten Weltkrieg zählte Garching 641 Menschen in 99 Haushaltungen, vorwiegend „Bauernhäuser von stattlicher Bauart, groß, hell und sauber, schmucke Gärtchen dabei und gut gehaltene Hofplätze mit gepflegtem Düngerhaufen“[9]. Das Leben und Wirtschaften war bestimmt von der Lage Garchings im stillen Winkel der Industrialisierung. Als schicksalhaft hatte sich, wie bei so vielen Orten, die Entscheidung über die Linienführung der Eisenbahn erwiesen. Die 1856 eröffnete Strecke München-Landshut ließ Garching abseits liegen, Konsequenz war der Verlust der Poststation, die den Ort durchquerende, einst vielbefahrene Verbindungsstraße von Landshut nach München wurde immer weniger benutzt. Die Landwirtschaft auf dem kargen Boden der Garchinger Heide befriedigte mehr schlecht als recht den eigenen Bedarf. Immerhin aber war Garching vom Volumen her Münchens größter Milchlieferant. Im Gegenzug düngten die Garchinger ihre Böden bis zum Beginn des 20. Jahrhunderts mit den Abwässern der Stadt München, die sie – in kleinen Bächen aus der Stadt ankommend – auf die Felder leiteten.

Von einem abgeschiedenen, ländlich-ursprünglichen Idyll konnte freilich schon vor dem Zweiten Weltkrieg nicht mehr die Rede sein. Ein deutlicher Modernisierungsschub kennzeichnete bereits die zwanziger und dreißiger Jahre. Seit 1910 verfügte man über elektrisches Licht, seit 1911 über eine zentrale Wasserversorgung. Die Straße von Freising nach München, eine zuvor mit verlorenen Hufnägeln gespickte Landstraße, die mit dem Fahrrad zu passieren zum Abenteuer geriet, wurde 1927 gepflastert und teilweise geteert. Von 1937 an querte die Reichsautobahn nach Nürnberg und Berlin das Gemeindegebiet. Der spießbewehrte Nachtwächter, der bis 1923 seine Runde machte, wurde 1931 durch einen ständigen Polizeiposten abgelöst. Auch wirtschaftlich beschritt man jetzt neue Wege. 1928 schlossen sich die Bauern zu einer Molkerei-Genossenschaft zusammen, die sich rasch als Erfolg herausstellte. Ein besonderer Coup war 1931 die Gründung einer „Ödlandgenossenschaft". Mittels einer Feldbahn holte man sich von der Münchner Kläranlage in Großlappen den kostenlosen Klärschlamm, um ihn auf den landwirtschaftlichen Flächen auszubringen. Eine deutliche Steigerung der Ernteerträge konnte auf diese Weise erzielt werden.

Die Einwohnerzahl stieg schon vor dem Krieg rapide an. 1925 zählte man 762, 1937 bereits 1465 Bewohner Garchings; eine erste Wohnsiedlung entstand. Mit dieser Bevölkerungsentwicklung ging ein Wandel in der Sozialstruktur einher. Hatte es 1914 erst 10, nach dem Ersten Weltkrieg 30 Arbeiter im Ortsbereich gegeben, so stellten sie bis zum Zweiten Weltkrieg bereits 60 Prozent der Gesamtbevölkerung. 1930 kam der erste Arbeiter in den Gemeinderat. Das Kriegsende schwemmte dann zahlreiche Flüchtlinge und Vertriebene in das Dorf; 800 von ihnen blieben auf Dauer. Die Steigerungsraten der Einwohnerzahl blieben von da an langfristig auf hohem Niveau. Zu Beginn der sechziger Jahre – am 1. Mai 1963 registrierte man 4179 Bewohner – war die Zuwachsrate genauso hoch wie die Münchens. Mit den Flüchtlingen änderte sich auch die Konfessionsverteilung. In dem bis dahin rein katholischen Ort traten erstmals Protestanten in nennenswerter Zahl auf, deren Anteil an der Gesamtbevölkerung sich auf rund ein Viertel einpendelte.

Die zahlenmäßige Bevölkerungsentwicklung zwang nun zur Schaffung zusätzlichen Wohnraums. Vom Kriegsende bis 1960 wurden fünf weitere Siedlungen mit mehreren hundert Wohneinheiten aus dem Boden gestampft. Von den 1962 existierenden 730 Wohngebäuden in der Gemeinde war die Hälfte – vorwiegend noch Ein- und Zweifamilienhäuser – in den Jahren 1950 bis 1957 gebaut worden. Jenseits der Autobahn entstand ein ganzer Ortsteil neu. Innerhalb weniger Jahre wuchs dort in Hochbrück eine ganze Reihe von Wohnblocks in den Himmel. Der Zuzug junger Familien bedeutete für die Gemeinde bald beträchtliche Folgelasten. Die bisherige dörfliche Infrastruktur reichte nicht mehr aus. Mitte der fünfziger Jahre war man zum Bau eines neuen Schulhauses gezwungen. Das 320.000 DM teure Gebäude führte die Gemeinde bereits an die Grenzen ihrer finanziellen Leistungsfähigkeit, doch war die bisherige notdürftige Unterbringung in der ehemaligen Gemeindekanzlei nicht mehr haltbar gewesen. Im Herbst 1957 wurden die neuen Räumlichkeiten bezogen.

Die eingesessenen Dorfbewohner konfrontierte die Bevölkerungsentwicklung mit einem galoppierenden Wandel der sozialen Strukturen und des Gemeinschaftslebens. Kirche, Schule, Wirtshaus – in diesen herkömmlichen Institutionen des Dorflebens wurden die Veränderungen zunächst am meisten spürbar. So konnte eine ältere Garchingerin ihre Eindrücke am Beginn der sechziger Jahre folgendermaßen schildern: „Man fragt schon nicht mehr, wer dieser oder jener sei, der am Sonntag auf den Asphaltstraßen spazierengeht. Daß man wie einst sich im Wirtshaus kennenlernt, kommt nicht mehr in Frage, die Dorfwirtschaften sind 'Gasthäuser', beinahe 'Restaurants' geworden. Am ehesten lernt man die paar kennen, die zur Kirche kommen. Selbst unsere Schulkinder kennen sich höchstens noch in derselben Klasse; und bei schlechten Leistungen ändert sich nicht mehr wie früher die Beschämung nach der Stellung und dem Besitz des Vaters. Kleidung und Pausebrot gleichen sich einander an. Wir sind kein Dorf mehr, sondern ein 'Ort' mit Wohnungen und Siedlungen.“[10] Die Umstrukturierung der örtlichen Wirtschaft war ebenfalls im vollen Gange. 1953 gab es in der Gemeinde Garching noch 63 landwirtschaftliche Betriebe, mit Größen vorwiegend zwischen 10 und 50 Hektar. Bis 1963 sank ihre Zahl auf 45, wobei vor allem die kleineren Betriebe aufgegeben hatten, 1974 waren es noch 36. Mit den Bauern und vor allem infolge der weitgehenden Mechanisierung der Landwirtschaft verschwanden in der zweiten Hälfte der fünfziger Jahre die Pferde aus dem Ortsbild; 1954 waren es noch 82 gewesen, 1963 waren ganze drei übriggeblieben. An die Stelle traditioneller Gewerbe, wie dem Hufschmied, traten Dienstleistungsbetriebe, Friseure und Kfz-Werkstätten. Gegenüber vorher einem einzigen Kramer gab es 1964 13 Lebensmitteleinzelhandlungen.

1956 trat Garching mit einem Schlag ins Rampenlicht der Weltöffentlichkeit. Auf der Suche nach einem geeigneten Standort für einen auf persönlichen Wunsch des damals führenden deutschen Kernphysikers, Werner Heisenberg, im Raum München zu errichtenden Forschungsreaktor führten Wissenschaftler und Vertreter der Staatsverwaltung Erkundungsfahrten durch und stießen am 14. Januar auf ein Gelände in den Isarauen nordöstlich von München, das die Anforderungen in jeder Hinsicht erfüllte. Es war durch die Nähe von Autobahn und Bundesstraße verkehrsmäßig gut angebunden, von Münchner Forschungsinstituten aus schnell erreichbar, hatte einen geologisch stabilen Untergrund und verfügte über einen für Kühlzwecke notwendigen Wasserlauf. Die Lage im Nordosten der Großstadt war wegen des in der Region vorherrschenden Westwindes geeignet, um Befürchtungen der Münchner Bevölkerung bei etwaigen Störfällen zu zerstreuen.[11] Das 50 Hektar große Gelände lag in der Gemarkung der Gemeinde Garching, etwa 2,5 Kilometer südwestlich des Ortes. Es ist nicht mehr nachzuvollziehen, wie man den Garchinger Bürgermeister dafür gewann, seine Zustimmung zur Errichtung eines „Atommeilers“ zu geben. Er gehörte jedenfalls nicht zu denen, die sich, als die Planungen zu einem Münchner Atomforschungszentrum erstmals bekannt wurden, von einer plötzlich hochschlagenden Welle der Angst vor dem Atom, das man bis dahin nur in der Wortverbindung „Atombombe“ kannte, beunruhigen ließen. Josef Amon war aus ganz anderem Holz geschnitzt. 1952 war er zum Bürgermeister der Gemeinde gewählt worden; er sollte ihre Geschicke zwei Jahrzehnte lang maßgeblich bestimmen.[12] Amon stammte nicht aus Garching. Er war 1899 in der Nähe von Würzburg geboren worden und 1920 als Landwirtschaftslehrling nach Garching gekommen. Schnell entwickelte er sich zum Landwirtschaftsexperten. Er übernahm die Leitung von zwei großen landwirtschaftlichen Betrieben und profilierte sich beim Aufbau der örtlichen Molkerei. Seine Idee und Initiative war die Gründung der „Ödlandgenossenschaft“. Gestützt auf diese Erfolge wurden Amon Ämter in bayerischen Landwirtschaftsorganisationen wie dem Bauernverband anvertraut. Von 1948 an konnte man ihn als Mitglied mehrerer landwirtschaftlicher Ausschüsse häufiger in Bonn antreffen. „Mit der farbigen Sprache des einfachen Mannes, voll starker bildhafter Vergleiche war er jedem Politiker gewachsen. Wo er war, wurde die Stimmung fruchtbar für Entschlüsse“, so wurde Amon einmal charakterisiert.[13]

Unter Amons Leitung stimmte der neunköpfige Garchinger Gemeinderat in außerordentlicher Sitzung am 16. Januar 1956 einstimmig der Abtretung von 7,39 Hektar Gemeindegrund für die Errichtung des Forschungsreaktors zu.[14] Die Entscheidung mag ihm um so leichter gefallen sein, als mancher der örtlichen (und im Gemeinderat vertretenen) Landwirte bei den dann anstehenden Grundverkäufen einen günstigen Schnitt machen konnte.[15] Irgendwelche Erwartungen oder Bedenken hinsichtlich der künftigen Auswirkungen des Reaktors auf die Gemeinde wurden damals nicht festgehalten. Im Lauf des Jahres 1956 scheinen dem einen oder anderen aber doch Zweifel über die schnelle Entscheidung vom Januar gekommen zu sein. Beunruhigten doch im Sommer 1956 radioaktive Niederschläge, die im Zusammenhang mit Wasserstoffbombenversuchen in der nordamerikanischen Wüste und im Pazifik standen, auch die bundesdeutsche Öffentlichkeit.[16] Als am 6. November 1956 die Bauarbeiten für den Forschungsreaktor aufgenommen wurden, überwog daher in Garching wohl die Sorge, was man sich nun mit dieser Anlage eingehandelt habe, denn Bürgermeister Amon mußte beschwichtigend einwirken, „daß irgendwelche schwerwiegenden Nachteile für die Gemeinde durch die Errichtung des Atomreaktors in Garching nicht gegeben sind.“[17] Zugute kamen ihm dabei die Beobachtungen, die er soeben bei einem Informationsbesuch im Genfer Kernforschungszentrum hatte machen können.

Das „Atom-Ei", wie der Reaktor ob seiner weithin sichtbaren, ellipsenförmigen, silbrig-schimmernden Hülle bald genannt wurde, sollte sich schnell zum Wahrzeichen Garchings entwikkeln. Alle Stationen seiner Entstehung und Inbetriebnahme, vom Richtfest am 11. Januar 1957 über das Eintreffen der ersten Uranstäbe am 9. September 1957 bis zur offiziellen Übergabe an die Technische Hochschule München am 3. Februar 1958, wurden sorgsam inszeniert und zelebriert und führten immer wieder Spitzenpolitiker aus Land und Bund in die Gemeinde. Die Zahl der Besuchergruppen, die dieses Wahrzeichen des Atomzeitalters auch von innen besichtigen wollten, schwoll rasch an. Plötzlich besaß man eine Sehenswürdigkeit mit überregionaler Attraktivität.[18] Neutronenphysiker aus aller Welt kamen nach Garching, dessen Name dank der herausragenden wissenschaftlichen Leistungen der dort tätigen Forscher innerhalb weniger Jahre zum Synonym für moderne und erfolgreiche Naturwissenschaft wurde[19] – ein Mekka der Physik, wie es zum zehnjährigen Jubiläum des Atom-Eis von einem amerikanischen Wissenschaftler formuliert wurde.[20]

Der Forschungsreaktor, als universitäre Einrichtung vom Laboratorium für Physik der Technischen Hochschule München betrieben, war freilich zu diesem Zeitpunkt noch eine vergleichsweise kleine Institution. 1958 waren dort 20 Wissenschaftler, Techniker und Angestellte beschäftigt, Mitte der sechziger Jahre immerhin um die 60. In dieser Zeit arbeiteten dort außerdem täglich 100 bis 200 Diplomanden, Doktoranden und Wissenschaftler an ihren Experimenten.[21] Den entscheidenden Schritt hin zum Forschungszentrum bedeutete für Garching jedoch erst die Ansiedlung des Instituts für Plasmaphysik (IPP), einer ebenfalls von Heisenberg initiierten Einrichtung zur Erforschung der Kernfusion, das von vornherein um mehrere Dimensionen größer angelegt war. Bürgermeister Amon soll für die im Jahr 1959 sich konkretisierenden Planungen zu einem solchen Fusionsforschungszentrum in seiner Gemeinde unkonventionell bei einem Sonntagsfrühschoppen durch den Vertreter der Max-Planck-Gesellschaft gewonnen worden sein. Ein weiterer Ausbau des Wissenschaftsbetriebs gleichsam auf der grünen Wiese konnte um so interessanter erscheinen, als gegen etwaige Befürchtungen eines ungeplanten und ungebremsten weiteren Wachstums der Forschungseinrichtungen rasch ein Leitbild für die künftige Entwicklung zur Hand war: Garching sollte gleichsam zu einem „neuen Dahlem“ werden.[22]

In Dahlem, einer im Süden Berlins gelegenen ehemaligen königlichen Domäne, war im Zuge preußischer Wissenschaftspolitik seit den 1890er Jahren gezielt ein Zentrum naturwissenschaftlicher, technischer sowie medizinischer Lehr- und Forschungsinstitute, Reichs- und Landesanstalten sowie bedeutender Museen und Sammlungen geschaffen worden. Dahlem war, insbesondere in der Weimarer Zeit, eine Begegnungsstätte der internationalen Gelehrtenwelt. Dazu trugen vor allem die Institute der Kaiser-Wilhelm-Gesellschaft, der Vorläuferin der Max-Planck-Gesellschaft, bei, die bevorzugt in Dahlem ihren Sitz nahmen.[23]

Der hier gepflogene halbaristokratische Lebensstil in einem Rahmen herrschaftlicher Architektur und parkähnlicher Umgebung übte bei den Naturwissenschaftlern bis in die sechziger Jahre herein eine starke Faszination aus. Für sie, ebenso aber auch für die Garchinger, die ihre Situation als einstige Agrargemeinde vor den Toren einer Großstadt durchaus mit dem Berliner Modell vergleichen konnten, war mit dem Stichwort „Dahlem“ also ein lukratives Leitbild gegeben. Der Gemeinderat Garchings, dessen amtlicher Name 1959 den Zusatz „bei München“ erhielt[24], bestätigte denn auch kurz entschlossen am 18. Dezember 1959 die ihm vorgelegten Pläne für das Institut für Plasmaphysik.[25] Mit diesem Beschluß konnte auf einem 35 Hektar großen Gelände südlich des

Forschungsreaktors von 1960 bis 1965 in drei Bauabschnitten eines der größten deutschen Forschungsinstitute errichtet werden. 1965 stand mit einer umbauten Fläche von 33.000 Quadratmetern ein ganzes Ensemble von Laborhallen, Werkstattgebäuden, von Wissenschaftler-Arbeitsräumen, Hörsälen, Bibliothek und Großrechenanlage sowie Versorgungsbauten. Die Zahl der insgesamt dort Beschäftigten wuchs rasant von 85 im Jahr 1960 auf 1085 Ende 1971, mit einem Anteil wissenschaftlich-technischer Kräfte von im Durchschnitt 20 Prozent.[26] Ein weiterer international bedeutender Anziehungspunkt für Wissenschaftler war auf diese Weise entstanden. Damit war der Startschuß für eine atemberaubend schnelle Expansion der naturwissenschaftlich-technischen Forschung in Garching gefallen. In rascher Folge kam nach dem Prinzip der Selbstverstärkung innerhalb weniger Jahre eine Forschungseinrichtung um die andere hinzu. Mitte der sechziger Jahre arbeiteten bereits 1200 Menschen in Garching im Wissenschafts- und Forschungsbereich.[27]

Um diese Zeit begann man bei der Gemeinde erstmals die Entwicklung des vorausgegangenen Jahrzehnts zu bilanzieren. Der schnelle Wandel seit Kriegsende weckte das Bedürfnis zur Selbstvergewisserung und Standortbestimmung. Eine solche war nicht leicht vorzunehmen; zu sehr waren die Dinge noch im Fluß. Ob sie sich für Garching eher zum Guten oder Schlechten gewandt hatten, wer konnte das damals absehen? Selbst in den Formulierungen des allzeit optimistischen Bürgermeisters Amon war eine gewisse Zwiespältigkeit in der Bewertung zu entdecken: „Das Atomzeitalter hat überraschend für unser Garching ein weites Tor in eine unübersehbare Zukunft aufgestoßen. Noch stehen wir auf der Schwelle, gewärtig der Umwälzungen und ihrer Probleme, die gemeistert werden müssen. Und – ich sage es ohne Bitterkeit – vieles wird dahingehen, was uns vertraut war, um dem herandrängenden Neuen Raum zu geben. Aber wir dürfen uns dem pulsierenden Leben nicht verschließen.“[28]

Nach außen bemühte sich die Gemeinde freilich, ihre Entwicklung während des vergangenen Jahrzehnts als Erfolgsgeschichte darzustellen. Die Entscheidung, dem Forschungsreaktor eine Heimstatt zu bieten, wurde als ausschlaggebender Impuls verstanden. Die Atomforschung wurde zum zentralen Identifikationspunkt und Deutungsmuster. Insbesondere ließ man es sich angelegen sein, die feste Entschlossenheit zu demonstrieren, auch in Zukunft „den Weg der Wissenschaft weitergehen“ zu wollen. 1962 war eine erste Ortschronik in Auftrag gegeben worden.[29] Der Titel „Vom Heidedorf zum Atomzentrum“, unter dem sie 1964 in Druck ging, war zugleich Ausdruck des neuen Selbstverständnisses. Eine zweite Gelegenheit zur Selbstdarstellung bot das zehnjährige Bestehen des Atomreaktors im Jahr 1967. Der damalige Zweite Bürgermeister regte an, aus diesem Anlaß eine „Festwoche“ abzuhalten; auch die Gemeinderäte waren einhellig der Meinung, „daß die Gemeinde im Rahmen dieser Festwoche ihre Bereitschaft, Garching zur Stadt der Wissenschaft zu machen, dokumentieren könne.“[30] Vom 8. bis 11. November 1967 wurden eine Feierstunde, ein Tag der offenen Tür bei den wissenschaftlichen Einrichtungen sowie Vorträge zu Geschichte und Zukunft des Forschungsreaktors und der Wissenschaft in Garching im allgemeinen abgehalten. Die Gemeinde gab eigens eine kleine Festschrift heraus.[31]

Auf ihr prangte bereits das neue Wappen, das man sich erst wenige Monate zuvor zugelegt hatte. 1966 hatte sich Bürgermeister Amon bei der hierfür zuständigen Generaldirektion der Staatlichen Archive Bayerns um die Zuteilung eines Gemeindewappens bemüht. Es sollte nach den Vorstellungen der Gemeindevertreter und der Wappenkundigen „die geschichtliche Entwicklung der alten, völlig durch die Landwirtschaft geprägten Gemeinde, deren geographische Lage an der Heide und an den Isarauen und schließlich die äußerst bemerkenswerte Umgestaltung zu einem Standort bedeutender wissenschaftlicher Institute sinnbildlich“

darstellen. Das alte Garching kam in der oberen Wappenhälfte zum Zuge: Ein Wagenrad steht für die ehemalige Funktion als Poststation und gleichzeitig für die Kirchenpatronin Katharina, zwei stilisierte Nadelbäume symbolisieren die Lage des Ortes in Heide und Auwald. Der Gegenwart wurde die untere Hälfte des Wappens gewidmet: dort thront dominierend die silberne Reaktorkuppel über dem das Atom-Ei umgebenden Ringgebäude.[32]

Garching war aber in nur wenigen Jahren nicht nur zur Wissenschaftsgemeinde, sondern mindestens im gleichen Ausmaß auch zum Industriestandort geworden. Diesen zweiten Entwicklungszug glaubte man, aus dem ersten ableiten zu können. „Auch die Entwicklung Garching's zur Industriegemeinde“ sei „letzten Endes auf den Atomreaktor und die wissenschaftlichen Einrichtungen zurückzuführen“[33], wußte die Festschrift von 1967 zu berichten. Die Ortschronik vertrat die Auffassung: „Das 'Atom-Ei' [...] wirkte als Magnet.“[34] Die oft gebrauchte Wunschformel, Forschung schaffe Arbeit und Brot, will heißen, die Grundlage für Arbeitsplätze, schien hier endlich einmal aufzugehen. Und in der Tat: Bis 1955 hatte es nur die Molkerei, ein Kieswerk und einige Handwerksbetriebe gegeben. Zehn Jahre später waren zahlreiche Industriebetriebe in der Gemeinde zu verzeichnen, im Ortsteil Hochbrück war jetzt ein 60 Hektar großes, reguläres Industriegebiet anzutreffen. Doch was waren das, abgesehen von den Beschäftigungsmöglichkeiten in den Forschungseinrichtungen selbst, für Arbeitsplätze, die da entstanden waren? Anfang der sechziger Jahre kamen zwei Großbetriebe nach Garching. Die Maschinenfabrik Voith aus Heidenheim nahm die Produktion von Fahrzeuggetrieben auf; sie wollte in der Endausbaustufe 2000 Personen beschäftigen. Die zweite Großfirma war die Bayerische Fertigbau-GmbH, ein Zusammenschluß von vier großen Münchner Bauunternehmen mit einer französischen Firma. Daneben verzeichnete man 1964 mehrere Kies- und Quetschwerke, eine Firma für Stahlbetondecken, eine für Betonrohre, eine Maschinenfabrik für Spezialmaschinen zur Herstellung von Deckensteinen, weiterhin eine Fertigbeton-Firma und ein Faserbeton-Werk; mehrere Münchner Baufirmen errichteten in Garching Hallen für Werkstätten und Lager. Außerhalb des Bausektors gab es schließlich noch einen Betrieb zur Herstellung von Stahlmöbeln, eine Filmwäscherei sowie eine Konservenfabrik.

Garching war also attraktiv vor allem für Firmen der Baubranche, die die Nähe zu den örtlichen Kiesvorkommen suchten, zum anderen für Unternehmen, deren hoher Flächenbedarf sich dort leichter befriedigen ließ. Einige Firmen waren offenbar nur deshalb aus München vor die Tore der Stadt abgewandert, weil sie dort bei günstigeren Grundstückspreisen und Gewerbesteuersätzen die alten Kunden- und Lieferantenbeziehungen weiterpflegen und das Infrastrukturangebot der Großstadt nutzen konnten. Damit unterschied sich Garching kaum von anderen Umlandgemeinden Münchens.[35] Ein kausaler Zusammenhang mit der naturwissenschaftlichen Forschung vor Ort war eine Chimäre. In Wirklichkeit hatten die industrielle und die wissenschaftliche Dynamik Garchings durchaus verschiedene Wurzeln. Der Gemeindesäckel war schon vom Wachstum des ersten Nachkriegsjahrzehnts überfordert. Die Vielzahl der örtlich zu leistenden Aufgaben und damit Ausgaben stand in keinem Verhältnis zur Einnahmenseite. Eine von der Bevölkerungszahl her schnell expandierende Gemeinde wie Garching litt in besonderem Maße darunter, daß die Finanzverfassung der Bundesrepublik die Kommunen nur unzureichend am Gesamtsteueraufkommen beteiligte, dessen Gros sich Bund und Länder sicherten. Die Bayerische Gemeindeordnung vom 25. Januar 1952 verpflichtete das Land zwar zur Unterstützung der Gemeinden[36], doch hatten diese sich doch zum überwiegenden Teil nur aus der Gewerbesteuer, ergänzt durch Grundsteuern, zu finanzieren.[37]

So begann der Garchinger Gemeinderat, schon bevor die Entwicklung zur „Wissenschaftsstadt“ absehbar war, mit einer aktiven Industrieansiedlungspolitik. In der Sitzung am 16. Juni 1958 wurde das Für und Wider der Gewerbeansiedlung eingehend diskutiert, nachdem ein Gemeinderat den Antrag gestellt hatte, mit Rücksicht auf die Gemeindekasse diesem Punkt in Zukunft stärkere Beachtung zu schenken. Man gewann schließlich einhellig die „Überzeugung, daß Industrieansiedlung für die Gemeinde nur zum Vorteil ist“[38]. Von da an wurden laufend Grundstücke im Gemeindegebiet als Gewerbeflächen ausgewiesen, ansiedlungswilligen Firmen machte man keine hinderlichen Auflagen.[39] Mit der demographischen Entwicklung konnte die Zahl der gewerblichen Arbeitsplätze dennoch nicht entfernt mithalten. Im Jahr 1964 pendelten 1000 Garchinger täglich zu Arbeitsstätten nach München aus. Die gemeindlichen Einkünfte blieben weiterhin hinter den Erfordernissen zurück, vor allem seit man 1962 den Bau einer Kanalisation in Angriff genommen hatte.

Bei aller Betonung des positiven Charakters der Entwicklung Garchings nach außen, nach innen mußte man sich nun immer mehr eingestehen, daß man durch die in dem Beziehungsfeld von Bevölkerungszuwachs, Wissenschaftskonzentration und Industrieansiedlung sich herausbildende Eigendynamik überrollt wurde. Schulhaus, Rathaus, Friedhof, Straßen, Kanalisation etc. – die gemeindliche Infrastruktur mußte in ihren Dimensionen an die steigenden Anforderungen angepaßt werden. Von den wissenschaftlichen Einrichtungen, die außer Wissen nichts produzierten, fielen jedoch keine Steuern für die Gemeinde ab. Das Problem der Nachfolgelasten wurde zum beherrschenden Punkt auf der Tagesordnung des Gemeinderats.[40] Mit der Argumentation, die Ursache für die strukturelle Wandlung Garchings und die hieraus resultierenden Probleme sei die Ansiedlung der universitären und außeruniversitären Forschungsinstitute, glaubte man einen Hebel gefunden zu haben, um vom Staat als deren Träger finanzielle Unterstützung zu bekommen. Allein, alle Bemühungen in diese Richtung blieben ohne Erfolg. 1963 tat sich bei der Finanzierung der neuen Ortskanalisation und Kläranlage, die im Zuge der Errichtung des Instituts für Plasmaphysik in Angriff genommen wurde und zunächst Aufwendungen in Höhe von 6,6 Millionen DM erforderte, eine Lücke in der Gemeindekasse von 500.000 DM auf. Das Bundesfinanzministerium lehnte es ab, in dieser Situation beizuspringen. Gleichzeitig drohte das Landratsamt München mit einer Einstellung der Bauarbeiten am IPP, da die ordnungsgemäße Abwasserbeseitigung gefährdet erschien. Wohl oder übel mußte in diesem Fall das IPP durch einen Kredit das fehlende Geld bereitstellen.

„Bitternis und ernste Sorge“ bemächtigten sich des ratlosen Bürgermeisters Amon ob der stetig steigenden Probleme.[41] Die Raumordnungsplanungen für den Münchner Norden, in denen die Interessen der Gemeinde nur eine untergeordnete Rolle spielten, drohten für Garching die Schere zwischen Einkünften und Ausgaben immer weiter zu öffnen. Die fehlenden Expansionsmöglichkeiten im Münchner Innenstadtbereich für die beiden Universitäten, vor allem für die Technische Hochschule, führten im Kultusministerium zu dem – von der Stadtverwaltung nicht ungern gesehenen – Entschluß, langfristig zumindest den Forschungsbetrieb der Technischen Hochschule in den Raum nördlich von Garching auszulagern. Für den Raumordnungsplan München-Nord meldete der Staat daher 1964 einen Flächenbedarf von 250 Hektar für die Technische Hochschule, 40 Hektar für die Max-Planck-Gesellschaft und 10 bis 50 Hektar für die Universität an.[42]

Im Grunde hatte Garching gegen diese Dispositionen nichts einzuwenden. Das Selbstverständnis des Ortes als „Atom- und Wissenschaftszentrum“ hatte bereits feste Konturen angenommen. Es kam beispielsweise in den Straßennamen zum Ausdruck, die man für die neuen Siedlungen in steigender Zahl finden mußte. Die Verkehrswege hießen jetzt nicht mehr Mühlgasse, Hüterweg oder Auweg; statt dessen erinnerten sie an naturwissenschaftliche Größen wie Bunsen, Einstein, Euler, Gauß oder Heisenberg, um nur einige zu nennen.[43] Die aus einer weiteren Expansion des Wissenschaftsbetriebs unweigerlich zu erwartende Steigerung der Folgelasten durch Zuzug und Infrastrukturmaßnahmen gedachte man durch weiter verstärkte Industrieansiedlung aufzufangen. Unmut rief daher der Flächennutzungsplan hervor, den der Planungsverband Äußerer Wirtschaftsraum München (gegründet 1950) im Auftrag seiner Mitgliedsgemeinde Garching entwarf und dem Gemeinderat im September 1965 zur Kenntnis brachte.[44] Entgegen den Garchinger Vorstellungen, im Gemeindegebiet westlich der Autobahn weitere Gewerbeflächen auszuweisen, hatte dort das Ansinnen der Bundeswehr Vorrang bekommen, die an dieser Stelle 300 Hektar für einen Truppenübungsplatz der Münchner Garnison beanspruchte. Eine wahre Woge des Zorns schlug bei den Gemeinderäten hoch, als sie davon erfuhren. In einer von Amon eilig einberufenen Sondersitzung, über die die Presse ausgiebig berichtete, stellte man klar, daß es ohne weitere Industrieansiedlung in Garching keine „Stadt der Wissenschaft" geben werde. Man könnte längst die reichste Landgemeinde der Bundesrepublik sein, wenn man nicht alle Einnahmen wieder für die Folgekosten der Forschungsinstitute ausgeben müßte. Als Kampfmaßnahme wurde beschlossen, bis auf weiteres keine Flächen mehr für die Wissenschaft auszuweisen. Bund und Land müßten schon zum Mittel der Zwangsenteignung greifen, um ihre Pläne durchzusetzen.[45] Durch den Planungsverband fühlten sich die Garchinger hintergangen. Amon zeigte sich auch bitter enttäuscht von den Vertretern der wissenschaftlichen Institutionen, die ihn, nach seiner Ansicht, in seinem Kampf um einen angemessenen Lastenausgleich im Stich ließen.[46]

Die Drohung mit einem Boykott der wissenschaftlichen Ausbauplanungen traf Garching zu diesem Zeitpunkt hart, waren doch die Weichen für eine zusätzliche Ausweitung des Wissenschaftsbetriebs längst gestellt. Die in den sechziger Jahren von einer wahren Planungseuphorie geprägten Visionen der Raum-

und Hochschulplaner kündigten weiteren drastischen Zuwachs an. Auf 40.000 Einwohner sollte Garching anwachsen (1996 tatsächlich: 15.530), 35.000 Studienplätze sollten entstehen, 27.000 Menschen bei den Universitäten und den Max-Planck-Instituten Beschäftigung finden.[47] Freilich waren diese kontrovers diskutierten Pläne bislang noch Zukunftsmusik. Bei einer Einwohnerzahl von 8000 arbeiteten aber zu Beginn der siebziger Jahre immerhin bereits 3000 Menschen in den Garchinger Instituten. Deren Entwicklungsmöglichkeiten hingen entscheidend auch vom Einvernehmen mit ihrer Sitzgemeinde ab. Wohl aus diesem Grund begannen die Institute nun, bei der Suche nach möglichen Geldquellen mit dieser an einem Strang zu ziehen. Der neue Geschäftsführer des Instituts für Plasmaphysik, ein gewiegter Wissenschaftsmanager, wies auf einen Passus im Grundgesetz hin, der sich nach seiner Ansicht bei entsprechender Auslegung auf Garching anwenden ließ. Im Zuge der Finanzreform war 1969 dem Art. 106 Grundgesetz ein achter Satz angefügt worden; danach war der Bund verpflichtet, wenn er „besondere Einrichtungen“ in einzelnen Ländern oder Gemeinden veranlaßt habe, diesen einen finanziellen Ausgleich für die Sonderbelastungen zu gewähren, die ihnen nicht zugemutet werden könnten. Auch das um Rat befragte Institut für ausländisches öffentliches Recht und Völkerrecht der Max-Planck-Gesellschaft in Heidelberg sah die Anwendbarkeit dieses Artikels als gegeben an.[48]

Alle Garchinger Versuche, vom Bund Sonderzuschüsse zu erlangen, schlugen jedoch fehl. Am Beginn der siebziger Jahre wurde deshalb zeitweise sogar erwogen, einen Musterprozeß vor dem Bundesverfassungsgericht anzustrengen.[49] Diese Bemühungen verliefen bald im Sande. Den Bund in die Pflicht zu bekommen, schien wenig aussichtsreich, war es doch in erster Linie das Land Bayern, dessen Hochschulpolitik man die Zusatzlasten verdankte. Zum anderen zeichnete sich ab, daß die gigantischen Entwicklungsprognosen der sechziger Jahre zumindest mittelfristig ohnehin nicht erfüllt würden; die räumliche Verlagerung der Technischen Universität war einstweilen auf Eis gelegt. Außerdem deutete sich eine Entspannung der gemeindlichen Finanzsituation an, als das Gemeindefinanzreformgesetz des Bundes vom 8. September 1969 zu greifen begann. Es gestand den Gemeinden einen Anteil von 14 Prozent an der bislang zwischen Bund und Ländern aufgeteilten Einkommensteuer zu.[50] Da bei der Zuweisung das örtliche Aufkommen berücksichtigt wurde, partizipierte Garching jetzt endlich an den Einkünften der gutverdienenden Wissenschaftler und Angestellten, die sich in der Nähe ihrer Forschungseinrichtungen in Garching niedergelassen hatten.

Deren Zahl war weiterhin im Steigen begriffen. Unter anderem konzentrierte sich die Münchner Hochschulphysik von 1970 an in Garching, nachdem die nach amerikanischem Vorbild neuorganisierte Fakultät für Physik der Technischen Universität mit 16 Professuren und mehreren hundert Assistenten und technischen Angestellten dort ihre ausgedehnten Gebäudlichkeiten bezog.[51] Seit Mitte der siebziger Jahre ging das Wachstum der Gemeinde in ruhigere Bahnen über. Von 1972 bis 1977 kamen nur rund 1500 neue Bewohner hinzu, von 1977 bis 1980 etwa 500. Die Zahl der nichtlandwirtschaftlichen Arbeitsplätze war von 1961 bis 1970 um ca. 3600 auf ca. 4200 gewachsen. 1975 waren im Hochschul- und Forschungsbereich 2100 Personen beschäftigt, im Gewerbegebiet standen 2600 Arbeitsplätze zur Verfügung. Letztere waren zu einem Drittel von in Garching lebenden Personen besetzt; 1979 fand immerhin die Hälfte der in Garching wohnenden Erwerbstätigen innerhalb der Gemeinde Arbeit.

Nach der rasanten Phase der Umstrukturierung in den beiden ersten Nachkriegsjahrzehnten begann Garching jetzt allmählich städtische Züge zu entwickeln. Zum Beginn des Schuljahres 1971 nahm ein auf 1200 Schüler ausgelegtes Gymnasium seinen Betrieb auf, das 1972 stilgerecht auf den Namen „Werner-Heisenberg-Gymnasium“ getauft wurde. Heisenberg selbst, dessen persönliche Initiativen und Wünsche es vor allem gewesen waren, die in ihrer Konsequenz Garching ins Atomzeitalter katapultiert hatten, hielt bei dem Akt am 19. Mai 1972 die Festrede. Alle Ebenen der schulischen Bildung wurden den Garchingern am Ort zugänglich, als 1978 eine staatliche Realschule hinzukam; über eine Volkshochschule verfügte man bereits seit 1971. 1977 begann die – seit 1962 diskutierte[52] – Neugestaltung des Ortszentrums, das der Gemeinde, die infolge ihrer ungeahnten Expansion ohne rechte Mitte war, einen funktionellen Bezugspunkt schaffen sollte. Einkaufsmöglichkeiten, Restaurants und ähnliche städtische Accessoires entstanden. An die Stelle der bislang noch arg dürftig untergebrachten Gemeindekanzlei sollte später ein modernes Rathaus und Bürgerhaus treten (1988). Das dörfliche Ortsbild gehörte endgültig der Vergangenheit an.[53] Die förmliche Erhebung zur Stadt sollte freilich noch bis zum Jahr 1990 auf sich warten lassen.[54]

Mit dem Wandel zur städtischen Siedlung einher ging eine tiefgreifende Veränderung der sozialen Strukturen. Aus der steigenden Inhomogenität der Bevölkerung resultierte eine zunehmende Separierung der unterschiedlichen Bevölkerungsgruppen. Zahlreiche Wissenschaftler, Techniker und Angestellte hatten sich in der Nähe ihrer Institute niedergelassen. Vom Bildungshintergrund und Lebenszuschnitt hoben sie sich deutlich von der übrigen Bevölkerung ab. Ebenso wie die in einiger Entfernung vom eigentlichen Ort aus dem Boden gewachsene „Forschungsstadt“, wurden die dort Tätigen als Fremdkörper empfunden. Am konventionellen öffentlichen Leben Garchings nahmen sie kaum Anteil; die traditionellen Faschingsbälle beispielsweise mieden sie. Dafür begannen sie, die Elternversammlungen in den örtlichen Schulen zu dominieren. Zudem entwickelten sie ein eigenes Vereinsleben. 1966 war bereits ein „Sportverein Plasmaphysik e.V.“ gegründet worden, später kam eine „Ortsgruppe Plasmaphysik des Deutschen Alpenvereins“ hinzu.[55] Um dieser Entfremdung gegenzusteuern, führte die seit 1972 von einem SPD-Bürgermeister gelenkte Gemeinde sog. „Bürgerwochen" durch, die die Einwohner des einstigen Dorfes wieder zueinanderführen sollten.[56]

*

Die jüngste Geschichte Garchings ist alles andere als typisch für die Entwicklung der bayerischen Dörfer in der Nachkriegszeit. Freilich lassen sich Parallelen zu nicht wenigen Kleingemeinden im Nahbereich der Großstädte ziehen, die einen ähnlichen Prozeß der Urbanisierung erlebten. Tendenzen der gesamtbayerischen Entwicklung, wie Industrialisierung, Technisierung, Planung, soziale Differenzierung u.a. aufgrund von Flüchtlingszustrom und Akademisierung, lassen sich vor Ort jedoch gut studieren. Generelle Signets, mit denen die Jahrzehnte nach dem Zweiten Weltkrieg häufig belegt werden, gewinnen in der kleinräumigen Perspektive differenziertere Konturen. So läßt die Art und Weise, wie man in Garching dem Atom-Ei entgegensah, doch erhebliche Abstriche an der oft behaupteten Technik- und Atombegeisterung der fünfziger Jahre machen, die vielberufene Planungseuphorie der sechziger Jahre erscheint aus der Sicht der „Verplanten" einmal in einem anderen Licht, und die Garchinger Finanznöte lassen die sozialen Kosten des Modernisierungsprozesses sichtbar werden. Es wäre deshalb überaus wünschenswert, wenn mehr solcher zeitgeschichtlicher lokaler Fallstudien entstehen würden, die, ohne die örtlichen Spezifika zu übersehen, unser Verständnis für die allgemeinen Entwicklungen vertiefen können.[57]

[1] Hans STIEGLITZ: Der Lehrer auf der Heimatscholle, München, Berlin 1909, 2. Aufl. 1913, S. 38. An ortsgeschichtlicher Literatur zu Garching steht außerdem zur Verfügung: Garching. Vom Heidedorf zum Atomzentrum, hg. von der Gemeinde Garching bei München, Aßling-Pörsdorf 1964; Garching b. München. Aus Gouuirichinga wurde Garching. Gemeindechronik, Bd. 2, hg. von der Gemeinde

Garching b. München, Garching 1979. Soweit nicht anders vermerkt, stützen sich die folgenden Ausführungen auf diese drei Publikationen.

[2] Vgl. Axel SCHILDT/Arnold SYWOTTEK (Hgg.): Modernisierung im Wiederaufbau. Die westdeutsche Gesellschaft der 50er Jahre, Bonn 1993; Maximilian LANZINNER/Michael HENKER (Hgg.): Landesgeschichte und Zeitgeschichte. Forschungsperspektiven zur Geschichte Bayerns nach 1945, Augsburg 1997.

[3] Vgl. Winfried SCHULZE (Hg.): Sozialgeschichte, Alltagsgeschichte, Mikro-Historie. Eine Diskussion, Göttingen 1994. Zu den Äußerungen Levis vgl. Hans MEDICK: Mikro-Historie, in: Ebd., S. 40-53, hier S. 40. Eine Einordnung der Alltagsgeschichte in den landesgeschichtlichen Zusammenhang bei Peter STEINBACH: Alltagsleben und Landesgeschichte. Zur Kritik an einem neuen Forschungsinstrument, in: Hessisches Jahrbuch für Landesgeschichte 29 (1979), S. 225-305; DERS.: Neue Wege der regionalhistorisch orientierten Alltagsgeschichte. Ergänzungen zu einer Miszelle über 'Alltagsleben und Landesgeschichte', in: Hessisches Jahrbuch für Landesgeschichte 30 (1980), S. 312-336.

[4] Überblicke: Wolfgang ZORN: Bayerns Geschichte im 20. Jahrhundert. Von der Monarchie zum Bundesland, München 1986; Peter Jakob KOCK: Bayern nach dem Zweiten Weltkrieg, in: Manfred TREML: Geschichte des modernen Bayern, München 1994, S. 375-497; Maximilian LANZINNER: Zwischen Sternenbanner und Bundesadler. Bayern im Wiederaufbau 1945-1958, Regensburg 1996; Wolfgang ZORN: Bayern unter der Regierung Goppel 1962-1978. Erste Skizze zu einem Kapitel neuester bayerischer Zeitgeschichte, in: Andreas KRAUS (Hg.): Land und Reich. Stamm und Nation, Probleme und Perspektiven bayerischer Geschichte. Festgabe für Max Spindler zum 90. Geburtstag. Bd. 3: Vom Vormärz bis zur Gegenwart, München 1984, S. 531-545. Als Sektorstudie zur Landwirtschaft instruktiv Andreas EICHMÜLLER: Landwirtschaft und bäuerliche Bevölkerung in Bayern. Ökonomischer und sozialer Wandel 1948-1970. Eine vergleichende Untersuchung der Landkreise Erding, Kötzting und Obernburg, München 1997.

[5] Vgl. Paul ERKER: Keine Sehnsucht nach der Ruhr. Grundzüge der Industrialisierung in Bayern 1900-1970, in: Geschichte und Gesellschaft 17 (1991), S. 480-511.

[6] Für Bayern bisher Susan BOENKE: Entstehung und Entwicklung des Max-Planck-Instituts für Plasmaphysik 1955-1971, Frankfurt a.M. 1990; Christiane REUTER-BOYSEN: Von der Strahlen- zur Umweltforschung. Geschichte der GSF 1957-1972, Frankfurt a.M. 1992; Stephan DEUTINGER: Vom Agrarland zum High-Tech-Staat. Zur Geschichte des „Forschungsstandorts Bayern“ 1945-1980, München 1999.

[7] Münchner Merkur, 17.9.1965, „Gewitter in Garching“.

[8] Vgl. Clemens ZIMMERMANN: Dorf und Land in der Sozialgeschichte, in: Wolfgang SCHIEDER/Volker SELLIN (Hgg.): Sozialgeschichte in Deutschland, Bd. 2, Göttingen 1986, S. 90-112; Helmut BURMEISTER/Martin SCHARFE (Hgg.): Stolz und Scham der Moderne. Die hessischen Dörfer 1950-1970, Hofgeismar 1996. Hinzuweisen ist auch auf die am Institut für Bayerische Geschichte in München erarbeitete Musterstudie von Ferdinand KRAMER (Hg.): Tuntenhausen. Vom Herrenhof zum Wallfahrtsdorf. Geschichtliche Grundlagen seiner Dorfentwicklung, Weißenhorn 1991, dort besonders der Beitrag des Herausgebers: DERS.: Grundlinien der Geschichte oberbayerischer Dörfer am Beispiel Tuntenhausens, in: Ebd., S. 13-24.

[9] STIEGLITZ (wie Anm. 1), S. 125.

[10] Zitiert nach Rupert ANGERMAIR: Über den Sinn dieses Buches, in: Heidedorf (wie Anm. 1), S. 9-13, hier S. 11.

[11] Vgl. 40 Jahre Atom-Ei Garching, hg. von der Technischen Universität München, München 1997, S. 30-31.
[12] Amon amtierte als Erster Bürgermeister bis 1972, 1974 verstarb er kurz vor seinem 75. Geburtstag.
[13] Heinz MAIER-LEIBNITZ: Der Bürgermeister und das Atom-Ei. Erinnerungen anläßlich des Todes von Josef Amon, in: Süddeutsche Zeitung, 11./12.4.1974.
[14] Vgl. Stadt Garching, Beschlußbuch des Gemeinderates Garching 1955-1957, 16.1.1956.
[15] So die Deutung des heutigen Bürgermeisters Helmut Karl (SPD), der seit 1953 bei der Garchinger Gemeindeverwaltung beschäftigt ist, in einem Gespräch am 5.2.1998.
[16] Vgl. Münchner Merkur, 23.6.1956, „Atomangst – jetzt auch im Stadtrat ausgebrochen".
[17] Stadt Garching, Beschlußbuch des Gemeinderates Garching 1955-1957, 9.11.1956.
[18] Vgl. Rektor der Technischen Hochschule München an Kultusministerium, 7.2.1958, Bayerisches Hauptstaatsarchiv München, MK 67448.
[19] Vgl. 40 Jahre Atom-Ei (wie Anm. 11), S. 62.
[20] So der Direktor des Oak Ridge National Laboratory, A.M. Weinberg, in der Einführung zu: Zehn Jahre Forschungsreaktor München, in: Atomwirtschaft 12 (1967), S. 468.
[21] Vgl. 40 Jahre Atom-Ei (wie Anm. 11), S. 53.
[22] Vgl. BOENKE (wie Anm. 6), S. 155f.
[23] Vgl. Michael ENGEL: Dahlem als Wissenschaftszentrum, in: Rudolf VIERHAUS/Bernhard vom BROCKE (Hgg.): Forschung im Spannungsfeld von Politik und Gesellschaft. Geschichte und Struktur der Kaiser-Wilhelm-/Max-Planck-Gesellschaft, Stuttgart 1990, S. 552-578.
[24] Staatsarchiv München, Regierung von Oberbayern 102427.
[25] Vgl. Stadt Garching, Beschlußbuch der Gemeinde Garching 1958-1960, 18.12.1959. Ebenso auch Beschlußbuch 1960-1961, 16.5.1960.
[26] Vgl. BOENKE (wie Anm. 6), S. 159 und S. 189.
[27] Vgl. Festwoche anläßlich des 10-jährigen Bestehens des Atomreaktors Garching b. München. Festschrift, Garching 1967 (Exemplar im Max-Planck-Institut für Physik, München, Werner-Heisenberg-Archiv).
[28] Vorwort zur Ortschronik, in: Heidedorf (wie Anm. 1), S. 7.
[29] Vgl. Stadt Garching, Beschlußbuch der Gemeinde Garching 1961-1962, 30.11.1962.
[30] Stadt Garching, Gemeinderatsprotokolle 1967, 9.6.1967.
[31] Festwoche (wie Anm. 27).
[32] Vgl. Generaldirektion der Staatlichen Archive Bayerns an Gemeinde Garching, 8.6.1966 und 14.6.1967, Stadt Garching, Amtsleitung, Ordner „Wappen, Fahnen, Logo".
[33] Festwoche (wie Anm. 27).
[34] Heidedorf (wie Anm. 1), S. 117.
[35] Vgl. Hedwig DECKER: Standortverlagerung der Industrie in der Region München, München 1984.
[36] Vgl. Bayerisches Gesetz- und Verordnungsblatt 1952, Nr. 3, S. 19-32, hier Art. 22,3.
[37] Vgl. Rolf CAESAR/Karl-Heinrich HANSMEYER: Die finanzwirtschaftliche Entwicklung seit 1949, in: Kurt G.A. JESERICH/Hans POHL/Georg-Christoph von

UNRUH (Hgg.): Deutsche Verwaltungsgeschichte. Bd. 5: Die Bundesrepublik Deutschland, Stuttgart 1987, S. 919-954, hier S. 926f.

[38] Stadt Garching, Beschlußbuch der Gemeinde Garching 1958-1960, 16.6.1958.

[39] Vgl. Stadt Garching, Beschlußbuch der Gemeinde Garching 1958-1960 und 1960-1961 passim, hier insbes. Ansiedlungsgesuch der Fa. Voith, 23.2.1961.

[40] Erstmals eingehend behandelt am 18.9.1964, Stadt Garching, Gemeinderatsprotokolle 1964.

[41] Vgl. Bernd-A. RUSINEK: Das Forschungszentrum. Eine Geschichte der KFA Jülich von ihrer Gründung bis 1980, Frankfurt a.M. 1996, S. 679-681.

[42] Vgl. Kultusminister Mauntz an CSU-Fraktion im Stadtrat München, 2.6.1964, Stadtarchiv München, Bürgermeister und Rat 4000.

[43] Vgl. Stadt Garching, Beschlußbuch der Gemeinde Garching 1961-1962, 15.6.1962.

[44] Vgl. Karlheinz WITZMANN: Zur Geschichte der Landesplanung in Bayern nach dem 2. Weltkrieg: Regierungsbezirke und Regionen, in: Zur geschichtlichen Entwicklung der Raumordnung, Landes- und Regionalplanung in der Bundesrepublik Deutschland, Hannover 1991, S. 134-152.

[45] Vgl. Frankenpost, 28.9.1965, „Atomdorf protestiert gegen Bundeswehr“.

[46] Vgl. Münchner Merkur, 17.9.1965, „Aufstand im Atomdorf“.

[47] Vgl. Robert GEIPEL: Probleme der Universitätsstadt München, in: Mitteilungen der Geographischen Gesellschaft in München 57 (1972), S. 7-49.

[48] Vgl. Süddeutsche Zeitung, 21./22.2.1970, „Die Wissenschaft kommt Garching teuer“; Augsburger Allgemeine, 7.5.1970, „Geldquelle im Grundgesetz“.

[49] Vgl. Bayerische Staatszeitung, 14.1.1972, „Vor Münchens Toren wächst 'Uniapolis'“.

[50] Vgl. CAESAR/HANSMEYER (wie Anm. 37), S. 927.

[51] Vgl. Ulrich WENGENROTH: Die Technische Hochschule nach dem Zweiten Weltkrieg. Auf dem Weg zu High-Tech und Massenbetrieb, in: DERS. (Hg.): Die Technische Universität München. Annäherungen an ihre Geschichte, München 1993, S. 261-298, hier S. 270f.

[52] Am 30.11.1962 wurde der Gemeinderat erstmals befaßt. Vgl. Stadt Garching, Beschlußbuch der Gemeinde Garching 1961-1962.

[53] Vgl. Ralf POPIEN: Ortszentrenplanung in Münchens Suburbia – Wie attraktiv sind die „neuen Ortsmitten“?, Passau 1995.

[54] Die Gemeinde stellte aufgrund eines Gemeinderatsbeschlusses vom 3.3.1989 den Antrag auf Erhebung zur Stadt. In einem Festakt am 14.9.1990 wurde die Stadturkunde durch den bayerischen Innenminister Edmund Stoiber übergeben.

[55] Vgl. Garchinger Vereinschronik, hg. von der Gemeinde Garching, Garching 1981.

[56] Vgl. Süddeutsche Zeitung, 22./23.11.1975, „Garching soll nicht zu akademisch werden“.

[57] Zum (ungelösten) Problem der Verallgemeinerbarkeit solcher Studien vgl. Olaf MUSSMANN: Chancen zur Integration von regionalem Sonderfall und „allgemeiner Geschichte“? – Eine Bestandsaufnahme vorliegender Theorien, in: Blätter für deutsche Landesgeschichte 133 (1997), S. 77-129.

Autoren

Dr. Stephan Deutinger (1966), wissenschaftlicher Assistent am Institut für Bayerische Geschichte an der Universität München; Publikationen zur Wirtschafts- und Technikgeschichte Bayerns sowie zur Ortsgeschichte, u.a.: Bayerns Weg zur Eisenbahn. Joseph von Baader und die Frühzeit der Eisenbahn in Bayern 1800 bis 1835, 1997; Vom Agrarland zum High-Tech-Staat. Zur Geschichte des „Forschungsstandortes Bayern" 1945-1980, 1999.

Dr. Karl-Ulrich Gelberg (1962), wissenschaftlicher Mitarbeiter bei der Historischen Kommission bei der Bayerischen Akademie der Wissenschaften; Publikationen u.a.: Hans Ehard. Die föderalistische Politik des bayerischen Ministerpräsidenten 1946-1954, 1992; Die Protokolle des Bayerischen Ministerrats 1945-1954. Das Kabinett Schäffer, 28. Mai bis 28. September 1945, hg. von der Historischen Kommission bei der Bayerischen Akademie der Wissenschaften und der Generaldirektion der Staatlichen Archive Bayerns (Bearb.), 1995; Das Kabinett Hoegner I, 28. September 1945 bis 21. Dezember 1946, hg. von der Historischen Kommission bei der Bayerischen Akademie der Wissenschaften und der Generaldirektion der Staatlichen Archive Bayerns, Bde. 1-2 (Bearb.), 1997.

Prof. Dr. Hans-Michael Körner (1947), Lehrstuhl für die Didaktik der Geschichte an der Universität München; Publikationen zur bayerischen Geschichte im 19. und 20. Jahrhundert, u.a.: Staat und Kirche in Bayern 1886-1918, 1977; Staat und Geschichte im Königreich Bayern 1806-1918, 1992.

Dr. Alfred Kotter (1959), Oberstudienrat am Chiemgau-Gymnasium Traunstein; Publikationen zur Umwelt- und Regionalgeschichte sowie Lehrerhandreichungen, u.a.: Umwelt und Geschichte, 1993; Ressourcen-Knappheit als Motiv staatlichen Handelns. Umweltgeschichtliche Untersuchungen zur Holzversorgung aus den Wäldern des Salzmaieramtes Traunstein (1619-1791/98), 1998.

Dr. Stefan Laube (1964), wissenschaftlicher Mitarbeiter der Unabhängigen Expertenkommission (UEK) „Schweiz und Zweiter Weltkrieg". Publikationen zur bayerischen Geschichte des 19. Jahrhunderts, u.a.: Fest, Religion und Erinnerung. Konfessionelles Gedächtnis in Bayern von 1804 bis 1917, 1999.

Dr. Johannes Merz (1964), wissenschaftlicher Mitarbeiter der Kommission für bayerische Landesgeschichte bei der Bayerischen Akademie der Wissenschaften; Publikationen zur bayerischen und fränkischen Geschichte, u.a.: Georg Horn (1542-1603) und seine Historia über die Reformation in Hammelburg, 1992; Quellen zur Verfassungs-, Sozial- und Wirtschaftsgeschichte bayerischer Städte in Spätmittelalter und Früher Neuzeit (Hg. mit E. Lukas-Götz u. F. Kramer), 1993; Unterfranken. Grundzüge der Geschichte in Mittelalter und Neuzeit, 1997.

Dr. Sabine Rehm (1967), wissenschaftliche Mitarbeiterin am Institut für Bayerische Geschichte an der Universität München; Publikationen zur Orts-, Handwerks-, Zeit- und Frauengeschichte, zur historischen Bildkunde und zur mittelalterlichen Kunstgeschichte, u.a.: Das „Speculum-Fenster" in der Münchner Frauenkirche, 1992; Grünbach – Aus der Geschichte eines Dorfes bei Erding (Hg. mit W. Schuster), 1995; Per assiduum studium scientiae adipisci margaritam. Festgabe für Ursula Nilgen zum 65. Geburtstag (Hg. mit A. Amberger, K.J. Heerlein, Chr. Schedler, E. Weigele-Ismael), 1997; zahlreiche Beiträge in: A. v. Specht (Hg.): Geschichte der Frauen in Bayern. Von der Völkerwanderung bis heute, 1998; Mitautorin und Redakteurin von: W. Ziegler (Hg.): Die Vertriebenen vor der Vertreibung. Die Heimatländer der deutschen Vertriebenen im 19. und 20. Jahrhundert: Strukturen, Entwicklungen, Erfahrung, Bde. 1-2, 1999; Spiegel der Heilsgeschichte. Typologische Bildzyklen in der Glasmalerei des 14. bis 16. Jahrhunderts im deutschsprachigen Raum, 1999.

Mathias Rösch M.A. (1966), Mitarbeiter am Institut für Zeitgeschichte in München, Dozent an der katholischen Stiftungsfachhochschule München; Publikationen zur Münchner Stadtgeschichte und zur bayerischen Geschichte, u.a.: Das Parteimilieu der NSDAP Schwabing, in: München – „Hauptstadt der Bewegung". Katalog zur Ausstellung im Münchner Stadtmuseum Oktober 1993 bis März 1994, hg. vom Stadtmuseum München, München 1993, S. 187f.; Die Münchner NSDAP 1925-1933. Eine Untersuchung zur inneren Struktur der NSDAP in der Weimarer Republik [im Druck].

Guido Treffler M.A. (1970), wissenschaftlicher Mitarbeiter am Institut für Bayerische Geschichte an der Universität München; Magisterarbeit zum Thema „Die Regierung des Rentamtes Burghausen im 16. Jahrhundert. Zur Organisation einer bayerischen Mittelbehörde in der Frühen Neuzeit"; derzeit Vorbereitung einer Dissertation zum Thema „Die Mittelbehörden des Herzogtums Bayern im 16. Jahrhundert".

Dr. Katharina Weigand (1960), wissenschaftliche Assistentin am Institut für Bayerische Geschichte an der Universität München; Publikationen u.a.: Hauptstadt. Historische Perspektiven eines deutschen Themas (Hg. mit H.-M. Körner), 1995; Österreich, die Westmächte und das europäische Staatensystem nach dem Krimkrieg (1856-1859), 1997; Denkmäler in Bayern (mit H.-M. Körner), 1997; Heimat. Konstanten und Wandel im 19. und 20.

Jahrhundert, Vorstellungen und Wirklichkeiten (Hg.), 1997; „Familien-Buch, von Johann Christoph Schlundt. Seiffen Sieder und Licht Macher in Wertheim. 1790" (Hg.), 1998.

Prof. Dr. Walter Ziegler (1937), Lehrstuhl für bayerische Landesgeschichte an der Universität München; Publikationen zur Landesgeschichte des Spätmittelalters, der Reformation und des 20. Jahrhunderts, u.a.: Studien zum Staatshaushalt Niederbayerns im 15. Jahrhundert, 1981; Nationalsozialismus in der Region (Hg. mit H. Möller u. A. Wirsching), 1996; Die Vertriebenen vor der Vertreibung. Die Heimatländer der deutschen Vertriebenen im 19. und 20. Jahrhundert: Strukturen, Entwicklungen, Erfahrung, Bde. 1-2 (Hg.), 1999.